零基础学财务管理

许本锋 编著

中国铁道出版社有限公司

CHINA RAILWAY PUBLISHING HOUSE CO., LTD.

图书在版编目(CIP)数据

零基础学财务管理/许本锋编著.—北京:中国铁道出版社
有限公司,2022.5
ISBN 978-7-113-28894-5

Ⅰ.①零… Ⅱ.①许… Ⅲ.①财务管理-基本知识 Ⅳ.①F275

中国版本图书馆 CIP 数据核字(2022)第 030914 号

书　　名:**零基础学财务管理**
LING JICHU XUE CAIWU GUANLI

作　　者:许本锋

责任编辑:王淑艳　　　　编辑部电话:(010)51873022　　　电子邮箱:554890432@qq.com
封面设计:末末美书
责任校对:孙　玫
责任印制:赵星辰

出版发行:中国铁道出版社有限公司 (100054,北京市西城区右安门西街 8 号)
网　　址:http://www.tdpress.com
印　　刷:三河市航远印刷有限公司
版　　次:2022 年 5 月第 1 版　2022 年 5 月第 1 次印刷
开　　本:787 mm×1 092 mm 1/16　印张:19　字数:456 千
书　　号:ISBN 978-7-113-28894-5
定　　价:69.80 元

前 言

　　财务管理是企业管理的一部分，侧重于业务预测、数据分析。企业管理以财务管理为核心，财务管理以资金管理为中心。全面预算是资金管理最有效的方法，成本管理贯穿企业采购、生产、销售、收款全流程，财务分析以筹资、投资、营运、分配为横线，以预测、决策、预算、控制、分析为纵线，把握企业运营逻辑。

　　◎全面预算是企业规划的起点，按照全面预算管理的流程，分别对全面预算的编制、审批、执行、控制、考评与差异分析进行介绍。以恒昌电器有限责任公司预算编制案例的形式逐步分解预算编制的关键流程，从销售收入预算、生产量预算、生产成本预算、费用预算等，编制预算财报，针对实际与预算差异进行分析。力求提升人们对预算管理的认知，为使用预算管理工具的人们提供帮助，制订本企业的业务预算、财务预算等。

　　◎从事成本管理的研究工作一直都未停止过，按照成本不同性质分成很多种类，科学地解析成本，预测成本费用，更高效地利用有效成本，减少浪费。

　　◎财务报表是企业最终经营成果的数据化呈现，报表与报表之间存在钩稽关系。财务报表是股东、债权人、企业管理者、税务部门、政府相关部门了解企业的主要途径。作为初学者来说，要学会利用数据分析，理解业务的本质，找出合理的方法。

　　◎资金管理主要侧重筹资与投资管理，资金成本计算是主要内容。

　　作为财务管理入门级的读本，《零基础学财务管理》侧重全面预算、成本管理、财务分析、资金管理，内容精练、案例结合实际，既通俗易懂，又具有理论深度。全书共四篇18章，以管理会计的角度解析全面预算、成本管理以及财报分析，为"业财融合"铺路。第1章至第4章具体介绍全面预算的编制方法与实务运用；第5章至第10章详解成本性态解析、成本性态模型、成本的计算方法、成本分析与成本报表编制的方法；第11章至第17章主要针对财务报表之间的钩稽关系、报表项目解析、各项比率分析的说明及应用。第18章主要介绍筹资与投资管理。书中有图表245幅、案例189个，尽量以简单的形式再现复杂的业务，建立财务管理价值观念。

　　本书不但可作为会计初学者的入门书，又可作为财税机构培训用书，还可用作职业学院会计专业辅导用书。

　　由于写作水平和时间有限，书中难免存在不足，在此恳请广大读者批评指正，以便再版时修正。

编　者

第一篇　全面预算

第 3 章 恒昌电器有限责任公司（制造业）全面预算的编制案例

第 4 章 公司全面预算——财务预算编制实例

第二篇　成本管理

第 5 章　成本的含义和分类

第 6 章　成本性态模型

第 7 章　成本分析

第三篇 财报分析

第 11 章 什么是财务报表

第 12 章 资产项目

第 13 章　负债主要项目

第 14 章　股东权益重要项目分析

第四篇　资金管理

第 18 章　筹资与投资管理

◀第一篇
全面预算

本篇介绍全面预算的方法以及怎样编制日常业务预算、现金预算、资产负债表预算、利润表预算等。

第1章 什么是全面预算

全面预算实际上是一种较为成熟有效的内部控制方法，是指企业根据发展规划、经营目标和现有资源，运用系统的方法编制企业日常经营、资本运作、财务报表等一系列业务管理标准和行动计划，根据这些数据、方法，对企业进行生产、销售、管理的控制、监督、考核、激励等。全面预算管理不是某一部门的事，而是需要上下配合、全员参与。企业应设立预算管理委员会，全面预算管理由预算委员会负责，预算一经确定，一般不轻易调整。

1.1 全面预算管理机构运作

全面预算管理组织体系是由全面预算管理的决策机构、工作机构和执行机构三个层面组成的，承担着预算编制、审批、执行、控制、调整、监督、核算、分析、考评及奖惩等工作。

1.1.1 全面预算管理组织体系

全面预算管理组织体系由预算管理决策机构、预算管理工作机构和预算管理执行机构三个层次构成。

（1）全面预算管理决策机构是指组织领导企业全面预算管理的最高权力组织，行使领导决策权。全面预算决策机构具有核心地位，决定着整个预算管理工作的开展。

（2）全面预算管理工作机构是指负责预算的编制、审查、协调、控制、调整、核算、分析、反馈、考评与奖惩的组织机构，全面预算管理组织体系的中间层，行使管理权。

（3）全面预算管理执行机构是指负责预算执行的各个责任预算执行主体，管理组织体系的最底层，行使执行权。

全面预算管理决策机构、工作机构和执行机构关系，如图 1-1 所示。

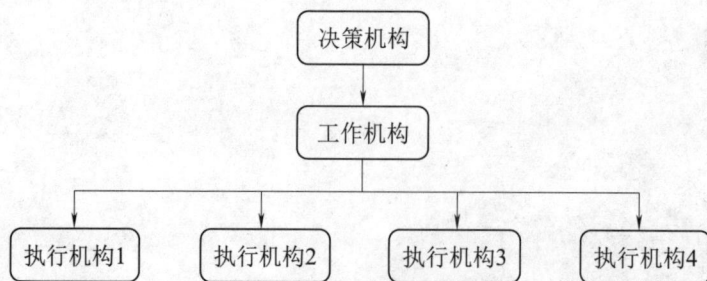

图 1-1　全面预算管理机构关系

1.1.2 全面预算管理的决策机构

全面预算决策机构是对企业全面预算管理具有领导决策权，对全面预算管理重大事项作出决定的组织机构。

1. 股东（大）会

股东（大）会是全面预算管理的法定权力机构，负责审议批准企业年度财务预决算方案。

2. 董事会

董事会是全面预算管理的法定决策机构，负责制订企业的年度财务预决算方案。

3. 预算管理委员会

预算管理委员会是全面预算管理的法定专门机构，主要职责如下：

（1）制定颁布企业全面预算管理制度，包括预算管理政策、措施、办法和要求；

（2）根据企业战略规划和经营目标，拟定预算目标，并确定预算目标分解方案、预算编制方法和程序；

（3）组织编制、综合平衡预算草案；

（4）下达经批准的正式年度预算；

（5）协调解决预算编制和执行中重大问题；

（6）审议预算调整方案，依据授权审批；

（7）审议预算考核和奖惩方案；

（8）企业全面预算总的执行情况进行考核；

（9）其他全面预算管理事宜。

4. 经理

经理负责组织执行全面预算工作，决定和处理全面预算管理的日常运行事项。

1.1.3 全面预算管理的工作机构

全面预算工作机构是指负责预算编制、审查、协调、控制、调整、核算、分析、反馈、考评等全面预算管理工作的职能部门，预算管理机构，如图 1-2 所示。

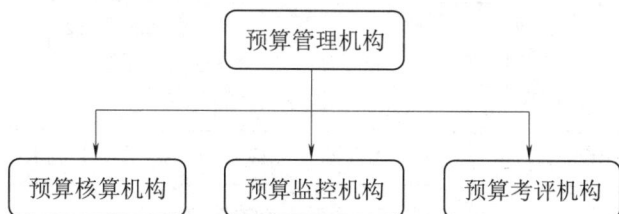

图 1-2　全面预算管理机构流程图

全面预算管理机构是负责企业全面预算管理具体组织和领导日常工作的部门。

一般可在企业预算管理委员会下设立一个全面预算管理办公室作为全面预算管理机构。

1. 全面预算核算机构

全面预算核算机构是对全面预算执行过程和结果进行反映、控制、核算和信息反馈的部门。实施全面预算管理必须建立责任会计制度（管理会计范畴），推行以"责任中心"为核算对象的责任会计核算。

责任会计核算对象不是生产过程中的产品，而是企业内部各个责任中心，它强调对责任中心进行事前、事中和事后的全过程管理，它所要反映和评价的是每个责任中心的工作业绩。

2. 全面预算监控机构

全面预算监控机构是对全面预算管理活动及预算执行过程和结果进行监督、控制的部门，包括价格监控、信息监控、质量监控、资金监控等。

企业不需要设置一个独立的全面预算管理监控部门，而是采取规定一个职能部门牵头，其他相关专业部门按照职能分工进行监控的办法。

3. 全面预算考评机构

全面预算考评机构负责对全面预算管理活动及预算执行过程和结果进行考核、评价和奖惩的部门。

1.1.4 全面预算管理的执行机构

全面预算管理执行机构是指在全面预算目标实现过程中承担预算执行责任，并享有相应权力和利益的企业内部各个预算责任主体。执行机构遵循以企业内部组织机构为基础，遵循分级分层、权责利相结合、责任可控、目标一致原则。

全面预算管理执行机构包括：企业内部各职能部门、下属分公司、子公司等。

因为全面预算执行机构是以责任网络的形式存在，因此也成称为"预算责任网络"，预算责任网络中各个预算责任主体可称为责任中心。责任中心构建如图 1-3 所示。

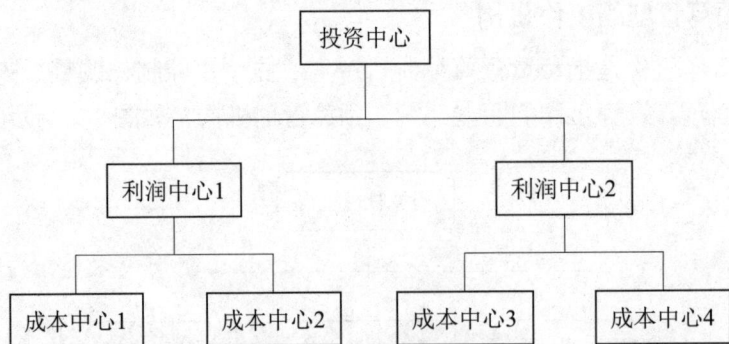

图 1-3　责任中心的结构

（1）投资中心是对投资负责的责任中心，它既对成本、收入和利润负责，又对投资效果负责。投资中心是全面预算责任网络体系的最高层次。

投资中心同时也是利润中心，但它控制的区域和职权范围比一般利润中心要大得多。投资中心有权购置和处理固定资产、扩大或缩小生产能力。一般而言，一个独立经营的法人单位，就是一个投资中心。大型集团公司下面的子公司、事业部往往都是投资中心。投资中心的预算目标就是企业的总预算目标。

（2）利润中心是对利润负责的责任中心，因为"利润＝收入－成本－费用"，所以利润中心实际上既要对收入负责，又要对成本和费用负责。

利润中心一般是有产品或劳务生产经营决策权，但不拥有投资决策权的部门。它与成本中心相比，权力更大，责任也更大。

利润中心一般具有较大的自主经营权，同时具有生产和销售的职能；有独立的、经常性的收入来源，可以决定生产什么产品、生产多少、生产资源在不同产品之间如何分配，也可以决定产品销售价格、制定销售政策等。

（3）成本中心是对成本或费用负责的责任中心，即只负责成本和费用，不负责收入和利润的职能部门。

凡是不能形成收入、只对成本或费用负有一定责任的部门甚至员工，比如各职能部门和各具体作业中心，如车间、工段、班组、员工等，均可成为一个成本中心。

成本中心处于最底层，是企业基层预算执行组织，是最基本的预算责任单位。成本控制是企业全面预算管理的核心，尤其是对于外部市场环境较为稳定的企业。

1.2 企业组织结构形式

企业组织结构是企业部门设置及职能规划最基本的架构，常见组织结构形式包括直线制组织结构、直线职能制组织结构、事业部制组织结构、矩阵制组织结构、母子公司制组织结构等。

1.2.1 直线制组织结构

直线制组织结构是集权式的组织结构形式，企业中各职能部门按照垂直系统直线排列，各级主管负责人执行统一指挥和管理职能，不设专门的机构。这种组织结构简单，管理费用低，上级和下级关系清楚。

例如，在工厂，厂长（或总经理）通常将采购、销售、财务、人事等经营活动的决策权、指挥权和监督权集中在自己手中。因此，在直线型组织结构下，经营管理职能只存在垂直分工而不存在水平分工（采购、销售、生产、财务等），是一种集权式的组织结构形式。具体结构如图 1-4 所示。

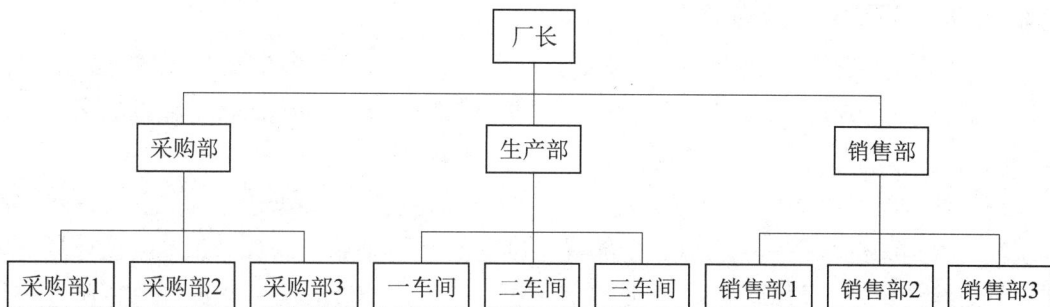

图 1-4　直线制组织结构

这种组织结构适用于企业规模不大，员工人数不多，生产和管理工作都比较简单，也适合中小型项目。

1.2.2 直线职能制组织结构

直线职能型组织结构在大中型企业中很普遍，属于典型的"集权式"管理。在直线职能型结构下，下级机构既受上级部门的管理，又受同级职能管理部门的业务指导和监督。因而，这是一种按照经营管理职能划分部门，并由最高经营者直接指挥各职能部门的体制。直线职能型组织结构被称为"U 型组织""单一职能型结构""单元结构"。这种组织结构，相对于产品单一、销量大、决策信息少的企业非常有效。

直线职能型组织结构如图 1-5 所示。

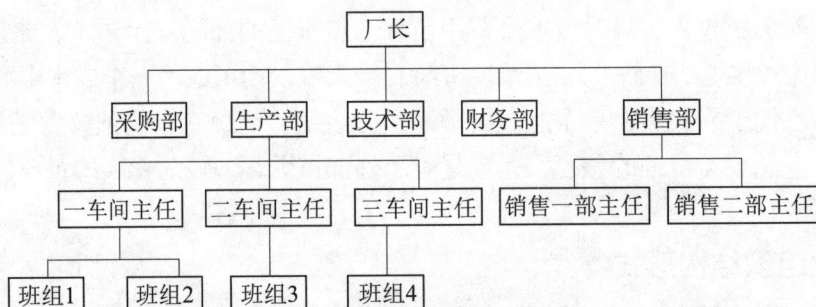

图 1-5 直线职能型组织结构

1. 构建预算责任网络

将整个企业作为一个投资中心，总经理全面负责企业的收入、成本、利润、投资等，销售部门为收入中心，对企业的收入和本部门的销售费用负责；其他生产部门为成本（费用）中心，只对本部门的成本、费用负责。

2. 预算责任网络的构成

企业预算自上而下逐级分解为各责任中心的责任预算；各责任中心的责任人对其责任区域内发生的收入、利润（内部）及成本、费用负责；下级责任中心要对上级责任中心负责；上层成本中心费用要对下层成本中心发生的成本费用负责；上级成本中心汇总下层成本中心的成本后逐级上报，直至最高层次的投资中心。

1.2.3 事业部制组织结构

事业部制组织结构，也称 M 型结构，是指为满足企业规模扩大和多样化经营对组织机构的要求而产生的一种组织结构形式。事业部制适用于规模庞大，品种繁多，技术复杂的大型企业。

事业部制组织结构是一种高层集权下的分权管理体制，采取分级管理、分级核算、自负盈亏的组织结构形式。在企业总领导下设立多个事业部，按产品、地区或市场（顾客）划分经营单位，即事业部。事业部不是独立的法人，但具有较大的经营权限，实行独立核算、自负盈亏，是一个利润中心。事业部作为利润中心，进行严格的考核。

1. 预算责任网络

事业部制组织结构属于横向组织结构，企业成立专业化的生产经营管理部门，即事业部。如产品品种较多，每种产品都能形成各自市场的大企业，可按产品设置若干事业部，凡与该产品有关的设计、生产、技术、销售、服务等业务活动，均组织在这个产品事业部之中，由该事业部总管；在销售地区广、工厂分散的情况下，企业可按地区划分事业部；如果顾客类型和市场不同，还可按顾客（市场）成立事业部。各事业部均为利润中心，实行独立核算。

2. 事业部制组织结构下的预算责任网络

事业部制组织结构下，企业预算自上而下逐级分解为各责任中心的责任预算。下层成本中心对上层成本中心负责；高层成本中心对利润中心负责；利润中心则对投资中心负责；中层投资中心对企业最高层投资中心负责。

3. 事业部制组织结构的分类

在企业管理实践中，事业部制的组织形式基本有以下四种。

（1）产品型事业部。

产品型事业部是对产品研发、生产、销售一条龙作业。产品型事业部对某一类或几类产品的经营业绩负责。企业将内部产品按照某种特性进行细分，根据细分结果组建不同的事业部。例如，某企业只生产两种产品：家用冰箱和洗衣机，根据产品品种组建事业部，如图 1-6 所示。

进一步细分，如图 1-7 所示。

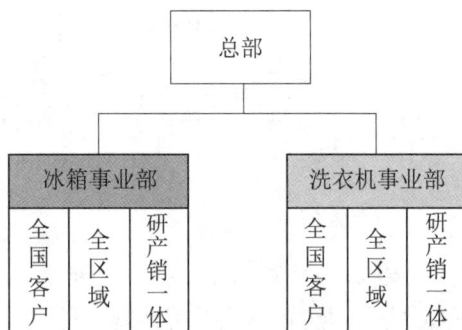

图 1-6　产品型事业部

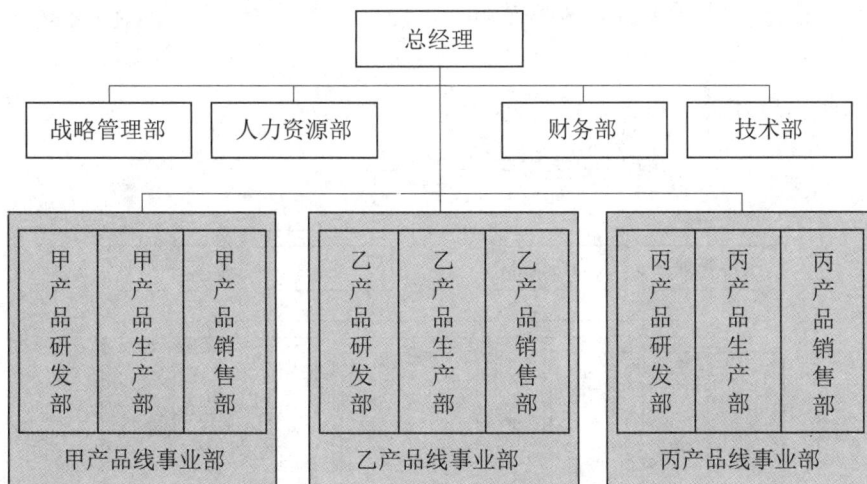

图 1-7　产品型事业部展开图

（2）区域型事业部。

顾名思义，区域型事业部是按照区域划分的。例如，甲企业，在杭州建立一个事业部，辐射华东地区，统一销售冰箱和洗衣机，再在西安组建事业部，辐射西北地区客户。华东、西北事业部都是利润中心体制，如图 1-8 所示。

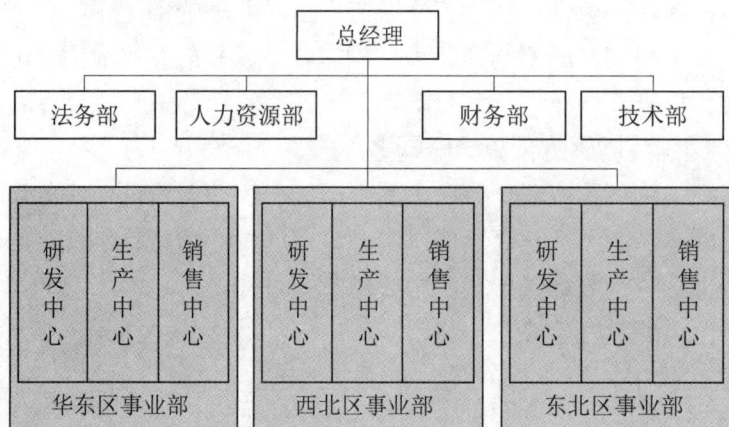

图 1-8　区域型事业部展开图

（3）顾客型事业部。

按照细分市场或行业特征进行事业部的划分，从而创建顾客导向的事业部。例如，甲企业，将顾客划分为高等收入家庭和中等收入家庭两类，从而组建起"高端客户事业部"和"大众事业部"。高端客户事业部面向高收入家庭研发高档冰箱和洗衣机；大众事业部面向中低收入家庭提供经济实用型冰箱和洗衣机，如图 1-9 所示。

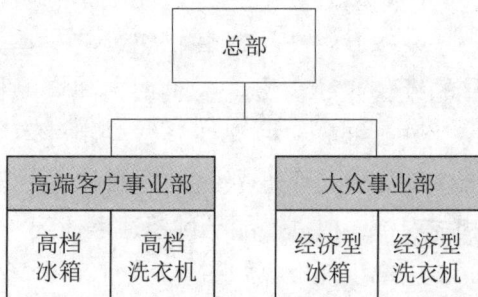

图 1-9　顾客型事业部

根据团购用户分类，如图 1-10 所示。

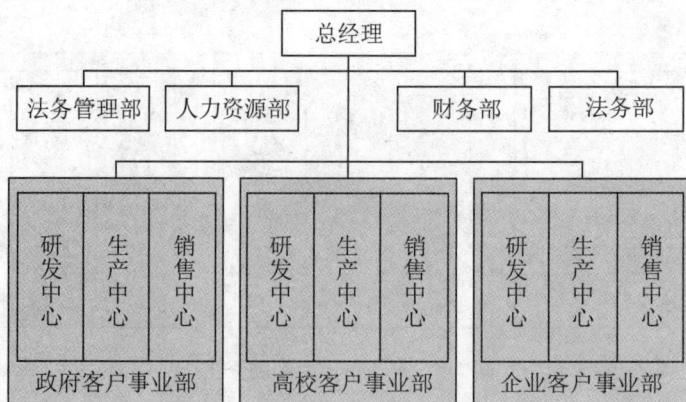

图 1-10　顾客型事业部展开图

1.2.4 矩阵制组织结构

矩阵组织结构是专门从事某项工作的工作小组形式以矩阵布局的一种组织形式。它具体又可分为二维矩阵和三维矩阵。大型矩阵组织结构，如图1-11所示。

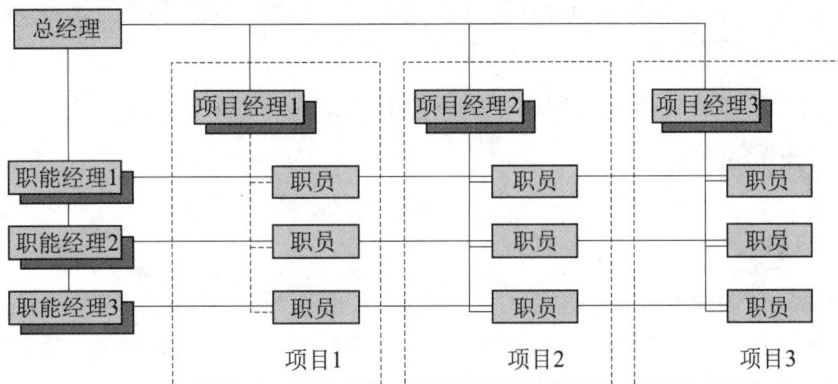

图 1-11 矩阵制组织结构图

矩阵制组织结构可以改进企业直线职能制横向联系差，缺乏弹性的缺点。

特别适用于以开发与实验为主的单位，军事工业、航天工业常采用这种组织结构形式，具有突出的优越性。

1.2.5 母子公司制组织结构

在现代企业制度下，母公司作为子公司的投资者和股东，通过董事会、监事会、股东（大）会等机构对子公司进行管理与控制。母子结构对于那些进行国际直接投资而规模较小的制造业公司来说，仍然是一种有用的形式，具体结构如图1-12所示。

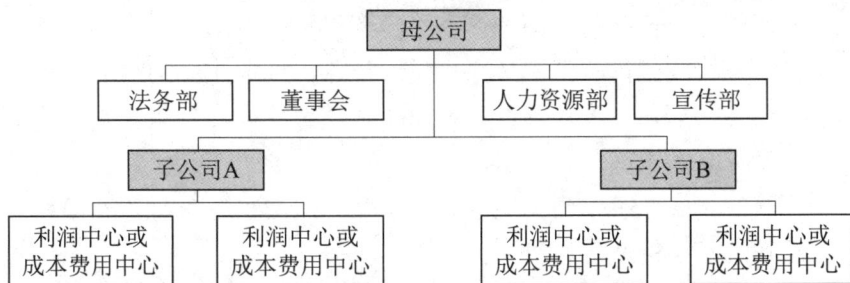

图 1-12 母子公司制组织结构

母子关系的形成一般有以下三种方式：

（1）母公司购买其他公司股票并达到控股程度；

（2）母公司自己投资或与其他公司联合投资创办股份公司，并在新建公司中控股；

（3）通过协议形式，使双方成为母子公司关系；

母子公司制组织结构的管理控制采取间接控制方式，管理控制权下放。成员企业独立经营、分散管理、独立核算。构建预算责任网络时，除了将母公司作为投资中心，其子公司也设立为投资中心；各子公司的下属部门则根据其具体职责分别设立为利润中心或成本费用中心。

母子公司制组织结构下的预算责任网络：在母子公司制组织结构下，企业预算可以采取自上而下逐级分解为各责任中心的责任预算；也可以采用自下而上由各责任中心的责任预算，逐级汇总为企业总预算。

1.3 全面预算的要素

全面预算的特点、构成以及组织程序有自成体系的一套方法。

1.3.1 全面预算的特点

全面预算管理具有全员参与、全额核算、全程执行的特点。

1. 全员参与

全面预算是企业全员由下而上，由上而下，预算指标层层分解落实，通过企业各职能管理部门和生产部门对预算过程的参与，把各单位的作业计划和公司资源通过透明的程序进行配比，达到资源的有效配置和利用。

2. 全额核算

企业预算包括业务预算、财务预算、资本预算。其中，业务预算是基础，不仅考虑资金的供给、成本的控制，还要考虑市场需求、生产能力、产量、材料、人工及动力等资源的协调和配置。另外，企业还要关注投资和资本运营活动，这里涉及一次性资本预算。

3. 全程执行

预算管理不能仅停留在预算指标的下达、预算的编制和汇总上，更重要的是要通过预算的执行和监控、预算的分析和调整、预算的考核与评价，真正发挥预算管理的作用。

1.3.2 全面预算的构成

企业的全面预算一般包括营业预算、资本预算和财务预算。

（1）营业预算的构成。营业预算又称为经营预算，是企业日常经营业务的预算，为短期预算。营业预算包括营业收入预算、营业成本预算、期间费用（销售费用、管理费用、财务费用）预算等。

（2）资本预算的构成。资本预算是企业长期投资和长期筹资业务的预算，属于长期预算，如购入股权、长期贷款等。

（3）财务预算的构成。财务预算是指企业财务状况、经营成果和现金流量的预算。财务预算与经营预算一样，都属于短期预算，但财务预算是企业的综合预算。财务预算一般包括现金预算、利润预算、财务状况预算等。

总之，营业收入预算是全面预算的起点，生产、材料采购、存货、费用等方面的预算，都要以销售预算为基础。按照以销定产的原则编制生产预算，生产预算要考虑现有存货和年末存货。根据生产预算来确定直接材料费用、直接人工费用和制造费用预算以及材料采购预算。产品成本预算和现金流量预算（或现金预算）是有关预算的汇总。利润预算和财务状况预算是全面预算的综合。

为了有效编制和实施全面预算，企业需要设立预算委员会和预算管理部，赋予其相应的职责，并设计预算工作程序。

第2章 全面预算的编制方法

企业编制全面预算，确定具体预算数额的流程应根据其自身的经营特点和需要而定。 以昌盛医疗有限公司(以生产医用口罩、医用防护设备为主要产品)为例，全年预算流程如图 2-1 所示。

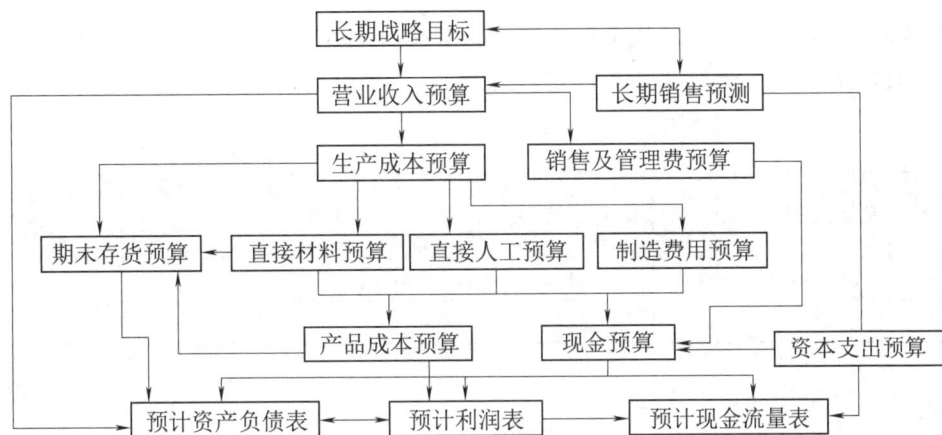

图 2-1　全年预算流程图

全面预算的编制方法包括：固定预算、弹性预算与概率预算，增量预算与零基预算，定期预算与滚动预算。

2.1　固定预算、 弹性预算与概率预算

按照业务量基础的数量特征的不同，营业预算的编制方法可分为固定预算、弹性预算与概率预算。

2.1.1　固定预算的编制方法

固定预算，也称静态预算，是根据预算期内正常的、可实现的某一业务量水平而编制的预算。

(1) 固定预算的基本特点如下：

> 不考虑预算期内业务量水平可能发生的变动，只按预计的一种业务量水平确定预算数额

> 将预算的实际执行结果与按预算期内计划规定的某一业务量水平所确定的预算数进行比较分析，并据以进行行业绩评价、考核

固定预算法的缺点表现在两个方面：一是实用性差；二是可比性差。

实用性差	不论预算期内业务量水平实际可能发生哪些变动，都只按事先确定的某一业务量水平作为编制预算的基础
可比性差	当实际业务量与编制预算所依据的业务量发生较大差异时，有关预算指标的实际数与预算数就会因业务量基础不同而失去可比性

对于业务量水平经常变动的企业，固定预算就很难有效地考核和评价企业预算的执行情况。固定预算一般适用于固定费用或者数额比较稳定的项目。

（2）固定预算的编制与运用。

【例 2-1】丽都有限公司按照固定预算法编制年度预算，相关资料如下：

（1）假定年度生产计划及工时计划，见表 2-1。

表 2-1　企业年度生产计划及工时计划表　　　　　　　　　　　单位：件

产品名称	预测销量	期初库存	预计期末库存	计划产量	单位产品工时定额	计划产量总工时（小时）
甲产品	1 800	300	90	1 200	90	108 000
乙产品	5 500	400	350	5 000	70	350 000

（2）材料费用预算，见表 2-2。

材料费用预算一般以生产计划和单位产品消耗定额及材料计划单价为基础并考虑实现各项措施所降低的节约额加以计算。

表 2-2　材料费用预算表　　　　　　　　　　　单位：元

项　目			A材料	B材料	辅料	合计
单　价（元）		1	18	8	—	—
甲产品（计划1 200件）	消耗定额（千克）	2	5	7	—	—
	费用定额（元/千克）	3=1×2	90	56	20	166
	定额耗用量（千克）	4=2×计划产量	6 000	8 400	—	—
	定额费用（元）	5=3×计划产量	108 000	67 200	24 000	199 200
乙产品（计划5 000件）	消耗定额（千克）	6	14	10	—	—
	费用定额（元/千克）	7=1×6	252	80	18	350
	定额耗用量（千克）	8=6×计划产量	70 000	50 000	—	—
	定额费用（元）	9=7×计划产量	1 260 000	400 000	90 000	1 750 000
基本车间一般耗费		10	—	—	45 000	45 000
修理车间耗费		11	—	—	24 200	24 200
合　计		12=5+9+10+11	1 368 000	467 200	183 200	2 018 400

（3）工资预算，见表 2-3。

企业工资预算的编制方法因工资制度的不同而采取不同的方法。在计件工资制度下，此时生产工人的工资属于变动费用，可按生产预算需要的工时数和小时工资率直接编制；在月工资制度下，此时工资费用是固定费用，只能依靠职工在册人数、出勤率、平均日工资额等数据来编制。

表 2-3　工资预算表　　　　　　　　　　　　　　　　　　　　　　　　单位：元

项　目		年度计划产量总工时（小时）	小时工资率（元/时）	年度计划工资总额	提取福利费（14%）	合　计
基本车间	生产工人	458 000	8	3 664 000	512 960	4 176 960
	管理人员			120 000	16 800	136 800
修理车间人员				117 000	16 380	133 380
行政管理部门人员				80 000	11 200	91 200
合　计				3 981 000	557 340	4 538 340

　　修理车间应分配福利费＝117 000×14%＝16 380（元）

　　行政管理部门应分配福利费＝80 000×14%＝11 200（元）

　　基本车间工资分配率＝4 176 960÷458 000＝9.12

　　甲产品应分配额＝108 000×9.12＝984 960（元）

　　乙产品应分配额＝350 000×9.12＝3 192 000（元）

　　(4) 制造费用预算，见表2-4。

　　基本生产车间制造费用预算包括两部分：一是辅助生产车间分配过来的制造费用；二是基本生产车间本身发生的制造费用，这两部分合起来再按一定的标准（一般按计划工时或生产工人工资比例）分配给各类产品。

表 2-4　辅助生产车间制造费用明细表　　　　　　　　　　　　　　　　单位：元

项　目	金　额
工　资	214 500
办公费	20 000
折旧费	80 000
机物料消耗	9 000
修理费	50 000
水电费	40 000
劳动保护费	10 000
低值易耗品摊销	8 400
其　他	5 800
合　计	437 700

　　辅助车间制造费用分配率＝437 700÷458 000＝0.96

　　甲产品应分配费用＝108 000×0.96＝103 680（元）

　　乙产品应分配费用＝437 700－103 680＝334 020（元）

固定预算适用于生产数据相对稳定的预算，一般在计划指标和实际指标不会有较大出入的情况下，可采用固定预算。

【例2-2】盛昌医疗有限公司在预算期内预计生产医用防护用品30 000件，单位产品成本和固定性制造费用总额构成如下：

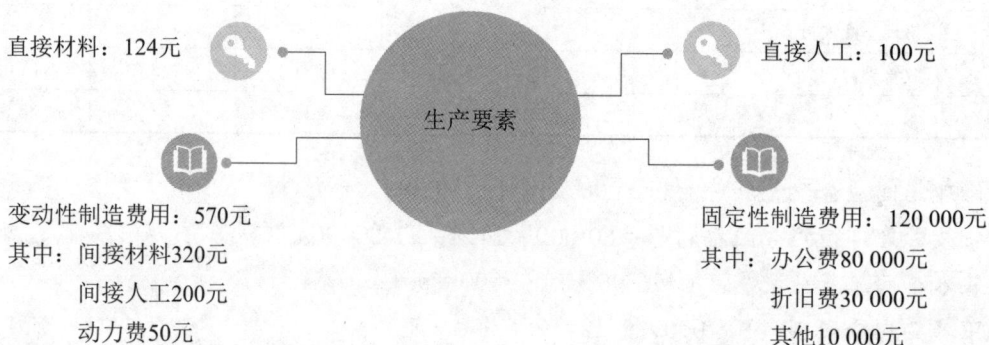

直接材料：124元　　生产要素　　直接人工：100元

变动性制造费用：570元
其中：间接材料320元
　　　间接人工200元
　　　动力费50元

固定性制造费用：120 000元
其中：办公费80 000元
　　　折旧费30 000元
　　　其他10 000元

盛昌医疗有限公司当年实际生产并销售医用防护用品35 000件，若采用固定预算，则该公司生产预算，见表2-5。

表2-5　固定预算　　　　　　　　　　　　　　　　　　　　　　单位：元

项　目	固定预算	实际生产	差异
生产量（件）	30 000	35 000	+5 000
变动成本			
直接材料	3 720 000（30 000×124）	4 340 000（35 000×124）	+620 000
直接人工	3 000 000（30 000×100）	3 500 000（35 000×100）	+500 000
变动性制造费用			
其中：间接材料	9 600 000（320×30 000）	11 200 000（320×35 000）	+1 600 000
间接人工	6 000 000（200×30 000）	7 000 000（200×35 000）	+1 000 000
动力费	1 500 000（50×30 000）	1 750 000（50×35 000）	+250 000
小计	17 100 000	19 950 000	+2 850 000
合计	23 820 000	27 790 000	+3 970 000
固定性制造费用			
其中：办公费	80 000	77 000	−3 000
折旧费	30 000	30 000	0
其他	10 000	12 000	+2 000
合计	120 000	119 000	−1 000
生产成本总计	23 940 000	27 909 000	+3 969 000

（注："−"为有利差异；"+"不利差异）

从表 2-5 中可以看出，由于预算和实际产量不同，二者所形成的差异很难说明企业成本控制的情况。表中所列的成本不利差异 3 969 000 元，即实际成本比预算增加 3 969 000 元，究竟是由于产量增加引起成本的增加，还是由于成本控制不利发生的超支，均不能清楚说明。

在业务量水平经常变动的企业，固定预算很难有效地考核和评价企业预算的执行情况。

为了弥补这一缺陷，可按各种可能完成的业务量来编制预算。按各种可能完成的业务量来编制预算的方法就称为弹性预算。

2.1.2 弹性预算的编制方法

弹性预算是根据预算期内可预见的多种业务量水平，分别确定相应的预算数额编制而成的预算。由于这种预算随业务量水平的变动作机动调整，本身具有弹性，故称为弹性预算，或称变动预算。

与固定预算相比，弹性预算有以下特点。

⭕ 弹性预算是按预算期内某一相关范围的、可预见的多种业务量水平确定不同的预算额，从而扩大了预算的适用范围，便于预算指标的调整

⭕ 弹性预算是按成本的不同性态分类列示的，便于在预算期终了时，将实际指标与实际业务量相应的预算额进行对比

编制弹性预算的步骤如下：

1	选择和确定产品的计量单位、消耗量、人工小时、机器工时等
2	在确定合适的生产范围时，要与各业务部门共同协调，一般可按照生产量的 70%~120%确定，也可按过去生产资料中的最低业务量和最高业务量为上下限，然后再在其中划分若干等级，这样编出的弹性预算较为准确与实用
3	根据成本性态和业务量之间的依存关系，将企业生产成本划分为变动和固定两个类别，并逐项确定各项费用与业务量之间的关系
4	计算各种业务量水平下的预测数据，并用一定的方式表示，形成某一项的弹性预算

弹性预算法适用于各项随业务量变化而变化的项目支出，如制造业，产品增加，相应的原料及其他辅助材料费也会增加。

在管理学中，弹性预算主要用来编制成本预算和利润预算。

【例2-3】仍根据【例2-2】的资料，假定预算期内医用防护用品的预计产量分别为26 000件、30 000件、34 000件、36 000件，其中：办公费20 000元、折旧费7 500元、其他费用2 500元。编制弹性成本预算，见表2-6。

表2-6　弹性成本预算　　　　　　　　　　　　　　　　　　　　　　　单位：元

项　目	单位变动成本	预计生产量（件）			
		26 000	30 000	34 000	36 000
变动成本					
直接材料	124	3 224 000	3 720 000	4 216 000	4 464 000
直接人工	100	2 600 000	3 000 000	3 400 000	3 600 000
变动性制造费用					
其中：间接材料	320	8 320 000	9 600 000	10 880 000	11 520 000
间接人工	200	5 200 000	6 000 000	6 800 000	7 200 000
动力费	50	1 300 000	1 500 000	1 700 000	1 800 000
小计	570	14 820 000	17 100 000	19 380 000	20 520 000
合计	794	20 644 000	23 820 000	26 996 000	28 584 000
固定性制造费用					
其中：办公费	—	20 000	20 000	20 000	20 000
折旧费	—	7 500	7 500	7 500	7 500
其他	—	2 500	2 500	2 500	2 500
合计	—	30 000	30 000	30 000	30 000
生产成本总计	—	20 674 000	23 850 000	27 026 000	28 614 000

编制弹性成本预算，关键是进行成本性态分析，将全部成本最终区分为变动成本和固定成本两大类。变动成本主要根据单位业务量来控制，固定成本则按总额控制。

其成本的预算公式为：

成本的弹性预算＝固定成本预算数＋$\sum$（单位变动成本预算数×预计业务量）

弹性成本预算的具体编制方法包括公式法和百分比法两种。

（1）公式法。

公式法就是在成本性态分析的基础上，建立成本模型 $y=a+bx$ 来进行弹性成本预算的方法。

在成本性态分析的基础上，可将任何成本项目近似地表示为 $y=a+bx$（当 $a=0$ 时，y 为变动成本；当 $b=0$ 时，y 为固定成本；当 a 和 b 均不为 0 时，y 为混合成本；x 为多种业务量指标，如产销量、直接人工时等）。

在公式法下，只需列出各项成本费用的 a 和 b，就可以很方便地推算出业务量在允许范围内任何水平上的各项预算成本。

【例2-4】恒昌木床厂利用弹性预算法对该厂的制造费用及利润情况进行了财务预算，见表2-7。

表 2-7 恒昌木床厂制造费用预算资料

项 目	a（元）	b（元/台时）
1. 折旧	120 000	—
2. 保险费	80 000	—
3. 燃油	—	2
4. 原材料	—	4
5. 生产工人工资	200 000	0.75
6. 维修费	15 000	0.5
合 计	415 000	7.25

从表 2-7 可以得知如下数据：

$a = 120\,000 + 80\,000 + 200\,000 + 15\,000 = 415\,000$（元）

$b = 2 + 4 + 0.75 + 0.5 = 7.25$（元/台时）

$y = a + bx = 415\,000 + 7.25x$

利用该模型可以预测业务量 x 在 7 450～7 750 台时，即：生产能力利用率为 90%～105% 任意一点上的制造费用预算数（生产能力 100% 时，为 7 650 台时）。

即：

制造费用 = 415 000 + 7.25 × 实际台时

进一步按照费用项目编制不同业务量水平下的弹性预算表，见表 2-8。

表 2-8 恒昌木床制造费用预算表 单位：元

机器台时	7 450	7 550	7 650	7 750
生产能力利用率（%）	90%	95%	100%	105%
1. 变动费用项目	269 012.50	269 737.50	270 462.50	271 187.50
其中：燃油	14 900	15 100	15 300	15 500
原材料	29 800	30 200	30 600	31 000
生产工人工资	205 587.5	205 662.50	205 737.50	205 812.50
维修费	18 725	18 775	18 825	18 875
2. 固定费用	200 000	200 000	200 000	200 000
其中：折旧费	120 000	120 000	120 000	120 000
保险费	80 000	80 000	80 000	80 000
生产制造费用预算数（元）	469 012.50	469 737.50	470 462.50	471 187.50

当机器台时是 7 450 时，各费用项目计算如下：

燃油费 = 2 × 7 450 = 14 900（元）

原材料费用 = 4 × 7 450 = 29 800（元）

生产工人工资 = 200 000 + 0.75 × 7 450 = 205 587.5（元）

维修费用 = 15 000 + 0.5 × 7 450 = 18 725（元）

折旧费＝120 000（元）

保险费＝80 000（元）

其他机器台时各项目计算方法同上。

（2）百分比法。

百分比法是指按照不同销售额的百分比来编制弹性利润预算的方法。应用百分比法的前提条件是销售收入的变化不会影响企业的单位变动成本和固定成本总额。百分比法主要适用于多品种经营的企业。

【例2-5】恒昌木床厂机器开动7 450台时，可使销售收入达到108 000元；如果机器开动7 550台时，可使销售收入达到1 140 000元；如果机器开动7 650台时，销售收入可达到1 200 000元。根据以上预测，编制利润预算表，见表2-9。

表2-9　恒昌木床厂利润预算表 单位：元

销售收入百分比（1）	90％	95％	100％	105％
销售收入（2）＝1 200 000×（1）	1 080 000	1 140 000	1 200 000	1 260 000
变动成本（3）	269 012.50	269 737.50	270 462.50	271 187.50
边际贡献（4）＝（2）－（3）	810 987.50	870 262.50	929 537.50	988 812.50
固定成本（5）	200 000	200 000	200 000	200 000
毛利润总额（6）＝（4）－（5）	610 987.50	670 262.50	729 537.50	788 812.50

由表2-9可知，如果企业生产能力100％有效利用，每年可创造利润729 537.50元，如果销售能力提高到105％，可创造利润788 812.50元，企业可增加生产能力，创造更多的利润。

2.1.3　概率预算的编制方法

概率预算是指对在预算期内不确定的各预算构成变量，根据客观条件，做出近似的估计，估计他们可能变动的范围及出现在各个变动范围的概率，再通过加权平均计算有关变量在预期内的期望值的一种预算编制方法。

概率预算由弹性预算演变而来，它属于不确定预算，弹性预算则属于确定预算。概率预算更适宜编制难以准确预测变动趋势的预算项目，尤其是新开发的项目和产品。

（1）概率预算的特点。

　　影响预算对象的各因素具有不确定性，因而存在多种发展可能性，但是这些可能性可以计量

　　由于对影响预算对象的变量的所有可能都作了客观的估计和更加科学的测算，因而改善了预算数据的准确程度

（2）概率预算的编制步骤。

第一步，在预测分析的基础上，估计各相关因素的可能值及其出现的概率。需要注意的是，概率的取值范围应大于等于0，小于等于1，假设概率用P_i表示，即P_i取值范围是$0 \leqslant P_i \leqslant 1$，所有概率相加值$\sum P_i = 1$。

第二步，计算联合概率，即各相关因素的概率之积。

第三步，根据弹性预算提供的预算指标以及与之对应的联合概率计算出预算对象的期望值（$E=\sum X_i \times P_i$），即概率预算下的预算结果。

【例 2-6】秦岭制造有限公司计划 2×21 年投产一种新产品，单位售价为 25 元，预估该产品的销售量有可能是 50 000 件、55 000 件、60 000 件；概率分别为 0.2、0.5、0.3；单位产品变动性制造成本可能是 17 元、18 元和 19 元；各成本水平出现的概率分别为 0.3、0.5、0.2。单位变动性销售费用为 1.2 元，约束性固定成本为 64 000 元。当销售量分别为 50 000 件、55 000 件和 60 000 件时，酌量性固定成本在不同产量水平下分别为 80 000 元、82 000 元和 86 000 元。根据上述资料，编制该公司新产品利润的概率预算见表 2-10。

表 2-10　新产品不同销量利润预测表　　　　　　　　　　　　　　　　单位：元

组合	销售量（件）①	销售量概率②	单价③	单位变动制造成本 成本额④	单位变动制造成本 概率⑤	单位变动销售费用⑥	酌量性固定成本⑦	约束性固定成本⑧	利润⑨＝①×③－（①×④＋①×⑥＋⑦＋⑧）	联合概率⑩＝②×⑤	利润期望值⑪＝⑨×⑩
1	50 000	0.2	25	17	0.3	1.2	80 000	64 000	196 000	0.06	11 760
2	50 000	0.2	25	18	0.5	1.2	80 000	64 000	146 000	0.1	14 600
3	50 000	0.2	25	19	0.2	1.2	80 000	64 000	96 000	0.04	3 840
4	55 000	0.5	25	17	0.3	1.2	82 000	64 000	228 000	0.15	34 200
5	55 000	0.5	25	18	0.5	1.2	82 000	64 000	173 000	0.25	43 250
6	55 000	0.5	25	19	0.2	1.2	82 000	64 000	118 000	0.1	11 800
7	60 000	0.3	25	17	0.3	1.2	86 000	64 000	258 000	0.09	23 220
8	60 000	0.3	25	18	0.5	1.2	86 000	64 000	198 000	0.15	29 700
9	60 000	0.3	25	19	0.2	1.2	86 000	64 000	138 000	0.06	8 280
合　计										1.00	180 650

组合 1 各项目计算如下：

利润＝①×③－（①×④＋①×⑥＋⑦＋⑧）

　　　＝50 000×25－（50 000×17＋50 000×1.2＋80 000＋64 000）

　　　＝1 250 000－（850 000＋60 000＋80 000＋64 000）

　　　＝1 250 000－1 054 000

　　　＝196 000（元）

联合概率＝②×⑤＝0.2×0.3＝0.06

利润期望值＝∑某种状态下的预算指标水平×该种状态的概率

　　　　　　＝196 000×0.06＝11 760（元）

其他组合依此计算，不再一一列示。

2.2　增量预算与零基预算

按照出发点的特征不同，营业预算的编制方法可分为增量预算与零基预算。

2.2.1 增量预算的编制方法

增量预算是以基期预算数据为基础，结合预算期业务量水平及管理措施，调整有关预算数额编制而成的预算。这种预算编制方法的基本假定是：

企业现有的每项业务活动都是企业不断发展所必需的

现有的费用开支水平是合理而必须的

增加费用预算是值得的

在基期实际数据的基础上，考虑未来的变化情况，确定预算指标，计算公式如下：

$$某项预算指标＝基期实际指标×（1＋变动比率\%）$$

增量预算编制方法比较简单，但是它以过去的水平为基础，实际上是承认过去是合理的，无须改进，因循沿袭下去。这样，易使原来不合理的成本费用开支继续存在下去，造成预算的浪费；另一方面也不利于企业拓展新的业务。

【例2-7】2×20年，昌盛商贸有限公司采购棉布实际支出400 000元，考虑2×21年销售增加8%和日常消耗额节约2%的因素，则2×21年棉布费用预算为：

$$400\ 000×（1＋8\%）×（1－2\%）＝423\ 360（元）$$

2.2.2 零基预算的编制方法

零基预算是由美国德州仪器公司于20世纪70年代率先采用的，后被西方国家广泛采用，作为成本费用预算的编制方法。零基预算，是指不考虑过去的预算项目和收支水平，以零为基点编制的预算。零基预算的基本特征是不受以往预算安排和预算执行情况的影响，一切预算收支都建立在成本效益分析的基础上，根据需要编制预算。

在编制间接费用或固定费用预算时，传统的方法是以往年的各种费用项目的实际开支数为基础，对这些数据增减调整后作为下一年预算数据。这种方法虽然可取，但包含不合理的费用支出，无法使预算发挥其应有的作用。为解决这个问题，人们提出了零基预算编制方法。

与传统的增量预算相比较，编制零基预算有以下特点：它不以现有的成本水平为基础，而是以"零"为起点。

零基预算的优点：

（1）不仅能压缩经费开支，而且切实能做到将有限的经费用在最需要的地方。

（2）不受现行预算的约束，能充分发挥各级费用管理人员的积极性和创造性，而且能促使各基层单位精打细算，厉行节约，合理使用资金，提高资金的使用效率。

零基预算的缺点：零基预算以零为起点，要求对一切业务活动，都毫无例外地逐一进行成本－效益分析。工作量较大，有时显得得不偿失。

零基预算首先从业务活动本身考虑问题，对每一项业务活动逐一分析之后，再确定其成本支出水平和收益率。

零基预算的编制步骤与方法：

（1）根据企业预算期利润目标、销售目标和生产指标等，分析预算期各项费用项目，并预测费用水平；

（2）拟订预算期各项费用的预算方案，权衡轻重缓急，划分费用支出的等级并排列先后顺序；

（3）根据企业预算期预算费用控制总额目标，按照费用支出等级及顺序，分解落实相应的费用控制目标，编制相应的费用预算。

【例 2-8】假定恒水制造有限公司在编制 2×21 年度销售及管理费用预算时，拟采用零基预算法。

首先，由销售及管理部门根据本企业 2×21 年度的目标利润和本部门的具体指标，多次讨论研究，一致认为计划期间会发生以下一些费用项目及其预计金额：

| 广告费 20 000元 | 设备租金 12 000元 | 办公费 10 000元 | 培训费 24 000元 | 差旅费 20 000元 |

其次，将酌量固定成本的广告费和培训费根据历史资料进行"成本—效益分析"，其结果见表 2-11。

表 2-11　广告费和培训费"成本—效益分析"

项目	成本（元）	收益（元）	成本收益率
培训费	1	20	1：20
广告费	1	30	1：30

再次，把上述五个费用项目，按照它们的具体性质和轻重缓急，排出层次和顺序：

1　第一层次：设备租金、差旅费、办公费

2　第二层次：培训费（酌量性固定成本）

3　第三层次：广告费（酌量性固定成本）

设备租金、差旅费、办公费在成本形态中属于约束性固定成本；培训费、广告费属于酌量性固定成本。（关于成本的具体内容，我们将在第 3 章详细介绍）

约束性固定成本	酌量性固定成本
是指管理当局的短期（经营）决策行动不能改变其具体数额的固定成本。例如：保险费、房屋租金、设备折旧、管理人员的基本工资等	是指管理当局的短期经营决策行动能改变其数额的固定成本。例如：广告费、新产品研究开发费用等

假定恒水制造有限公司在计划期间，对于推销及管理费用预算只有68 000元，根据顺序分配资金，落实预算。

最后，由于设备租金、差旅费、办公费合计 42 000 元，尚可分配的资金 24 000 元，此数应按成本收益率的比例配给培训费和广告费：

培训费可分配数＝24 000×[20÷(30＋20)]＝9 600（元）

广告费可分配数＝24 000×[30÷(30＋20)]＝14 400（元）

2.3　定期预算与滚动预算

按照预算期的时间不同，分为定期预算和滚动预算。

2.3.1　定期预算的编制方法

很多企业的经营预算和财务预算是定期（通常为一年）编制的，这样可使预算年度与会计年度保持一致，便于预算执行结果的考核与评价。但是定期预算也有以下缺陷：

（1）定期预算多是在其执行年度开始前的两三个月进行，在编制时，难以估计预算年度的某些活动，尤其是实然增加的投资与筹资活动，从而给预算的执行带来困难。

（2）预算中所规划的各种经营活动在预算期内往往发生变化，而定期预算却不便于及时调整预算数额。

（3）预算往往是短期行为，在预算执行的过程中，企业管理人员的决策受限于剩余的预算期间的指标，以期实际与预算指标同步，限制某些业务的发展，不利于企业长期规划与增长。

【例 2-9】恒昌木床厂采用定期预算方法编制制造费用预算。变动制造费用按直接人工工时比例分配，固定制造费用按季平均分配。经测算，2×21 年度直接人工总工时为100 000 小时，第 1～4 季度分别为 12 000 小时、24 000 小时、30 000 小时和 34 000 小时；变动制造费用总额为 1 150 000 元，其中，直接人工 500 000 元、采购成本 280 000 元、维修费用 190 000 元、水电费 140 000 元、其他费用 40 000 元；固定制造费用为600 000元，其中，管理人员工资 300 000 元、设备租金 120 000 元、折旧费 180 000 元。编制 2×21 年度制造费用预算如下。

(1) 计算变动制造费用分配率。

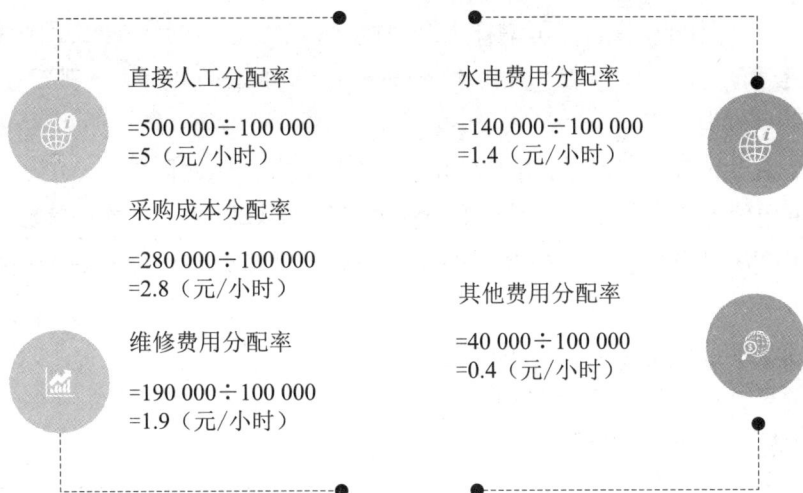

直接人工分配率
=500 000÷100 000
=5（元/小时）

水电费用分配率
=140 000÷100 000
=1.4（元/小时）

采购成本分配率
=280 000÷100 000
=2.8（元/小时）

其他费用分配率
=40 000÷100 000
=0.4（元/小时）

维修费用分配率
=190 000÷100 000
=1.9（元/小时）

(2) 计算固定制造费用分配额。

每季管理人员工资 =300 000÷4=75 000（元）

每季设备租金 =120 000÷4=30 000（元）

每季折旧费 =180 000÷4=45 000（元）

根据以上资料，编制恒昌木床厂年度预算，见表 2-12。

表 2-12　恒昌木床厂制造费用预算表

2×21 年度　　　　　　　　　　　　　　单位：元

项　　目	第一季度	第二季度	第三季度	第四季度	全年合计
直接人工总工时	12 000	24 000	30 000	34 000	100 000
变动制造费用					
其中：直接人工	60 000	120 000	150 000	170 000	500 000
采购成本	33 600	67 200	84 000	95 200	280 000
维修费用	22 800	45 600	57 000	64 600	190 000
水电费用	16 800	33 600	42 000	47 600	140 000
其他费用	4 800	9 600	12 000	13 600	40 000
小　　计	138 000	276 000	345 000	391 000	1 150 000
固定制造费用					
其中：管理人员工资	75 000	75 000	75 000	75 000	300 000
设备租金	30 000	30 000	30 000	30 000	120 000
折旧费	45 000	45 000	45 000	45 000	180 000
小　　计	150 000	150 000	150 000	150 000	600 000
制造费用合计	288 000	426 000	495 000	541 000	1 750 000

2.3.2 滚动预算的编制方法

在执行了 1 个月的预算后，再增补 1 个月的预算，逐期向后滚动，由此编制而成的预算就称为滚动预算。滚动预算也称永续预算或连续预算。采用滚动预算法编制预算，按照滚动的时间分类如下。

（1）年度滚动预算，年度滚动预算只限于当年年末。例如目前是 5 月，那么前 5 个月的实际数据已经有了，根据前 5 个月的经营情况，预算后 7 个月的经营数据。

（2）多年度滚动预算。一般是 3 年和 5 年的滚动预算，也可由管理者自行设计向后滚动的时间。

（3）月度滚动预算是指以月为单位制定预算，每个月调整 1 次。按照逐月滚动预算方式编制的预算比较精确，但工作量较大。

图 2-2 是逐月滚动示意图。

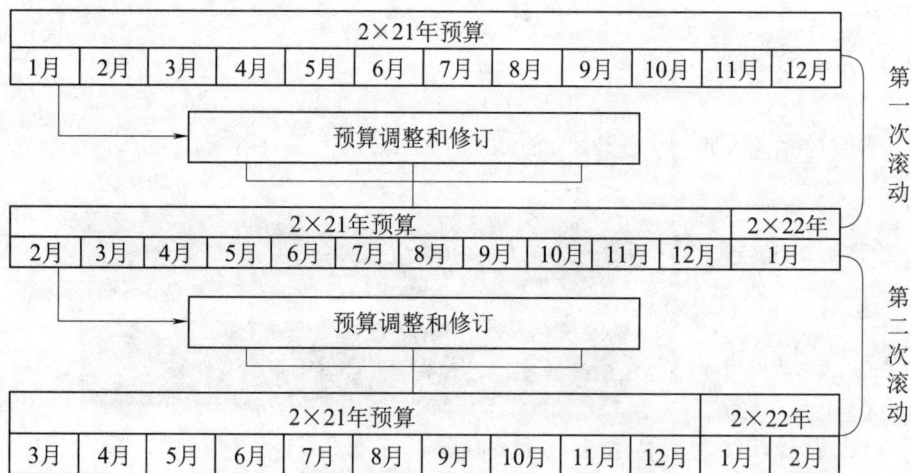

图 2-2　逐月滚动示意图

【例 2-10】恒昌木床厂采用混合滚动预算方法编制制造费用预算。2×20 年第一季度至第四季度按季编制的制造费用及相关资料沿用【例 2-9】的资料。2×20 年 3 月底在编制 2×20 年第二季度至 2×21 年第一季度制造费用滚动预算时，发现未来的预算期将出现以下情况：

✓　直接人工总工时 100 000 小时不变，2×20 年 4 月、5 月、6 月工时数分别为 12 000 小时、8 000 小时和 10 000 小时

✓　2020 年第 3 季度至 2×21 年第一季度每季工时数分别变更为：25 000 小时、30 000 小时、15 000 小时

✓　直接人工分配率将上涨 10%，其他费用分配率增加 0.2 元/小时，管理人员工资上升 15%

假设其他条件不变。

（1）计算变动制造费用分配率。

直接人工分配率＝5×（1＋10%）＝5.5（元/时）

直接材料分配率＝2.8（元/时）

维修费用分配率＝1.9（元/时）

水电费用分配率＝1.4（元/时）

其他费用分配率＝0.4＋0.2＝0.6（元/时）

（2）计算固定制造费用分配额

每季管理人员工资　◆＝（300 000÷4）×（1＋15%）＝86 250（元）

每季设备租金　◆＝120 000÷4＝30 000（元）

每季折旧费　◆＝180 000÷4＝45 000（元）

根据上述资料，利用滚动预算法编制预算表，见表2-13。

表2-13　滚动预算法编制预算表　　　　　　　　　　　　　　　　　单位：元

| 项　目 | 2×20年度 | | | | | 2×21年度 | 合计 |
	4月	5月	6月	第三季度	第四季度	第一季度	
直接人工总工时	12 000	8 000	10 000	25 000	30 000	15 000	100 000
变动制造费用							
其中：直接人工	66 000	44 000	55 000	137 500	165 000	82 500	550 000
采购成本	33 600	22 400	28 000	70 000	84 000	42 000	280 000
维修费用	22 800	15 200	19 000	47 500	57 000	28 500	190 000
水电费用	16 800	11 200	14 000	35 000	42 000	21 000	140 000
其他费用	7 200	4 800	6 000	15 000	18 000	9 000	60 000
小　计	146 400	97 600	122 000	305 000	366 000	183 000	1 220 000
固定制造费用							
其中：管理人员	28 750	28 750	28 750	86 250	86 250	86 250	345 000
设备租金	10 000	10 000	10 000	30 000	30 000	30 000	120 000
折旧费	15 000	15 000	15 000	45 000	45 000	45 000	180 000
小　计	53 750	53 750	53 750	161 250	161 250	161 250	645 000
制造费用合计	200 150	151 350	175 750	466 250	527 250	344 250	1 865 000

直接人工工时为12 000时，变动成本与固定成本计算如下：

直接人工费用＝5.5×12 000＝66 000（元）

材料费用＝2.8×12 000＝33 600（元）

维修费用＝1.9×12 000＝22 800（元）

水电费用＝1.4×12 000＝16 800（元）

其他费用＝0.6×12 000＝7 200（元）

4～6月固定费用计算如下：

管理人员工资＝86 250÷3＝28 750（元）

租金＝30 000÷3＝10 000（元）

折旧费用＝45 000÷3＝15 000（元）

第3章 恒昌电器有限责任公司（制造业）全面预算的编制案例

恒昌电器有限责任公司(制造业)处在完全竞争的市场环境下，在同行业中处于中上游。该公司实行全面预算管理，采用"双向互动"的预算编制定流程，编制预算的方法有固定预算编制法、弹性预算编制法、滚动预算编制法、增量预算编制法与零基预算编制法相结合的方式。

3.1 编制经营预算

恒昌电器有限责任公司将销售预算视为编制全面预算的起点和关键。

3.1.1 销售预算的编制

销售预算通常是在销售预测的基础上，根据企业年度目标利润确定的销售量和销售额来编制的。

【例3-1】恒昌电器有限责任公司生产电磁炉、电饭煲两种产品，每季度实现的销售收入中有60%能于当季收取现金，其余40%应于下季度收讫。2×20年末应收账款余额为120万元，其中电磁炉80万元，电饭煲40万元。不考虑其他因素，公司2×21预算年度生产并销售电磁炉、电饭煲两种产品，相关数据见表3-1。

表3-1 销售预算表   单位：元

项　　目	第一季度	第二季度	第三季度	第四季度	合计
预计销量（件）					
电磁炉	5 000	4 900	5 200	4 800	19 900
电饭煲	2 200	2 100	2 300	2 400	9 000
预计售价（元/件）					
电磁炉	300	300	300	300	300
电饭煲	400	400	400	400	400
销售收入（元）					
电磁炉	1 500 000	1 470 000	1 560 000	1 440 000	5 970 000
电饭煲	880 000	840 000	920 000	960 000	3 600 000
合　计	2 380 000	2 310 000	2 480 000	2 400 000	9 570 000

第一季度电磁炉销售收入＝5 000×300＝1 500 000（元）

第一季度电饭煲销售收入＝2 200×400＝880 000（元）

第二季度、第三季度、第四季度依此计算。

不考虑其他因素，恒昌电器有限责任公司编制销售过程中的现金收入（含税）预算见表 3-2。

表 3-2　现金收入预算表　　　　　　　　　　　　　　　　　　　　　　　　　单位：元

项　目	第一季度	第二季度	第三季度	第四季度	合计
应收账款期初余额	1 200 000	—	—	—	1 200 000
第 1 季度销售收入	1 428 000	952 000	—	—	2 380 000
第 2 季度销售收入	—	1 386 000	924 000	—	2 310 000
第 3 季度销售收入	—	—	1 488 000	992 000	2 480 000
第 4 季度销售现金收入	—	—	—	1 440 000	1 440 000
现金收入合计	2 628 000	2 338 000	2 412 000	2 432 000	9 810 000

第一季度电磁炉现金收入＝1 500 000×60％＝900 000（元）

第一季度电饭煲现金收入＝880 000×60％＝528 000（元）

合计：900 000＋528 000＝1 428 000（元）

第一季度现金收入＝1 200 000＋1 428 000＝2 628 000（元）

第二季度期初余额＝2 380 000×40％＝952 000（元）

3.1.2　生产量预算的编制

由于恒昌电器有限责任公司实行"以销定产"的经营策略，因此其生产预算是以销售预算为基础编制的。在预算期内，企业预计产品产量时应考虑预算期初产成品存货和预算期末产成品存货因素。产品产量与销量之间的数量关系如下：

预计产量＝预计销量＋预计期末产成品存货量－预计期初产成品存货量

【例 3-2】恒昌电器有限责任公司 2×21 年度各季末的产成品存货按下一季度销售量的 15％计算。公司 2×20 年末电磁炉存货为 400 件，电饭煲存货为 200 件；预计 2×21 年末电磁炉存货为 600 件，电饭煲存货为 300 件。不考虑其他因素，公司 2×21 年按季度编制生产预算见表 3-3（表中数据计算四舍五入取整数）。

表 3-3　生产预算表　　　　　　　　　　　　　　　　　　　　　　　　　　　单位：件

项　目		第一季度	第二季度	第三季度	第四季度	年度
电磁炉	预计销量	5 000	4 900	5 200	4 800	19 900
	加：预计期末存货量	735	780	720	600	—
	预计需用量	5 735	5 680	5 920	5 400	22 735
	减：预计期初存货量	400	735	780	720	—
	预计产量	5 335	4 945	5 140	4 680	20 100
电饭煲	预计销量	2 200	2 100	2 300	2 400	9 000
	加：预计期末存货量	315	345	360	300	—
	预计需用量	2 515	2 445	2 660	2 700	10 320
	减：预计期初存货量	200	315	345	360	—
	预计产量	2 315	2 130	2 315	2 340	9 100

（1）第一季度电磁炉期末存货量＝4 900×15％＝735（台）

预算需要量＝5 000＋735＝5 735（台）

第一季度电磁炉预计产量＝预计销量＋预计期末产成品存货量－预计期初产成品存货量＝5 000＋735－400＝5 335（台）

（2）第一季度电饭煲期末存货量＝2 100×15％＝315（台）

预算需要量＝2 200＋315＝2 515（台）

第一季度电饭煲预计产量＝预计销量＋预计期末产成品存货量－预计期初产成品存货量＝2 200＋315－200＝2 315（台）

第二、三、四季度依此计算。

3.2 编制生产成本预算

生产成本主要包括直接材料、直接人工、制造费用、动力及燃料费等。

3.2.1 直接材料成本预算

直接材料预算是以生产预算为基础编制的，同编制生产预算一样，编制材料采购预算也要和材料的采购量、耗用量和库存量保持一定的比例关系，以避免供应不足或积压。通常，在编制材料采购预算时也要预计材料采购各季度的现金支出。每个季度的现金支出包括偿还上期应付账款和本期应支付的采购货款。

直接材料预算：

材料耗用量＝预计生产量×单位产品消耗量

预计材料采购数量＝预计生产量×单位产品材料需用量＋预计期末存货－预计期初存货

预计材料采购额＝预计材料采购量×单价

【例3-3】恒昌电器有限责任公司生产电磁炉和电饭煲需耗用甲、乙、丙三种材料，其中生产电磁炉需耗用甲材料和乙材料，单位产品材料消耗定额（标准）分别为3千克和2千克，每千克材料标准价格分别为30元和25元；生产电饭煲需耗用甲材料和丙材料，单位产品材料消耗定额（标准）分别为2.5千克和4千克，每千克丙材料标准价格为32元。每季末的材料库存按下一季度生产需用量的20％计算。表3-4、表3-5为甲、乙、丙三种原料的预计生产耗用量的计算。

表3-4 电磁炉预计使用甲材料耗用量   单位：千克

季 度	一季度	二季度	三季度	四季度	全年
预算生产量	5 335	4 945	5 140	4 680	20 100
甲材料单位用量	3	3	3	3	—
生产需要量	16 005	14 835	15 420	14 040	60 300

表3-5　电饭煲预计使用甲材料耗用量　　　　　　　　　　　　　　　　单位：千克

季　度	一季度	二季度	三季度	四季度	全年
预算生产量	2 315	2 130	2 315	2 340	9 100
甲材料单位用量	2.5	2.5	2.5	2.5	—
生产需要量	5 787.50	5 325	5 787.50	5 850	22 750

根据表3-4、表3-5，将每季度生产电磁炉、电饭煲耗用甲材料相加，即可得出甲材料每季度的总需要量。编制甲材料总共需要量，见表3-6。

表3-6　甲材料需要量总计　　　　　　　　　　　　　　　　　　　　　单位：千克

季　度	一季度	二季度	三季度	四季度	全年
甲材料总需要量	21 792.50	20 160	21 207.50	19 890	83 050

电磁炉每季度耗用乙材料计算见表3-7。

表3-7　电磁炉预计耗用乙材料用量　　　　　　　　　　　　　　　　　单位：千克

季　度	一季度	二季度	三季度	四季度	全年
预算生产量	5 335	4 945	5 140	4 680	20 100
乙材料单位用量	2	2	2	2	—
生产需要量	10 670	9 890	10 280	9 360	40 200

电饭煲预计使用丙材料耗用量见表3-8。

表3-8　电饭煲预计使用丙材料耗用量　　　　　　　　　　　　　　　　单位：千克

季　度	一季度	二季度	三季度	四季度	全年
预算生产量	2 315	2 130	2 315	2 340	9 100
丙材料单位用量	4	4	4	4	—
生产需要量	9 260	8 520	9 260	9 360	36 400

预计2×21年初，甲、乙、丙三种材料的存货量分别为2 400千克、1 800千克和1 500千克；各季度末库存材料按下季度预计生产耗用量的20%确定。2×21年末甲、乙、丙三种材料的预计存货量分别为3 500千克、1 400千克和1 900千克。预计每季材料采购款的50%在当季支付，其余在下季度支付。2021年初，应付未付的购买材料款为40万元。不考虑其他因素，恒昌电器有限责任公司2021年度分季直接材料采购预算见表3-9（表中材料数量保留两位小数）。

表3-9　直接材料采购预算表　　　　　　　　　　　　　　　　　　　　单位：千克

项　目		第一季度	第二季度	第三季度	第四季度	合计
甲材料	预计生产耗用	21 792.50	20 160	21 207.50	19 890	83 050
	加：预计期末库存	4 032	4 241.5	3 978	3 500	—
	预计需用量	25 824.50	24 401.50	25 185.50	23 390	98 801.50
	减：预计期初库存	2 400	4 032	4 241.5	3 978	—
	预计采购量	23 424.50	20 369.50	20 944	19 412	84 150

项 目		第一季度	第二季度	第三季度	第四季度	合计
乙材料	预计生产耗用	10 670	9 890	10 280	9 360	40 200
	加：预计期末库存	1 978	2 056	1 872	1 400	—
	预计需用量	12 648	11 946	12 152	10 760	47 506
	减：预计期初库存	1 800	1 978	2 056	1 872	—
	预计采购量	10 848	9 968	10 096	8 888	39 800
丙材料	预计生产耗用	9 260	8 520	9 260	9 360	36 400
	加：预计期末库存	1 704	1 852	1 872	1 900	—
	预计需用量	10 964	10 372	11 132	11 260	43 728
	减：预计期初库存	1 500	1 704	1 852	1 872	—
	预计采购量	9 464	8 668	9 280	9 388	36 800

甲材料第一季度期末库存量＝20 160×20％＝4 032（千克）

甲材料第一季度预计采购量＝21 792.50＋4 032－2 400＝23 424.50（千克）

乙材料第一季度期末库存量＝9 890×20％＝1 978（千克）

乙材料第一季度预计采购量＝10 670＋1 978－1 800＝10 848（千克）

丙材料第一季度期末库存量＝8 520×20％＝1 704（千克）

丙材料第一季度预计采购量＝9 260＋1 704－1 500＝9 464（千克）

不考虑其他因素，恒昌电器有限责任公司依据直接材料采购预算表编制2×21年各季度现金支出预算见表3-10（表中数据计算保留两位小数）。

表3-10 直接材料采购现金支出预算表 　　　　　　　　　　　单位：元

项 目		第一季度	第二季度	第三季度	第四季度	全年
材料采购量（千克）	甲材料	23 424.50	20 369.50	20 944	19 412	84 150
	乙材料	10 848	9 968	10 096	8 888	39 800
	丙材料	9 464	8 668	9 280	9 388	36 800
材料价格（元/千克）	甲材料	30.00	30.00	30.00	30.00	30.00
	乙材料	25.00	25.00	25.00	25.00	25.00
	丙材料	32.00	32.00	32.00	32.00	32.00
直接材料采购成本（元）	甲材料	702 735	611 085	628 320	582 360	2 524 500
	乙材料	271 200	249 200	252 400	222 200	995 000
	丙材料	302 848	277 376	296 960	300 416	1 177 600
	合计	1 276 783	1 137 661	1 177 680	1 104 976	4 697 100
购买材料支付的现金（元）	期初应付账款	400 000	638 391.50	568 830.50	588 840	—
	甲材料	351 367.50	305 542.50	314 160	291 180	1 262 250
	乙材料	135 600	124 600	126 200	111 100	497 500
	丙材料	151 424	138 688	148 480	150 208	588 800
现金支出合计（元）		1 038 391.50	1 207 222	1 157 670.50	1 141 328	4 544 612

不考虑其他因素，恒昌电器有限责任公司 2×21 年各季度电磁炉和电饭煲直接材料成本预算见表 3-11（表中各种材料耗用数量的计算保留两位小数）。

表 3-11　直接材料成本预算表

	季　度		第一季度	第二季度	第三季度	第四季度	年度
电磁炉	耗用甲材料	耗用数量（千克）	16 005	14 835	15 420	14 040	60 300
		标准价格（元/千克）	30.00	30.00	30.00	30.00	30.00
		材料成本（元）	480 150	445 050	462 600	421 200	1 809 000
	耗用乙材料	耗用数量（千克）	10 670	9 890	10 280	9 360	40 200
		标准价格（元/千克）	25.00	25.00	25.00	25.00	25.00
		材料成本（元）	266 750	247 250	257 000	234 000	1 005 000
	直接材料成本合计（元）		746 900	692 300	719 600	655 200	2 814 000
电饭煲	耗用甲材料	耗用数量（千克）	5 787.50	5 325	5 787.50	5 850	22 750
		标准价格（元/千克）	30.00	30.00	30.00	30.00	30.00
		材料成本（元）	173 625	159 750	173 625	175 500	682 500
	耗用丙材料	耗用数量（千克）	9 260	8 520	9 260	9 360	36 400
		标准价格（元/千克）	32.00	32.00	32.00	32.00	32.00
		材料成本（元）	296 320	272 640	296 320	299 520	1 164 800
	直接材料成本合计（元）		469 945	432 390	469 945	475 020	1 847 300
直接材料成本总计（元）			1 216 845	1 124 690	1 189 545	1 130 220	4 661 300

3.2.2　外购动力成本预算

恒昌电器有限责任公司外购动力成本按定额消耗比例在电磁炉和电饭煲之间进行分配，单位电磁炉外购动力消耗定额（标准）为 1.2 度，单位电饭煲外购动力消耗定额（标准）为 0.8 度；企业所在地工业生产每度电的电价为 1.80 元，且各季度发生的外购动力成本均在当季支付，不考虑其他因素，公司外购动力成本预算见表 3-12（计算外购动力成本时四舍五入保留小数点后两位）。

表 3-12　外购动力成本预算表

	项　目	第一季度	第二季度	第三季度	第四季度	年度
电磁炉	预计产量（件）	5 335	4 945	5 140	4 680	20 100
	单位产品标准用量（度/件）＊	1.2	1.2	1.2	1.2	1.2
	标准耗用总量（度）＊＊	6 402	5 934	6 168	5 616	24 120
	电价（元/度）	1.80	1.80	1.80	1.80	1.80
	外购动力成本（元）	11 523.60	10 681.20	11 102.40	10 108.80	43 416
电饭煲	预计产量（件）	2 315	2 130	2 315	2 340	9 100
	单位产品标准用量（度/件）	0.8	0.8	0.8	0.8	0.8
	标准耗用总量（度）	1 852	1 704	1 852	1 872	7 280
	电价（元/度）	1.80	1.80	1.80	1.80	1.80
	外购动力成本（元）	3 333.60	3 067.20	3 333.60	3 369.60	13 104

续上表

项 目	第一季度	第二季度	第三季度	第四季度	年度
全部产品耗用外购动力总量（度）	8 254	7 638	8 020	7 488	31 400
支付现金总计（元）＊＊＊	14 857.20	13 748.40	14 436	13 478.40	56 520

＊"单位产品标准用量"也可称为"消耗定额"；＊＊"标准耗用总量"也可称为"定额消耗量"；＊＊＊"支付现金总计"即"外购动力成本总计"。

3.2.3 直接人工成本预算

直接人工成本预算主要依据生产预算、工时定额和工资水平等指标确定，计算公式如下：

预计直接人工总工时＝预计产量×单位产品标准工时

预期直接人工费＝标准总工时×标准工资率

【例3-4】恒昌电器有限责任公司电磁炉的工时消耗定额（标准）为2小时，每工时平均工资为7元；电饭煲的工时消耗定额（标准）为3小时，每工时平均工资为8元。不考虑其他因素，编制直接人工预算见表3-13。

表3-13 直接人工成本预算表

	项 目	第一季度	第二季度	第三季度	第四季度	年度
电磁炉	预计产量（件）	5 335	4 945	5 140	4 680	20 100
	单位产品标准工时（小时）＊	2	2	2	2	2
	标准总工时（小时）＊＊	10 670	9 890	10 280	9 360	40 200
	标准工资率（元/时）	7	7	7	7	7
	直接人工成本总额（元）	74 690	69 230	71 960	65 520	281 400
电饭煲	预计产量（件）	2 315	2 130	2 315	2 340	9 100
	单位产品标准工时（小时）＊	3	3	3	3	3
	标准总工时（小时）＊＊	6 945	6 390	6 945	7 020	27 300
	标准工资率（元/时）	8	8	8	8	8
	直接人工成本总额（元）	55 560	51 120	55 560	56 160	218 400
	支付现金总计（元）	130 250	120 350	127 520	121 680	499 800

＊"单位产品标准工时"也可称为"工时定额"；＊＊"标准总工时"也可称为"定额工时"。

相关计算公式如下。

电磁炉预计直接人工成本总额

＝该产品标准总工时×该产品标准工资率

电饭煲预计直接人工成本总额

＝该产品标准总工时×该产品标准工资率

3.2.4 制造费用预算

恒昌电器有限责任公司产品生产过程中发生的制造费用包括基本生产车间内发生的间接材料成本、间接人工成本、照明电费、水费、办公费、固定资产折旧费等，公司对这些费用进行成本性态分析，将其分解为变动制造费用和固定制造费用两部分，进而开展预算管理。其中变动性制造费用预算总额计算公式为：

变动性制造费用预算总额＝预算产量标准总工时×变动性制造费用标准分配率

预计需用现金支付的制造费用＝预计制造费用－折旧费用等

【例 3-5】恒昌电器有限责任公司变动性制造费用标准分配率根据编制预算时企业的生产经营条件和管理水平确定。2×21 年企业确定的变动性制造费用标准分配率为每小时 10.8 元；当年各季度固定性制造费用总额均为 456 000 元，按工时比例在各类产品之间进行分配；各季度发生的固定性制造费用中包含基本生产车间固定资产折旧费160 000 元。不考虑其他因素，公司分季度制造费用预算见表 3-14（制造费用计算四舍五入保留小数点后两位）。

表 3-14　制造费用预算表

项　　目			第一季度	第二季度	第三季度	第四季度	全年
变动制造费用	电磁炉	标准工时（小时）	10 670	9 890	10 280	9 360	40 200
		分配率（元/时）	10.8	10.8	10.8	10.8	10.8
		变动制造费用（元）	115 236	106 812	111 024	101 088	434 160
	电饭煲	标准工时（小时）	6 945	6 390	6 945	7 020	27 300
		分配率（元/时）	10.8	10.8	10.8	10.8	10.8
		变动制造费用（元）	75 006	69 012	75 006	75 816	294 840
	变动性制造费合计（元）		190 242	175 824	186 030	176 904	729 000
固定制造费用	电磁炉分配固定性制造费（元）		276 246.30	276 920	272 111.60	260 582.40	1 085 860.30
	电饭煲分配固定性制造费（元）		179 753.70	179 080	183 888.4	195 417.60	738 139.7
	固定性制造费用总额（元）		456 000	456 000	456 000	456 000	1 824 000
制造费用总额（元）			646 242	631 824	642 030	632 904	2 553 000
减：车间固定资产折旧费（元）			160 000	160 000	160 000	160 000	640 000
支付现金合计（元）			486 242	471 824	482 030	472 904	1 913 000

第一季度固定性制造费用分配率＝456 000÷（10 670＋6 945）＝25.89（元/时）

电磁炉分配固定性制造费＝25.89×10 670＝276 246.30（元）

电饭煲分配固定性制造费＝456 000－276 246.30＝179 753.70（元）

第二季度固定性制造费用分配率＝456 000÷（9 890＋6 390）＝28（元/时）

电磁炉分配固定性制造费＝28×9 890＝276 920（元）

电饭煲分配固定性制造费＝456 000－276 920＝179 080（元）

第三季度固定性制造费用分配率＝456 000÷（10 280＋6 945）＝26.47（元/时）

电磁炉分配固定性制造费＝26.47×10 280＝272 111.60（元）

电饭煲分配固定性制造费＝456 000－272 111.60＝183 888.4（元）

第四季度固定性制造费用分配率＝456 000÷（9 360＋7 020）＝27.84（元/时）

电磁炉分配固定性制造费＝27.84×9 360＝260 582.40（元）

电饭煲分配固定性制造费＝456 000－260 582.40＝195 417.60（元）

3.3 产品成本预算

产品成本预算是对此前直接材料成本、外购动力成本、直接人工成本、制造费用预算的总括说明。

【例3-6】根据前述各项成本预算，不考虑其他因素，恒昌电器有限责任公司2×21年产品成本见表3-15。相关数据参见表3-11至表3-14。

表3-15 产品总成本预算表　　　　　　　　　　　　　　　　　　　　　单位：元

项　目		第一季度	第二季度	第三季度	第四季度	全年
电磁炉	直接材料成本	746 900	692 300	719 600	655 200	2 814 000
	外购动力成本	11 523.60	10 681.20	11 102.40	10 108.80	43 416
	直接人工成本	74 690	69 230	71 960	65 520	281 400
	变动制造费用	115 236	106 812	111 024	101 088	434 160
	固定制造费用	276 246.30	276 920	272 111.60	260 582.40	1 085 753.40
	产品成本合计	1 224 595.90	1 155 943.20	1 185 798	1 092 499.2	4 658 729.40
电饭煲	直接材料成本	469 945	432 390	469 945	475 020	1 847 300
	外购动力成本	3 333.60	3 067.20	3 333.60	3 369.60	13 104
	直接人工成本	55 560	51 120	55 560	56 160	218 400
	变动制造费用	75 006	69 012	75 006	75 816	294 840
	固定制造费用	179 753.70	179 080	183 888.4	195 417.60	738 139.70
	产品成本合计	783 598.30	734 669.2	787 733	805 783.2	3 111 783.70
产品成本总计		2 008 194.2	1 890 612.4	1 973 531	1 898 282.4	7 770 513.10

恒昌电器有限责任公司2×21年各季度电磁炉单位生产成本，见表3-16。

表3-16 电磁炉单位成本计算表　　　　　　　　　　　　　　　　　　　单位：元

项　目	第一季度	第二季度	第三季度	第四季度	全年
电磁炉生产量	5 335	4 945	5 140	4 680	20 100
电磁炉季度总成本	1 224 595.90	1 155 943.20	1 185 798	1 092 499.2	4 658 729.40
单位生产成本（元/件）	229.54	233.76	230.70	233.44	231.78

恒昌电器有限责任公司2×21年各季度电饭煲单位生产成本，见表3-17。

表3-17 电饭煲单位成本计算表　　　　　　　　　　　　　　　　　　　单位：元

项　目	第一季度	第二季度	第三季度	第四季度	全年
电饭煲生产量	2 315	2 130	2 315	2 340	9 100
电饭煲季度总成本	783 598.30	734 669.2	787 733	805 783.2	3 111 783.70
单位生产成本（元/件）	338.49	344.92	340.27	344.35	341.95

3.4 费用预算的编制

费用预算包括期间费用和相关税费。

3.4.1 期间费用的编制

恒昌电器有限责任公司的期间费用包括销售费用、管理费用和财务费用。其中，销售费用包括销售部门职工薪酬、商品包装费、展览费和广告费、售后服务费、运输费、装卸费和固定资产折旧费等；管理费用包括职工薪酬、低值易耗品摊销、办公费、差旅费、董事会费、聘请中介机构费、业务招待费、房产税、车船税、土地使用税、印花税等；财务费用包括利息支出（减利息收入）、金融手续费、企业发生的现金折扣或收到的现金折扣等。

【例 3-7】恒昌电器有限责任公司 2×21 年各季度期间费用预算，见表 3-18。

表 3-18　期间费用预算表　　　　　　　　　　　　　　　　　　　　单位：元

项　　目	金　　额
销售费用：	
销售人员工资	50 000
广告费	20 000
包装、运输费	10 000
保管费	5 000
管理费用：	
管理人员工资	100 000
福利费	15 000
办公费	26 000
保险费	8 000
财务费用：	
利息费用	40 000
合计	274 000
每季度支付现金（274 000÷4）	68 500

3.4.2 流转税费收支预算

流转税费主要包括增值税、城市维护建设税、教育费附加等。

【例 3-8】恒昌电器有限责任公司为一般纳税人，适用增值税税率为 13%，适用城市维护建设税税率为 7%，适用教育费附加费率为 3%。根据规定，公司实际支付购买原材料货款时，才可取得可供抵扣的增值税专用发票；销售商品实际收取货款时，才向购货方开具增值税专用发票；公司各季度应向税务机关缴纳的各项流转税费均在当期以货币资金支付。

根据表 3-10，直接材料采购现金支出预算表，计算各季度销项税额。

第一季度进项税额＝1 038 391.50÷（1＋13%）×13%＝119 460.97（元）

第二季度进项税额＝1 207 222÷（1+13%）×13%＝138 883.95（元）

第三季度进项税额＝1 157 670.50÷（1+13%）×13%＝133 183.33（元）

第四季度进项税额＝1 141 328÷（1+13%）×13%＝131 303.22（元）

根据表3-2，现金收入预算表，计算销项税额。

第一季度销项税额＝2 628 000÷（1+13%）×13%＝302 336.28（元）

第二季度销项税额＝2 338 000÷（1+13%）×13%＝268 973.45（元）

第三季度销项税额＝2 412 000÷（1+13%）×13%＝277 486.73（元）

第四季度销项税额＝2 432 000÷（1+13%）×13%＝279 787.61（元）

根据以上计算结果，编制2×21年各季度支付增值税（进项税额）、收取增值税（销项税额）、缴纳各项流转税费发生的现金收支预算见表3-19（四舍五入，保留小数点后两位）。

表3-19　流转税费现金收支预算表　　　　　　　　　　　　　　　　　单位：元

项　　目	第一季度	第二季度	第三季度	第四季度	全年
销售商品收取的增值税（销项税额）（1）	302 336.28	268 973.45	277 486.73	279 787.61	1 128 584.07
购买材料支付的增值税（进项税额）（2）	119 460.97	138 883.95	133 183.33	131 303.22	522 831.47
应交增值税额（3）＝（2）－（1）	182 875.31	130 089.50	144 303.40	148 484.39	605 752.60
应交城市维护建设税（4）＝（3）×7%	12 801.27	9 106.27	10 101.24	10 393.91	42 402.69
应交教育费附加税（5）＝（3）×3%	5 486.26	3 902.69	4 329.10	4 454.53	18 172.58
预计流转税费现金支出净额（6）＝（3）＋（4）＋（5）	201 162.84	143 098.46	158 733.74	163 332.83	666 327.87

第一季度应交增值税额＝增值税销项税额－增值税进项税额

＝302 336.28－119 460.97＝182 875.31（元）

第二季度应交增值税额＝增值税销项税额－增值税进项税额

＝268 973.45－138 883.95＝130 089.50（元）

第三季度应交增值税额＝增值税销项税额－增值税进项税额

＝277 486.73－133 183.33＝144 303.40（元）

第四季度应交增值税额＝增值税销项税额－增值税进项税额

＝279 787.61－131 303.22＝148 484.39（元）

第一季度应交城市维护建设税＝182 875.31×7%＝12 801.27（元）

第二季度应交城市维护建设税＝130 089.50×7%＝9 106.27（元）

第三季度应交城市维护建设税＝144 303.40×7%＝10 101.24（元）

第四季度应交城市维护建设税＝148 484.39×7%＝10 393.91（元）

第一季度应交教育费附加＝182 875.31×3%＝5 486.26（元）

第二季度应交教育费附加＝130 089.50×3%＝3 902.69（元）

第三季度应交教育费附加＝144 303.40×3%＝4 329.10（元）

第四季度应交教育费附加＝148 484.39×3%＝4 454.53（元）

第4章 公司全面预算——财务预算编制实例

财务预算是企业的综合性预算，包括现金预算、利润表预算和资产负债表预算等。

4.1 现金预算

现金预算由以下四部分组成。

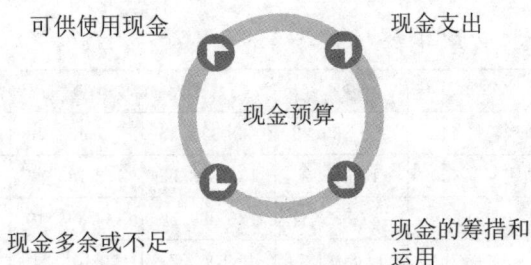

可供使用现金　　　　　　现金支出

现金预算

现金多余或不足　　　　　现金的筹措和运用

"可供使用现金"部分包括期初现金余额和预算期现金收入，销货取得的现金收入是其主要来源。期初的"现金余额"是在编制预算时预计的"销货现金收入"的数据，来自销售预算。

$$可供使用现金＝期初现金余额＋现金收入$$

"现金支出"部分包括预算期的各项现金支出。"直接材料""直接人工""制造费用""销售及管理费用"等数据分别来自有关的预算。此外，还包括所得税费用、购置设备、股利分配等现金支出，有关的数据分别来自另行编制的专门预算。

$$现金支出＝直接材料＋直接人工＋制造费用＋销售及管理费用＋财务费用＋$$
$$相关税费用＋资本支出＋股利支出等$$

"现金多余或不足"部分列示可供使用现金与现金支出合计的差额。差额大于最低现金余额，说明现金有多余，可用于偿还过去向银行取得的借款，或者用于短期投资和。差额小于最低现金余额，说明现金不足，要向银行借款，这涉及现金的筹措和运用。

$$现金筹措＝借款额－最低现金余额$$
$$现金余缺＝可供使用现金－现金支出$$
$$期末现金余额＝现金余缺＋现金筹措－现金运用$$

【例4-1】恒昌电器有限责任公司预计2×21年年初现金余额为98万元，第1季度支付设备费用120万元。公司所得税按月计提、按季预交、按年汇算清缴；预计2×21年各季度应交所得税分别为2.4万元、3.6万元、5.5万元和6.6万元。根据第2章经营预算及上述资料，不考虑其他因素，编制2×21年公司现金预算见表4-1。

表 4-1　现金预算　　　　　　　　　　　　　　　　　　　　　　　　　　　　　　单位：元

项　　目	一季度	二季度	三季度	四季度	全年
期初现金余额	980 000	444 596.46	721 853.60	1 069 963.36	
加：销售现金收入（表3-2）	2 628 000	2 338 000	2 412 000	2 432 000	9 810 000
现金收入合计	3 608 000	2 782 596.46	3 133 853.60	3 501 963.36	
减：现金支出	—				
直接材料（表3-10）	1 038 391.50	1 207 222	1 157 670.50	1 141 328	4 544 612
外购动力（表3-12）	14 857.20	13 748.40	14 436	13 478.40	56 520
直接人工（表3-13）	130 250	120 350	127 520	121 680	499 800
制造费用（表3-14）	486 242	471 824	482 030	472 904	1 913 000
期间费用（表3-18）	68 500	68 500	68 500	68 500	274 000
所得税	24 000	36 000	55 000	66 000	181 000
流转税费（表3-19）	201 162.84	143 098.46	158 733.74	163 332.83	666 327.87
购置设备	1 200 000	—	—	—	1 200 000
支付股利	—	—	—	—	—
现金支出合计	3 163 403.54	2 060 742.86	2 063 890.24	2 047 223.23	9 335 259.87
现金余缺	—	—	—	—	—
筹资与运用	—	—	—	—	—
取得银行借款	—	—	—	—	—
偿还银行借款	—	—	—	—	—
期末现金余额	444 596.46	721 853.60	1 069 963.36	1 454 740.13	1 454 740.13

4.2　预计利润表

预计利润表和预计资产负债表是财务管理的重要工具。预计利润表主要是为企业财务管理服务，是控制企业成本费用，调剂现金、实现利润目标的重要手段。

【例 4-2】根据表 3-1、表 3-3、表 3-11、表 3-12、表 3-13、表 3-14、表 3-16、表 3-18、表 3-19 的资料，编写利润表。因为电磁炉、电饭煲的销售收入是含税的，要换算成不含税的。同理，成本也是含税的，也要换算成本核算不含税的。根据表 3-1、3-11 中数据，计算不含税营业收入、营业成本。

营业收入＝9 570 000÷（1＋13％）＝8 469 026.55（元）

电磁炉营业成本＝19 900×［231.78÷（1＋13％）］

　　　　　　　＝19 900×205.12＝4 081 789.38（元）

电饭煲营业成本＝9 000×［341.95÷（1＋13％）］

　　　　　　　＝9 000×302.63＝2 723 495.58（元）

营业成本总计＝4 081 789.38＋2 723 495.58＝6 805 284.95（元）

根据前述资料，不考虑其他因素，预计恒昌电器有限责任公司 2×21 年利润表见表 4-2。

表 4-2　预计利润表（简表）　　　　　　　　　　　　　　　　　　　　　会企 02 表

编制单位：恒昌电器有限责任公司　　　　　　　2×21 年　　　　　　　　　单位：元

项　　目	本期金额	上期金额（略）
一、营业收入	8 469 026.55	
减：营业成本	6 805 284.95	
税金及附加	60 575.27	
销售费用	85 000	
管理费用	149 000	
研发费用	—	
财务费用	40 000	
其中：利息费用	40 000	
利息收入	—	
资产减值损失	—	
加：其他收益	—	
投资收益（损失以"—"号填列）	—	
其中：对联营企业和合营企业的投资收益	—	
公允价值变动收益（损失以"—"号填列）	—	
资产处理收益（损失以"—"号填列）	—	
二、营业利润（亏损以"—"号填列）	1 329 166.33	
加：营业外收入		
减：营业外支出	1 329 166.33	
三、利润总额（亏损总额以"—"号填列）	—	
减：所得税费用	181 000	
四、净利润（净亏损以"—"号填列）	1 148 166.33	
（一）持续经营净利润（净亏损以"—"号填列）	—	
（二）终止经营净利润（净亏损以"—"号填列）	—	
五、其他综合收益的税后净额		
（一）不能重分类进损益的其他综合收益	—	
1. 重新计量设定受益计划变动额	—	
2. 权益法下不能转损益的其他综合收益	—	
……	—	
（二）将重分类进损益的其他综合收益	—	
1. 权益法下可转损益的其他综合收益中所享有的份额	—	
2. 可供出售金融资产公允价值变动损益	—	
3. 持有至到期投资重分类为可供出售金融资产损益	—	
4. 现金流量套期损益的有效部分	—	
5. 外币财务报表折算差额	—	
其他综合收益税后净额	—	
……	—	

续上表

项　目	本期金额	上期金额（略）
六、综合收益总额	—	
七、每股收益	—	
（一）基本每股收益	—	
（二）稀释每股收益	—	

需要注意的是，"所得税费用"项目是在利润预测时估计的，并已列入现金预算。它通常不是根据"利润总额"和所得税税率计算出来的，因为有纳税调整的事项存在。

4.3　预计资产负债表

预计资产负债表与会计的资产负债表内容、格式相同，只不过数据是反映预算期末的财务状况。该预算利用本期期初资产负债表，根据有关营业和财务等预算的有关数据加以调整编制的。

表 4-3 是预计资产负债表，大部分项目的数据来源已标注在表中，年末"未分配利润"计算公式如下：

期末未分配利润＝期初未分配利润＋本期利润－本期股利

$$=1\,214\,850.67+1\,148\,166.33=2\,363\,017（元）$$

期末应收账款＝本期销售额×（1－本期收现率）

$$=2\,400\,000×（1-60\%）$$

$$=960\,000（元）$$

【例 4-3】根据【例 3-3】中的资料：2×21 年初，甲、乙、丙三种材料的存货量分别为 2 400 千克、1 800 千克和 1 500 千克；2×21 年末甲、乙、丙三种材料的预计存货量分别为 3 500 千克、1 400 千克和 1 900 千克。计算期初直接材料和期末直接材料金额。

期初甲、乙、丙三种材料费用＝2 400×30＋1 800×25＋1 500×32

$$=72\,000+45\,000+48\,000$$

$$=165\,000（元）$$

期末直接材料费用＝3 500×30＋1 400×25＋1 900×32

$$=105\,000+35\,000+60\,800$$

$$=200\,800（元）$$

根据表 3-3 可知，电磁炉期初数量为 400 台，期末数量为 600 台；电饭煲期初数量为 200 台，期末数量为 300 台。

年初产成品金额＝400×229.54＋200×338.49

$$=91\,816+67\,698=159\,514（元）$$

（为简便计算，第一季度期初产成品单位成本按照第一季度产成品单位成本计价）

年末产成品金额＝200×233.44＋300×344.35＝46 688＋103 305＝149 993（元）

根据表3-10中的第一季度、第四季度采购金额和付现率计算期初、期末应付账款余额。

期末应付账款＝本期采购额×（1－本期付现率）

$$＝4\,697\,100×（1－50\%）＝2\,348\,550（元）$$

根据以上计算结果，编制资产负债表预算，见表4-3。

表4-3 预计资产负债表

会企01表

单位：元

资　产			负债与所有者权益		
项　目	年初	年末	项　目	年初	年末
现金（表4-1）	980 000	1 454 740.13	应付账款（表3-10）	400 000	2 348 550
应收账款（表3-1）	1 200 000	960 000	未分配利润	3 824 529.61	2 363 017
直接材料	165 000	200 800	盈余公积	2 609 678.94	253 966.13
产成品（表3-3、3-16、3-17）	159 514	149 993			
小计	2 504 514	2 765 533.13			
固定资产	1 720 015.61	2 200 000			
资产总额	4 224 529.61	4 965 533.13	负债和所有者权益	4 224 529.61	4 965 533.13

编制资产负债表预算的目的，在于判断预算反映的财务状况的稳定性和流动性。如果通过资产负债表预算分析，发现某些财务比率不佳，必要时可修改有关预算，以改善企业未来的财务状况。

4.4 全面预算的差异分析

在预算执行过程中预算责任单位要及时检查、追踪预算的执行情况，形成预算差异分析报告，并将预算差异分析报告交财务部。

财务部根据实时记录与各部门的预算差异报告进行核对，改正错记、漏记的内容，确定差异产生的原因，最后由计划财务部形成总预算差异分析报告，上交预算委员会，为预算委员会对整个预算的执行进行动态控制提供依据。

预算差异分析报告应有以下内容：

1 预算额、本期实际发生额、本期差异额、累计预算额、累计实际发生额、累计差异额

2 对差异额进行的分析

3 产生不利差异的原因、责任归属、改进措施，以及形成有利差异的原因和今后进行巩固、推广的建议

在正常情况下，企业经过努力可以达到的成本指标，称为标准成本。这一标准考虑了生产过程中不可避免的损失、故障和偏差等。

标准成本控制与分析，又称标准成本管理，是以标准成本为基础，将实际成本与标准成本进行对比，揭示成本差异形成的原因和责任，进而采取措施，对成本进行有效控

制的管理方法。

4.4.1 直接材料成本预算执行结果的考核

产品成本由直接材料、直接人工和制造费用三个项目组成。无论是确定哪一个项目的标准成本，都需要分别确定其用量标准和价格标准，两者的乘积就是每一成本项目的标准成本，将各项目的标准成本汇总，即得到单位产品的标准成本。其计算公式为：

单位产品的标准成本＝直接材料标准成本＋直接人工标准成本＋制造费用标准成本

（1）凡实际成本大于标准成本的称为超支差异；凡实际成本小于标准成本的则称为节约差异。

（2）价格差异的重点是价格，因此是用价格之差乘以实际用量，而用量差异的重点是用量，所以是将用量之差乘以标准价格。

直接材料、直接人工和制造费用计算公式如下：

直接材料标准成本 ◆ ＝Σ（单位产品材料用量标准×材料价格标准）

直接人工标准成本 ◆ ＝单位产品工时用量标准×标准工资率

制造费用标准 ◆ ＝制造费用分配率标准×工时用量标准

【例4-4】2×21年一季度，恒昌电器有限责任公司生产电磁炉，需耗用甲材料和乙材料，单位产品材料消耗定额（标准）分别为3千克和2千克，每千克材料标准价格分别为30元和25元。当季公司实际生产电磁炉5 500台，实际消耗甲材料17 256千克，耗用乙材料12 400千克，材料实际采购单价均与预算价格相符。根据以上情况，恒昌电器有限责任公司作出以下分析及处理。

（1）运用标准成本管理系统计算直接材料成本差异。

①直接材料用量差异＝（实际用量－标准数量）×标准价格

甲材料用量差异＝（17 256－5 500×3）×30

＝22 680（元）

乙材料用量差异＝（12 400－5 500×2）×25

＝35 000（元）

直接材料用量差异总额＝22 680＋35 000

$$=57\ 680\ (元)$$

②直接材料价格差异＝（实际价格－标准价格）×实际用量

甲材料和乙材料当季的价格差异均为 0。

③直接材料成本差异总额＝57 680＋0

$$=57\ 680\ (元)（超支差异）$$

（2）调查分析产生差异的原因。

车间管理人员认定原单位产品材料消耗定额不合理，擅自在车间内部将电磁炉甲材料和乙材料的消耗定额（标准）分别改为 3.14 千克和 2.26 千克，生产工人在按车间管理人员下达的指令进行生产过程中增加了直接材料消耗。

（3）对产生的成本差异进行处理：

一次性处罚车间有关人员 12 000 元。

【例 4-5】2×21 年第四季度，恒昌电器有限责任公司生产电饭煲，需耗用甲材料和丙材料，单位产品材料消耗定额（标准）分别为 2.5 千克和 4 千克，每千克材料标准价格分别为 30 元和 32 元。当季公司实际生产电饭煲 2 350 件，实际耗用甲材料 5 850 千克，耗用丙材料 9 300 千克，甲材料的实际采购单价与预算价格相符，丙材料的实际采购单价则为每千克 34 元。根据以上情况，恒昌电器有限责任公司作出以下分析及处理。

（1）运用标准成本管理系统计算直接材料成本差异。

①直接材料用量差异＝（实际用量－标准数量）×标准价格

甲材料用量差异＝（5 850－2 350×2.5）×30

$$=-750\ (元)$$

丙材料用量差异＝（9 300－2 350×4）×32

$$=-3\ 200\ (元)$$

直接材料用量差异总额＝－750－3 200

$$=-3\ 950\ (元)（节约差异）$$

②直接材料价格差异＝（实际价格－标准价格）×实际用量

甲材料的价格差异为 0。

丙材料价格差异＝（34－32）×9 300

$$=18\ 600\ (元)（超支差异）$$

③直接材料成本差异总额＝－3 950＋18 600

$$=14\ 650\ (元)（超支差异）$$

（2）调查分析产生超支差异的原因。

①电饭煲生产过程中减少了材料消耗，是由于生产工人悉心操作的结果；

②丙材料因购买价格高于预算标准，致使直接材料成本超支，原因在于该材料市场价格上涨。

（3）对产生的成本差异进行处理。

①依照公司管理规定，按照直接材料用量差异的 50% 奖励减少材料消耗的有关生产

工人 1 975 元；

②丙材料产生不利的价格差异，是市场原因造成，属不可控因素，不做奖惩处理。公司根据丙材料的最新市场售价修订已重新编制以后各期预算。

4.4.2　直接人工成本预算执行结果的考核

【例 4-6】公司生产电饭煲，每件用时标准为 3 小时，每小时标准工资率为 8 元。第三季度，公司实际生产电饭煲 2 400 件，实际耗用工时 7 100 小时，每小时实际工资率为 8.5 元。根据以上情况，恒昌电器有限责任公司作出以下分析及处理。

（1）运用标准成本管理系统计算直接人工成本差异。

①直接人工效率差异＝（实际工时－标准工时）×标准工资率

$$= （7 100－2 400×3）×8$$

$$=－800 （元）$$

②直接人工工资率差异＝（实际工资率－标准工资率）×实际工时

$$= （8.5－8）×7 100$$

$$=3 550 （元）$$

③直接人工成本差异总额＝－800＋3 550＝2 750 （元）

（2）调查分析产生超支差异的原因：

①产品生产过程中耗用工时减少，是高效劳动的结果；

②产品生产过程中实际工资率高于预算标准，产量提高，是因为对员工激励工资提高的结果。

4.4.3　制造费用预算执行结果的考核

【例 4-7】公司生产电磁炉和电饭煲，工时定额标准分别为 2 小时和 3 小时，第一季度产能标准总工时为 17 620 小时，固定制造费预算为 456 000 元。第一季度公司实际生产电磁炉 5 335 台，生产电饭煲 2 315 件，实际耗用 17 500 小时，发生固定制造费用 444 000 元。根据以上情况，恒昌电器有限责任公司作出以下分析及处理。

（1）运用标准成本管理系统计算固定制造费用成本差异（三差异法）。

固定制造费用标准分配率＝456 000÷17 620

$$=25.88 （元/时）$$

①固定制造费用耗费差异＝实际发生的固定制造费用－固定制造费预算额

$$=444 000－456 000$$

$$=－12 000 （元）（节约差异）$$

②固定制造费产量差异＝（标准总工时－实际产量实际工时）×标准分配率

$$= （17 620－17 500）×25.88$$

$$=3 105.60 （元）（超支差异）$$

③固定制造费效率差异＝（实际产量实际工时－实际产量标准工时）×标准分配率

$$= （17 500－5 335×2－2 315×3）×25.88$$

$$= (17\,500 - 10\,670 - 6\,945) \times 25.88$$
$$= -2\,976.20 \text{（元）}$$

（2）调查分析产生节约差异的原因。

①固定制造费产生有利的效率差异，是车间提高了管理效率和生产劳动效率的结果；

②固定制造费能力差异超支，是产能无法充分利用的结果，销量限制产量；二是企业设计的产能本身就略高于其市场占有的份额。

第二篇
成本管理

企业管理者最关注的是成本，最先解析的也是成本。

第5章 成本的含义和分类

一般来说，成本为产品的定价提供依据。什么是成本，成本与业务量是什么样的关系？严格地讲，成本称为成本性态或成本习性，是指成本总额与业务量（如产品产量、销量等）之间的内在关系。分析成本有两种方法：一种是按照成本性态分析；另外一种是按照经济职能分析。

5.1 成本性态解析

成本按其性态分类，可分为固定成本、变动成本与混合成本三大类，如图 5-1 所示。

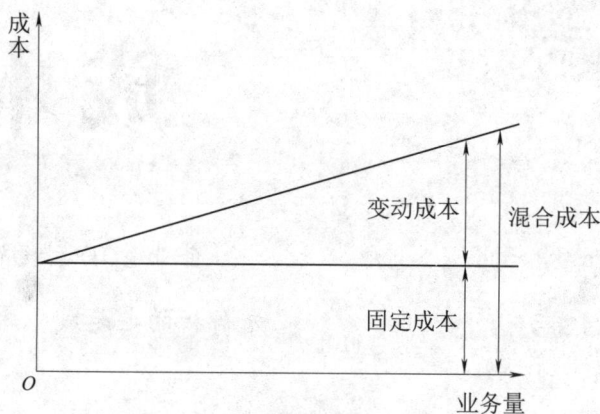

图 5-1　成本与产量关系图

5.1.1 固定成本

固定成本是指其总额在一定时期及一定业务量范围内，不直接受业务量变动的影响而保持固定不变的成本。例如，固定工资、固定资产折旧费用、取暖费、财产保险费、职工保险费、职工培训费、科研开发费、广告费等，如图 5-2 所示。

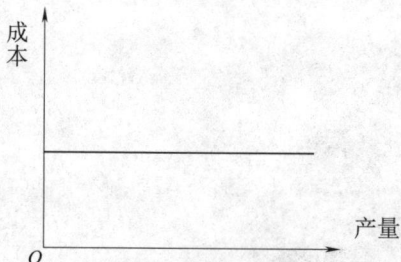

图 5-2　固定成本与产量的关系

一定期间固定成本的稳定性是有条件的，即业务量的变动是在特定的相关范围之内。譬如，照明用电一般不受业务量在特定范围内变动的影响，属于固定成本。然而，如果业务量变动超出了特定相关范围，需要调增或调减生产班次。照明用电的成本也会发生变动，能够使固定成本保持稳定的业务量范围，可称为"相关范围"。照明用电在相关范围内不受业务量变动的影响，但每个实际用电度数和支付的电费仍然会有或多或少的变化。

固定成本的稳定性，是针对成本总额而言的，如果从单位产品分摊的固定成本来看，正好相反。在产量增加时，单位产品分摊的固定成本会相对小一些；在产量减少时，单位产品分摊的固定成本会相对大一些。

在一定时期、一定产量范围内，随着产量的变动，单位固定成本反比例变动，如图5-3所示。

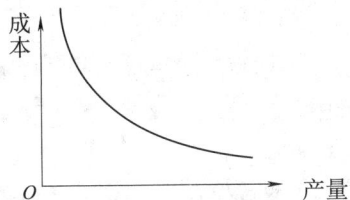

图5-3　单位成本与产量的关系

例如，生产1 000件产品与生产3 000件产品，在这个区间，固定成本总额不变，都是30 000元。

$$1\,000件产品单位固定成本＝30\,000÷1\,000＝30（元）$$
$$3\,000件产品单位固定成本＝30\,000÷3\,000＝10（元）$$

从以上计算结果可知，固定成本总额不变，产量增加时，单位固定成本减少。因此，企业在销售能力许可的情况下，有效减少成本的方法是尽量生产30 000件。

既然在一定范围内，固定成本的发生额不取决于业务量，那么，它是由什么决定的？

一般来说，固定成本发生有两种情况：约束性固定成本（承担固定成本）和酌量性固定成本。

1. 约束性固定成本

约束性固定成本是指提供和维持生产经营所需设施、机构而支出的成本，且不能通过当前的管理决策行动改变的固定成本。譬如，固定资产折旧费、财产保险、管理人员工资、取暖费、照明费等，其金额取决于设施和机构的规模和质量，它们是以前决策的结果，现在难以改变。

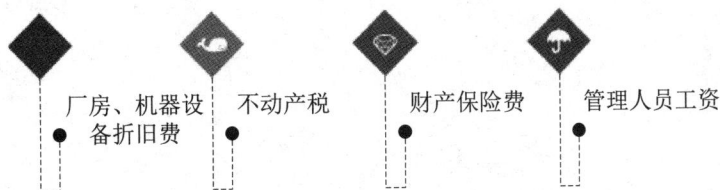

厂房、机器设备折旧费　不动产税　财产保险费　管理人员工资

约束性固定成本给企业带来的是一定时期的持续生产能力，而不是产品。因此，它实质上是生产经营能力成本，而不是产品成本。如果企业不改变生产经营能力，就必须要承担这些成本。

要想降低约束性固定成本，只能从合理利用经营能力、降低单位固定成本入手。

2. 酌量性固定成本

为完成特定活动而发生的固定成本称为酌量性固定成本。例如，科研开发费、广告费、职工培训费等，其发生额是根据企业的经营方针由经理人员决定的。酌量性固定成本虽然是由经理人员决定的，但对于期望保持长期稳定发展的企业来说是不可缺少的。只是因为其经济效用难以准确计量，不易计算其最佳的合理支出额，所以，要由经理人员进行综合判断，以决定其预算数额。酌量性固定成本关系到企业的竞争能力，也是一种提供生产经营能力的成本，而不是生产产品的成本。从某种意义上来说，不是产量决定酌量性固定成本，反而是酌量性成本影响产量。

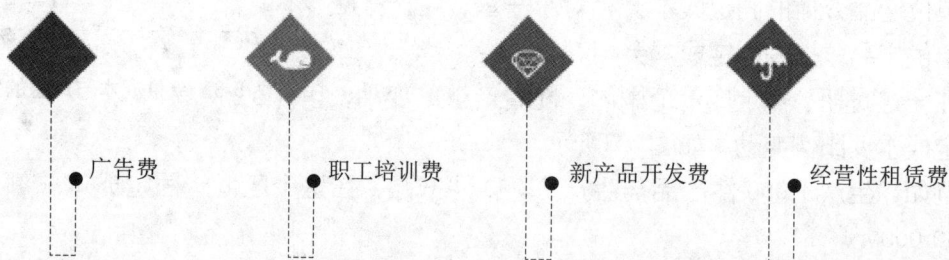

广告费　　　职工培训费　　　新产品开发费　　　经营性租赁费

5.1.2　变动成本

变动成本，是指随着产量的变化而变化的成本，变动成本总额随产量变动成正比例变动；变动成本包括以下几种费用：直接材料、直接人工、按销售量支付的推销员佣金、装运费、包装费，以及按产量计提的固定设备折旧等都是和单位产品的生产直接联系的，其总额会随着产量的增减成正比例的增减。这类成本直接受产量的影响，两者保持正比例关系，比例系数稳定。这个比例系数就是单位产品的变动成本。

1. 技术性变动成本

技术性变动成本是指与产量有明确的技术或实物关系，只要生产就必然会发生，若不生产，便为零。例如，生产一台汽车需要耗用一台引擎、一个底盘和若干甲产品，如图 5-4 所示。

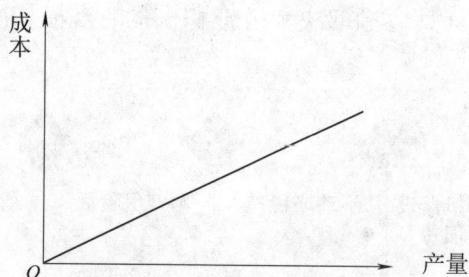

图 5-4　变动成本总额与产量的关系

2. 酌量性变动成本

酌量性变动成本通过管理当局的决策行动可以改变，其单位变动成本的发生额可由企业最高管理层决定。例如，按销售收入的一定百分比支付的销售佣金、技术转让费等。

单位变动成本不受产量变动影响，如图 5-5 所示。

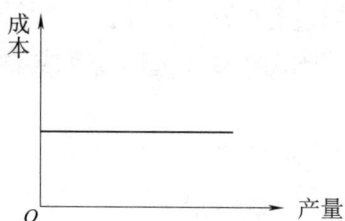

图 5-5　单位变动成本与产量的关系

5.1.3　混合成本

混合成本是指除固定成本和变动成本之外的成本，它们因业务量变动而变动，但不成正比例关系。

混合成本的情况比较复杂，需要进一步分类。一般来说，可以将其分为三种：半变动成本、延期混合成本、曲线式混合成本、阶梯式混合成本。

1. 半变动成本

半变动成本是指在有一定初始量基础上，随着产量的变化而呈正比例变动的成本，也称为阶梯式混合成本。这些成本的特点是：它通常有一个初始的固定基数，在此基数内与业务量的变化无关，这部分成本类似于固定成本。在此基数之上的其余部分，则随着业务量的增加成正比例增加。这类成本的特点是在一定业务量范围内其成本不随业务量的变动而变动，类似固定成本，当业务量突破这一范围，成本就会跳跃上升，并在新的业务量变动范围内固定不变，直到出现另一个新的跳跃为止。半变动成本用图 5-6 可以直观地表示半变动成本的构成与变动。

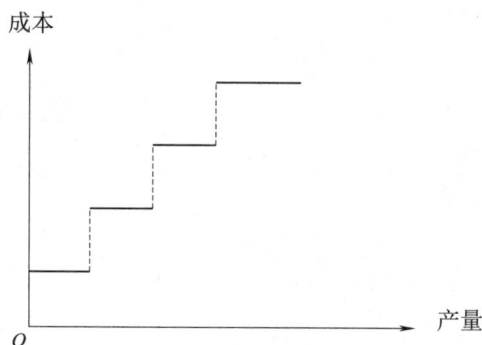

图 5-6　阶梯式半变动成本

半变动成本是一种同时包含固定成本和变动成本因素的混合成本，如企业的电话费、水费、电费、煤气费、机器设备维修保养费等就属于这类成本。

2. 延期变动成本

延期变动成本又称低坡式混合成本，是指在一定产量范围内总额保持稳定，超过特定产量则开始随产量比例增长的成本。例如，在正常产量情况下给员工支付月固定工资,当产量超过正常水平后则需支付加班费,这种人工成本就属于延期变动成本。例如电话费,通信公司制定很多套餐产品,包括流量和通话时间。在套餐范围内,通信费用是固定的,如果流量和通话费超过套餐标准,那么流量和通话费用要按通信公司的规定另外收取费用,这部分费用呈正比例变动。延期变动成本如图 5-7 所示。

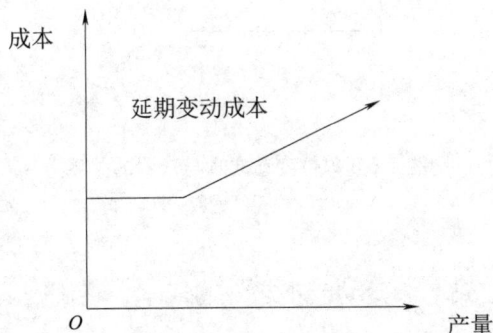

图 5-7   延期变动成本

3. 曲线式混合成本

曲线式混合成本通常有一个初始量,一般不变,相当于固定成本;在这个初始量的基础上,成本随业务量变动但并不存在线性关系,在坐标图上表现为一条抛物线。按照曲线斜率的不同变动趋势,这类混合成本可进一步分为递增型混合成本和递减型混合成本。例如,热处理使用的电炉设备的成本。

(1)递减曲线成本(有价格折扣或优惠条件下的水、电消费成本、"费用封顶"的通信服务费),(2)递增曲线成本(累进计件工资、违约金)曲线式变动成本如图 5-8 所示。

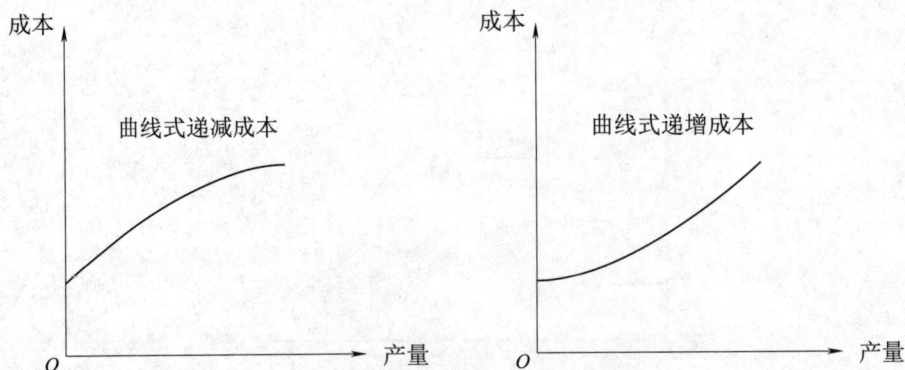

图 5-8   曲线式变动成本

5.2   成本经济用途解析

成本按经济用途分为生产成本和非生产成本两类。生产成本也称作制造成本,非生产成本又称作期间费用,如图 5-9 所示。

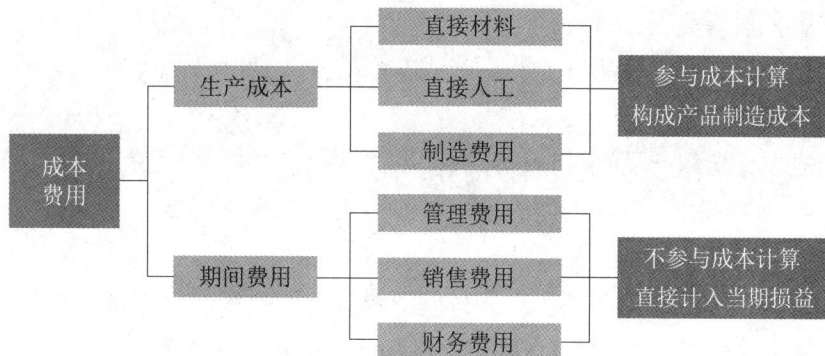

图 5-9　成本经济用途解析

5.2.1　生产成本

生产成本是指企业为生产产品或提供劳务而发生的各项生产费用，包括直接支出和制造费用。生产成本是指产品在生产过程中发生的成本，按其属性一般可分为直接材料、直接人工和制造费用这三个项目。

1. 直接支出

直接支出包括直接材料、直接人工。其中，构成产品主要实体或与产品主要实体相结合的材料称为直接材料；为直接加工制造产品而耗费的人工费用称为直接人工。

直接材料	▶ 原材料、辅助材料、备品备件、燃烧及动力等
直接人工	◆ 生产车间人员工资

直接材料、直接人工可以根据原始凭证或原始凭证汇总表直接计入成本。

2. 制造费用

制造费用是指企业分厂、车间为生产产品和提供劳务而发生的各项间接费用，包括工资和福利费、折旧费、修理费、办公费、水电费、机物料消耗、劳动保护费、季节性和修理期间的停工损失等。

制造费用不能根据原始凭证或原始凭证汇总表直接计入成本的费用，需要按一定标准分配计入成本核算对象。

制造费用分配方法一般有生产工人工时比例法、生产工人工资比例法、机器工时比例法以及年度计划分配率等。期末结转到"生产成本"的各产品明细账中，与先期计入生产成本的直接材料和直接人工一起汇总计算完工产品和在产品的成本。

具体采用哪种分配方法，由企业自行决定。分配方法一经确定，不得随意变更。如需变更，应当在会计报表附注中予以说明。

5.2.2　非生产成本

非生产成本是指产品不是在生产过程中发生的成本，即生产以后经营管理方式的成本：管理费用、销售费用、财务费用。

无论在哪一种成本计算法下，非生产成本都被作为期间费用处理，必须在发生的当期全额计入利润表。

非制造成本是指与产品制造过程没有联系的非生产性成本耗费，包括销售费用、管理费用和财务费用三类，该项费用的发生是为生产产品提供必要的条件，与产品生产本身并不直接相关。其中：

（1）销售费用，指企业在销售商品过程中发生的各项费用，以及为销售本企业商品而专设的销售机构的经营费用，如商品促销费用、销售部门的费用、委托代销费用和商品流通企业的进货费用等。

（2）管理费用，指企业为组织和管理生产经营活动所发生的各种费用，如公司经费、职工保险费、咨询费、诉讼费等。

（3）财务费用，指企业为筹集生产经营所需资金等融资活动而发生的费用，如利息支出、汇兑损失以及相关的手续费等。

5.3 成本按其计入产品成本的方法分类

成本按其计入产品成本的方法，可以分为直接成本和间接成本两大类。

将成本划分为直接成本和间接成本，可以使成本计算更加准确、简便。但同时应注意成本项目占产品成本比重的大小、计算技术水平、生产设备布局、生产工人工资制度、原材料利用方式、企业生产特点等因素，以合理确定直接成本和间接成本。

5.3.1 直接成本

直接成本通常是指与某一特定产品的生产有直接联系，能够合理地确认成本发生与成本计算对象的明显联系，因而可将有关生产耗费直接计入该产品的成本，如产品的直接材料成本、直接人工成本等。

5.3.2 间接成本

间接成本则是指与某一特定产品的生产不具有明显的直接联系，不便于或不能合理确定其中有多少是由该种产品所发生的，因而必须先按其发生的地点或用途进行归集，然后再按适当的标准分配到各有关产品的成本，如制造费用。

5.4 成本按与决策的关系分类

成本按照与决策的关系，可分为相关成本和非相关成本。

5.4.1 相关成本

相关成本是指对企业经营管理有影响或在经营管理决策分析时必须加以考虑的各种形式的成本。相关成本主要包括边际成本、机会成本、变动成本、重置成本、付现成本、可避免成本、可延缓成本、专属成本、差量成本等。

1. 边际成本

边际成本是指在一定产量水平上，增加（或减少）一单位产品时，引起总成本的增加量（改变量）。

比如，一家工厂新上一条口罩生产线，总价款 50 万元。如果生产 100 万只口罩，那么每只口罩成本为 0.5 元；如果生产 1 000 万只，每只口罩的成本 0.05 元，批量生产可以使成本趋近于 0。边际成本就是趋近于 0 的成本。在实际计量中，即使产量无限小，也只能小到一个单位。

2. 机会成本

机会成本（经济成本）是指放弃另一个方案提供收益的机会。实行本方案时，失去所放弃方案的潜在收益是实行本方案一种代价，称为本方案的机会成本。

机会成本不是通常所说的成本，它实际上不是一种支出和费用，而是失去的权益。不是实际的，而是潜在的。

比如一家超市要在一个四线城市建一家连锁店，有两个选址：一个是建在拥有几万人的社区边；另一个是建在发达的商业区。如果建在社区，这个超市的顾客就有几万人；如果建在商业区，它的潜在顾客是几十万人，因为繁华的商业区覆盖整个城市，能满足人们各种消费，这几十万人中有多少人会去超市？这是需要超市管理者调查的。如果选择社区，那么它会失去商业区的人流量；而选择商业区，如何确定客流量的具体数字呢？这就是机会成本。

机会成本要求在决策中全面考虑可能采取的各种方案，以便为既定资源寻求最为有利的使用途径。

3. 重置成本

重置成本是指目前从市场上购置一项原有资产所需支付的成本，也可以称为现时成本或现行成本，它带有现时估计的性质。与重置成本直接对应的概念是账面成本，即一项资产在账簿中所记录的成本。

有些备选方案需要动用企业现有的资产，在分析评价时不能根据账面成本估价，而应该以重置成本为依据。

某个超市以前购进 10 000 套雨衣，每套账面成本 36 元。现在重置成本 45 元，若按历史成本考虑，售价 42 元，可获利 6 元/件；但这些商品售出后再依据重置成本补进时，反而每件亏损 3 元。不难看出，重置成本在定价决策中是不可忽视的重要因素。这种情况下，应该采用重置成本。

4. 付现成本

付现成本是指"现金支出成本"。那些由于某项决策所引起的需要在将来动用现金支付的成本，是一种未来成本。付现成本是在某项决策需要付现但又要全面衡量该项决策在经济上是否真正有利时，应予以认真考虑的，尤其是在企业资金紧张的时候更应慎重对待。在实际工作中，企业往往宁愿采纳总成本高而付现成本低的方案，而不采纳总成本较低而付现成本较高的方案。在这种情况下，付现成本比总成本意义更大，只有符合企业目前实际支付能力的方案，才能算得上最优方案。

例如，晨光公司需要更新一台设备，但资金较为紧张。有甲、乙两家公司出售设备，甲公司是一次性付现 500 000 元，乙公司 580 000 元，三个月内付现 200 000 元，其余资金可在两年分期付清。很显然，晨光公司会选择乙公司，设备可以快速安装并投入生产，多付的 80 000 元可以从提早恢复生产所获取的利润中得到补偿。

5. 可避免成本

可避免成本，当方案或者决策改变时，这项成本可以避免或其数额发生变化。例如，利用挖掘潜力、改进劳动组织的办法去代替原先增加人员的方案节省下来的人工支出，就是可避免成本。可避免成本用得较多的是工厂，比如激励员工多生产产品，正常情况下每人一天生产 200 个口罩，但工厂规定，超过的部分给予激励，这样员工会提高生产力，每天生产 280 个口罩，多生产 80 件。车间共 50 名工人，若每人 50 个，那就是 2 500 个，相当于 12.5 人的工作量，这样相当于减少 12.5 人的固定工资。

有时几个方案在决策中，那些与落选方案关联的成本也称为可避免成本。

6. 可延缓成本

可延缓成本是指同已经选定、但可以延期实施而不会影响大局的某方案相关联的成本。例如，企业原定在计划年度新建办公大楼，预计共需资金 3 亿元，现因资金紧张而决定推迟该计划的实施，那么这 3 亿元的基建成本即为可延缓成本。

7. 专属成本

专属成本是指可以明确归属于某种、某批或某个部门的固定成本。例如，专门生产某种零件或某批产品而专用的机器的折旧费、某种物资的商品保险费等。

8. 差量成本

差量成本通常指两个备选方案的预期成本之间的差异数，也称差别成本或差额成本。不同方案的经济效益，一般可通过差量成本的计算明显反映出来。例如，某公司自建办公大楼，造价 980 万元；而购买则需要 4 500 万元，后者与前者比较，差量成本 3 520 万元，说明自制方案较外购方案优越。当然这个例子比较激进。

5.4.2 非相关成本

非相关成本是指过去已经发生，或虽未发生但对未来经营没有影响的成本，也就是在决策分析时，可予舍弃，无须加以考虑的成本。如沉没成本、历史成本、联合成本、不可避免成本、不可延缓成本与共同成本等都属于这一类，在各个备选方案中，项目相同、金额相等的未来成本，也可视同无关成本。

1. 沉没成本

沉没成本，指不受决策中各种选择影响的成本。即不管决策的有关行动方案如何变化，成本的数额都不改变。从广义上说，凡是过去已经发生，不是目前决策所能改变的成本，都是沉没成本。从狭义上说，沉没成本是指过去发生的，在一定情况下无法补偿的成本，与"历史成本"同义。最明显的沉没成本是固定资产和无形资产的摊余成本，例如有一台生产设备，原价 980 000 元，累计折旧 420 000 元，账面净值 560 000 元，很明显，560 000 元就是沉没成本。再比如，企业决定上一条生产线生产甲产品，生产线总价款 30 万元，设备安装调试后发现，甲产品已经被乙产品替代，如果生产的话，不但卖不掉，而且还增加成本。因此企业决定停掉这条生产线。这 30 万元的投资就成了沉没成本，任何未来的决策都不能抵消这项成本。

2. 历史成本

历史成本也称为会计成本，是指企业在经营过程中实际发生的一切成本。我国企业对会计要素的计量一般采用历史成本，简单地说，就是购进时物资时所支付的价款。比如，1 月采购 1 000 米无纺布，总成本 13 400 元。到了 3 月，市场上 1 000 米无纺布涨至 15 000 元，但会计记账只能记为 13 400 元，而不能记为 15 000 元。13 400 元就是历史成本。

3. 联合成本

联合成本是与可分成本相对立的成本，是指在未分离前的联产品生产过程中发生的，应由所有联产品共同负担的成本。要想透彻地掌握联合成本，就必须要知道什么是联产品，具体地说，用同一种原材料，同一个生产过程、生产出的两种或两种以上经济价值较大的主要产品。最典型的联产品是炼油厂从原油中同时提炼出价值较大的汽油、煤油、柴油、润滑油等。那么豆腐厂生产豆腐，同时也卖豆浆，剩下的豆渣可生产豆粕，用于猪、牛饲料。豆腐、豆浆、豆粕是对同一种原材料——黄豆进行加工，又在同一生产过程中生产出来的，这些是联产品吗？当然不是，因为豆腐厂主要是生产豆腐，而豆浆、豆粕不是主要产品，所以，这些应是副产品。

联产品都是主要产品，联产出来以后，有的可以直接销售，有的还要进一步加工，不能笼统地把所有联产品按总产量计算成本。由于上述特点，联合成本要分段计算：在分离前的成本是全部产品的综合成本，也叫联合成本，以若干联产品为一个成本计算对象，汇集生产费用，核算各种联产品的总成本，在分离以后，要按照一定比例进行分摊，计算各种联产品的个别成本。

4. 不可避免成本

不可避免成本是指通过管理决策行动而不能改变其数额的成本。例如约束性固定成本就属于此类。企业的生产能力和生产组织机构一旦确定，约束性固定成本就不可避免地要发生，其发生的数额也不是企业的短期经营决策所能改变的。此外，厂房、建筑物等固定资产的年折旧费也属不可避免成本。

5. 不可延缓成本

不可延缓成本是相对于可延缓成本而言的，它是指即使财务有限也必须在企业计划期间发生，否则就会影响企业大局的已选定方案的成本。例如，某些制造企业每年有一个月的大修理，如果不修理，就无法保障生产的顺利进行，这就是不可延缓成本。

6. 共同成本

共同成本是指那些需由几种、几批中有关部门共同分担的固定成本。共同成本具有共享性、基础性和无差别性等特征。例如，企业的管理人员工资、车间的照明费以及需由各种产品共同负担的联合成本，共享企业的共同基础设施等。

第6章 成本性态模型

通过对成本性态模型分析成本构成与变动成本、固定成本的计算方法。

6.1 混合成本的分解方法

通常产品的成本构成不是单一的，它包括固定成本、变动成本和混合成本等，需要建立一种分析方法，将这三种成本关联在一起。

6.1.1 高低点法

1. 单步骤分析程序

单步骤分析程序无须将总成本分为固定成本、变动成本和混合成本，而是将总成本视作混合成本，直接进行分解。

2. 多步骤分析程序

将总成本分为固定成本、变动成本和混合成本三部分，分别用 a、bx、y 表示。对总成本中的混合成本进行分解，建立混合成本性态模型。

$$y = a + bx$$

将总成本中混合成本分解出来的固定成本、变动成本汇集于原固定成本部分和变动成本部分，建立总成本性态模型：

$$y = (a + a_1 + \cdots + a_n) + (b + b_1 + \cdots + b_n) x$$

如果特定的成本是一项混合成本，就需要运用一定的方法估计成本与产量之间的关系，并建立相应的成本函数模型。

高低点法是根据一定期间内的最高业务量及其成本和最低业务量及其成本，来推算成本中的固定成本部分和变动成本部分的一种混合成本分解方法。

利用代数式 $y = a + bx$，选用一定历史资料中的最高业务量与最低业务量的总成本（或总费用）之差 Δy，与两者业务量之差 Δx 进行对比，求出 b，然后再求出 a 的方法。

假设 y 代表一定期间某项半变动成本总额，x 代表业务量，a 代表半变动成本中的固定部分，b 代表半变动成本中依一定比率随业务量变动的部分（单位变动成本）。则：

$$y = a + bx$$

最高业务量与最低业务量之间的半变动成本差额，只能与变动成本有关，因而单位变动成本可按如下公式计算：

$$b = \Delta y \div \Delta x$$

单位变动成本＝（最高业务量成本－最低业务量成本）÷（最高业务量－最低业务量）

＝高低点成本之差÷高低点业务量之差

求出 b，即可根据公式 $y＝a＋bx$ 用最高业务量或最低业务量有关数据代入，求解 a。

$$a＝最高（低）产量成本－b×最高（低）产量$$

【例 6-1】假设某企业 2×21 年度 1～12 月份的维修成本的历史数据，见表 6-1。

表 6-1 2×21 年维修成本数据

月份	机器工时（x）（小时）	维修成本（y）（元）
1	1 200	6 500
2	1 000	5 500
3	800	5 000
4	700	4 500
5	1 100	6 000
6	1 000	5 800
7	900	5 600
8	850	5 600
9	1 080	6 500
10	980	5 200
11	880	5 100
12	790	5 700

根据表 6-1 的有关数据，可知该企业维修成本在相关范围内的变动情况见表 6-2。

表 6-2 企业维修成本在相关范围内的变动情况

	机器工时（x）（小时）	维修成本（y）（元）
最高点	1 200	6 500
最低点	700	4 500
差量	500	2 000

根据表 6-2 的资料，a、b 可分别确定如下：

$$b＝2\,000÷500＝4$$
$$a＝6\,500－4×1\,200＝1\,700$$

或：$a＝4\,500－4×700＝1\,700$

则：$y＝1\,700＋4x$

值得注意的是，这一方程式只适用于 700～1 200 小时的相关范围。假定 2×21 年 1 月份预计产量为 1 100 机器小时，则预计的维修总成本为：

$$y＝1\,700＋4×1\,100＝6\,100（元）$$

显然，由于用方程式预计的维修成本代表历史的平均水平，预计的结果与实际成本 6 000 元（5 月份）会有一定的偏差。

> 高低点法虽然具有运用简便的优点，但它仅以高低两点决定成本性态，因而带有一定的偶然性。所以，这种方法通常只适用于各期成本变动趋势较稳定的情况。

6.1.2　回归分析法

根据过去一定期间的业务量和混合成本的历史资料，应用最小二乘法原理，算出最能代表业务量与混合成本关系的回归直线，借以确定混合成本中固定成本和变动成本的方法。

混合成本符合总成本模型，即：$y=a+bx$

在回归分析法下，a 和 b 可用回归直线方程求出，计算公式如下：

$$a=\frac{\sum y-b\sum x}{n}$$

$$或：=\frac{\sum x_i^2\sum y_i-\sum x_i\sum x_iy_i}{n\sum x_i^2-(\sum x_i)^2}$$

$$b=\frac{n\sum x_iy_i-\sum x_i\sum y_i}{n\sum x_i^2-(\sum x_i)^2}$$

【例 6-2】某公司的业务量以直接人工小时为计量单位，其业务量在 500~1 000 小时范围内变化。该公司制造成本的历史资料见表 6-3。

表 6-3　制造成本的历史资料

月份	直接人工（小时）x	实际成本（元）y	x_i^2	x_iy_i
1	600	900	360 000	540 000
2	700	800	490 000	560 000
3	800	700	640 000	560 000
4	900	600	810 000	540 000
5	500	500	250 000	250 000
6	500	900	250 000	450 000
7	500	800	250 000	400 000
8	500	700	250 000	350 000
9	680	600	462 400	408 000
10	550	500	302 500	275 000
11	720	900	518 400	648 000
12	800	800	640 000	640 000
合计	7 750	8 700	5 223 300	5 621 000

用回归直线法预计：

$$代入：b = \frac{n\sum x_i y_i - \sum x_i \sum y_i}{n\sum x_i^2 - (\sum x_i)^2} = \frac{12 \times 5\ 621\ 000 - 7\ 750 \times 8\ 700}{12 \times 5\ 223\ 300 - 7\ 750^2}$$

$$= \frac{67\ 452\ 000 - 67\ 425\ 000}{62\ 679\ 600 - 60\ 062\ 500} = 0.010\ 316$$

$$a = \frac{\sum y - b\sum x}{n} = \frac{8\ 700 - 0.010\ 316 \times 7\ 750}{12} = 718.34$$

成本性态的相关范围：在管理会计中，把不会改变固定成本和变动成本性态的有关期间、业务量的特定变动范围称为相关范围。

6.1.3　工业工程法

工业工程法，是指运用工业工程的研究方法，逐项研究决定成本高低的每个因素，在此基础上直接估算固定成本和单位变动成本的一种成本估计方法。工业工程是现代科学管理的一个重要组成部分，它以降低成本为目的，综合运用数学、物理学、社会科学以及工程学等方面的专门知识和技术，研究人、原材料和机器设备的综合系统的设计、改进和实施方案，即对所有生产活动和辅助生产活动进行详细分析，寻求改进工作方法的途径，找出最经济、最有效的程序和方法，使产品制造、工作效率和资源利用达到最优效果。

运用工业工程法分解成本的一般步骤为：

（1）选择需要研究的成本项目；

（2）观察现行方法并记录投入的成本和产出的数量；

（3）进行全面的科学分析，研究出最实用、最有效、最经济的新的工作方法；

（4）把新的方法确定为标准的方法，并测定新方法的每项投入成本，凡与业务量有关的部分归集为单位变动成本，凡与业务量无关的部分归集为固定成本。

【例6-3】某公司选择燃料成本为研究对象。燃料用于铸造工段的熔炉，具体分为点火（耗用木柴和焦炭）和熔化铁水（耗用焦炭）两项操作。经过对这两项操作进行观测和技术测定，寻找出的最佳操作方法为：每次点火要使用木柴0.2千克、焦炭1.4千克，熔化1千克铁水要使用焦炭0.2千克；每个工作日点火一次，全月工作30天。已知木柴成本为240元/千克，焦炭成本为400元/千克。

根据上述资料采用工业工程法对混合成本燃料费进行习性分析。

点火燃料费属于固定成本；熔化铁水所用燃料费与产量相联系，属于变动成本。

设每月燃料费总成本为 y 元，每月铸件产量为 x 千克。

每日燃料费固定成本 $= 0.2 \times 240 + 1.4 \times 400$

$$= 48 + 560 = 608 \text{（元）}$$

每月燃料费固定成本 $= 608 \times 30 = 18\ 240 \text{（元）}$

每千克铸件燃料费变动成本 $= 0.2 \times 400 = 80 \text{（元）}$

因此，此项混合成本燃料费习性分析模型为：$y = 18\ 240 + 80x$

工业工程法适用于任何可以从客观立场进行观察的投入—产出过程。例如，直接材料、直接人工等，也可以用于办公室、装运、仓库等非制造成本的测定。对于不能直接把成本归属于特定投入和产出的，或者不能单独进行观察的联合过程，如各种间接成本，则不能使用这种方法。

工业工程法，可以在没有历史成本数据、历史成本数据不可靠，或者需要对历史成本分析法的结论进行验证的情况下使用。尤其是在建立标准成本和制定预算时，使用工业工程法比历史成本分析法更加科学。

6.1.4　散布图法

散布图法是根据若干期的业务量、成本资料，在坐标图中标出所有各期的成本点，再用目测的方法画出一条能够反映成本变动的平均趋势直线，并在图上确定直线的截距即固定成本，然后据以计算单位变动成本的一种混合成本分解方法。

6.1.5　总成本模型

将混合成本按照一定的方法分解为固定成本和变动成本，根据成本性态，企业的总成本公式如下：

总成本＝固定成本总额＋变动成本总额

　　　　＝固定成本总额＋单位变动成本×业务量

总成本公式在变动成本计算，本量利分析以及正确制定经营决策和评价各部工作业绩等方面具有不可或缺的重要作用。

【例 6-4】假设某物流企业 1～6 月使用运输车公里数和耗用的燃油费情况，见表 6-4。

表 6-4　1～6 月运输公里与耗用燃油费

月份	1	2	3	4	5	6
运输量（公里）	200	220	210	300	280	260
燃油费（元）	2 400	2 600	2 200	2 500	2 700	2 400

利用高低点法对维修费用进行分解。

单位变动成本：$b=（2\ 700-2\ 200）\div（300-200）=5$

固定成本：$a=2\ 700-5\times300=1\ 200$（元）

燃油费的总成本模型公式为：$y=1\ 200+5x$

6.2　变动成本计算

变动成本计算包括两种计算方法：一种是变动成本法；另一种是完全成本法。

6.2.1　变动成本法

变动成本法也称直线成本法、边际成本法或部分成本法，以成本性态分析为前提条件，只将变动生产成本作为产品成本的构成项目，而将固定生产成本作为期间成本，并按贡献式损益顺序计算净利润的一种方法。变动成本法下反映盈利能力的一个重要指标是边际贡献。

边际贡献，也称边际利润、贡献毛益或创利额，是指产品的销售收入与其相匹配的变动成本（变动生产成本和变动非生产成本）之间的差额。

> 边际贡献不是企业的营业利润，但它与企业营业利润有密切的关系。因为边际贡献首先用于弥补企业的固定成本，只有当边际贡献补偿固定成本还有剩余时，企业才会实现盈利，否则就可能出现亏损。所以，边际贡献是一个反映企业盈利能力的重要指标
>
> 边际贡献－固定成本＝营业利润

在变动成本法下，产品成本包括变动生产成本（即直接材料、直接人工和变动制造费用），期间成本包括固定制造费用、固定销售费用、固定管理费用、固定财务费用、变动销售费用、变动管理费用和变动财务费用（即固定生产成本与全部非生产成本之和），如图 6-1 所示。

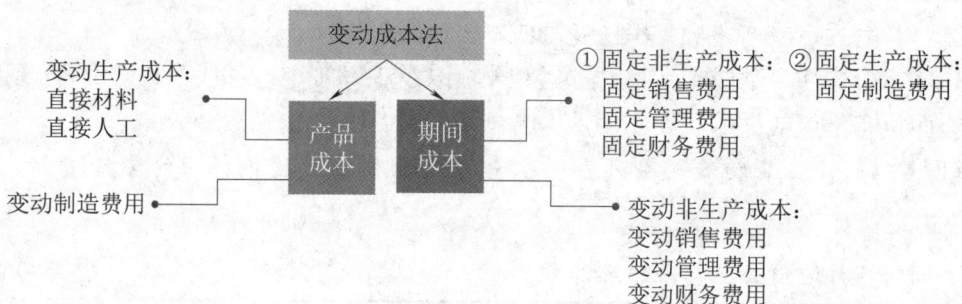

图 6-1　变动成本组成项目

直接材料、直接人工、变动制造费用计入产品生产成本。其他成本列为期间成本，在当期收益中全部扣除。

变动成本法公式：

营业利润＝销售收入－（可变成本＋可变费用）－（固定成本＋固定费用）

＝边际贡献－固定成本（费用）

【例 6-5】假定适美佳医疗有限公司只生产一次性医用口罩，有关资料如下：

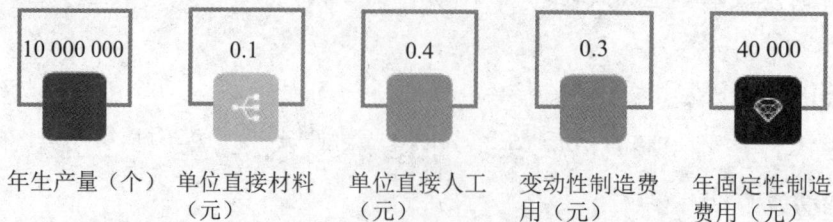

| 10 000 000 | 0.1 | 0.4 | 0.3 | 40 000 |
| 年生产量（个） | 单位直接材料（元） | 单位直接人工（元） | 变动性制造费用（元） | 年固定性制造费用（元） |

则采用变动成本计算方法所得出的单位产品成本，见表 6-5。

表6-5　适美佳医疗有限公司一次性医用口罩单位产品成本表

项　目	金额（元）
直接材料	0.1
直接人工	0.4
变动性制造费用	0.3
固定性制造费用	—
单位成本	0.8

【例6-6】假设永成医疗防护品有限公司只生产一种防护服，2×20年3月，该公司有关业务量、售价与成本资料，见表6-6。

表6-6　永成医疗防护品有限公司防护服相关资料

业务量（件）		成本资料（元）		
期初存货量	0	直接材料	8 000 000	
本期生成量	100 000	直接人工	5 000 000	
本期销售量	80 000	制造费用	7 000 000	变动制造费用	3 000 000
				固定制造费用	4 000 000
		销售费用	5 000 000	变动销售费用	2 000 000
				固定销售费用	3 000 000
期末存货量	2 000	管理费用	1 000 000	变动管理费用	900 000
				固定管理费用	100 000
销售单价	350（元/件）	财务费用	300 000	变动财务费用	200 000
				固定财务费用	100 000

根据上述资料，按变动成本法计算产品成本和期间成本，见表6-7。

表6-7　1月产品成本及期间成本计算表金额　　　　　　　　　　　　　单位：元

项　目		变动成本制造法	
		总成本	单位成本
产品成本	直接材料	8 000 000	80
	直接人工	5 000 000	50
	变动制造费用	3 000 000	30
	固定制造费用	—	—
	合计	16 000 000	160
期间成本	固定制造费用	4 000 000	
	销售费用	5 000 000	
	管理费用	1 000 000	
	财务费用	300 000	
	合计	10 300 000	

变动成本计算法下，产品成本只包括变动成本，无论是在产品、库存产成品还是已销产品，其成本都只包含变动成本。

【例6-7】按【例6-6】所提供的资料，用变动成本法计算该企业本年度的销货成本和期末存货成本，见表6-8。

表6-8　期末存货成本和销货成本计算表　　　　　　　　　　　　单位：元

项　　目	变动成本法
期初存货成本	0
本期产品成本	16 000 000（100 000×160）
单位产品成本	160
本期销货量（件）	80 000
期末存货量（件）	2 000
期末存货成本	320 000
本期销货成本	12 800 000

变动成本法下的销货成本一般按下列公式计算：

$$本期销货成本＝单位变动生产成本×本期销售量$$
$$＝160×80\ 000＝12\ 800\ 000（元）$$

变动成本与固定成本计算公式进一步分解为：

变动成本＝本期销货成本＋变动非生产成本

　　　　＝单位变动生产成本×本期销售量＋单位变动非生产成本×本期销售量

固定成本＝固定生产成本＋固定非生产成本

　　　　＝固定制造费用＋固定销售费用＋固定管理费用＋固定财务费用

【例6-8】仍按【例6-6】所提供的资料，分别编制贡献式利润表，见表6-9。

表6-9　利润表　　　　　　　　　　　　　　　　　　　　　　单位：元

2×20年3月

项　　目	金　　额
销售收入（350×80 000）	28 000 000
变动成本	—
变动制造成本（160×80 000）	12 800 000
变动销售费用	2 000 000
变动管理费用	900 000
变动财务费用	200 000
变动成本合计	15 900 000
边际贡献	12 100 000

续上表

项　目	金　额
减：固定成本	—
固定制造费用	4 000 000
固定销售费用	3 000 000
固定管理费用	100 000
固定财务费用	100 000
营业利润	4 900 000

变动成本法下营业利润的计算公式：

$$边际贡献＝销售收入－变动成本$$
$$营业利润＝边际贡献－固定成本$$

6.2.2　完全成本法

完全成本法，也称全部成本法、归纳成本法或吸收成本法，是将一定时期内为生产一定数量的产品而耗用的所有直接材料、直接人工和全部制造费用（包括变动制造费用和固定制造费用），都计入产品生产成本中去的一种成本计算方法。

完全成本法下，产品成本包括全部生产成本（即直接材料、直接人工与制造费用），期间成本包括全部非生产成本（即销售费用、管理费用和财务费用）。

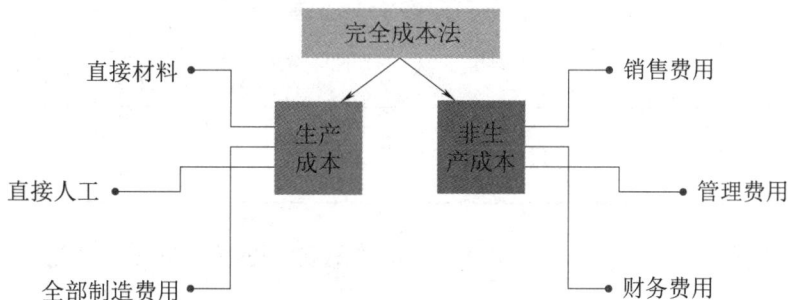

完全成本法公式：

$$营业利润＝销售收入－（可变成本＋固定成本）－（可变费用＋固定费用）$$
$$＝毛利－期间费用$$

【例6-9】假定适美佳医疗有限公司只生产一次性医用口罩，有关资料如下：

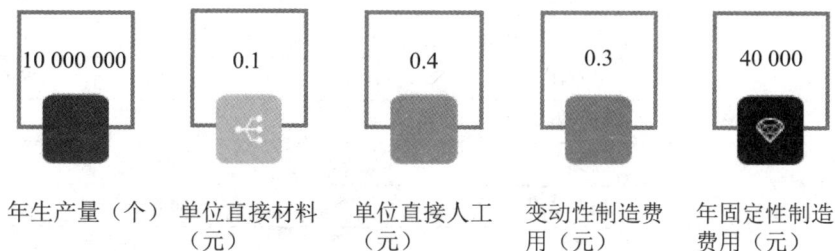

10 000 000	0.1	0.4	0.3	40 000
年生产量（个）	单位直接材料（元）	单位直接人工（元）	变动性制造费用（元）	年固定性制造费用（元）

则采用完全成本计算方法所得出的单位产品成本，见表6-10。

表 6-10　一次性医用口罩单位产品成本表

项　　目	金额（元）
直接材料	0.1
直接人工	0.4
变动性制造费用	0.3
固定性制造费用	（40 000÷100 000）0.4
单位成本	1.2

【例 6-10】 假设永成医疗防护品有限公司只生产一种防护服，2×20 年 3 月有关业务量、售价与成本资料，见表 6-11。

表 6-11　永成医疗防护品有限公司防护服相关资料

业务量（件）		成本资料（元）		
期初存货量	0	直接材料		8 000 000
本期生产量	100 000	直接人工		5 000 000
本期销售量	80 000	制造费用	7 000 000	变动制造费用　3 000 000
				固定制造费用　4 000 000
		销售费用	5 000 000	变动销售费用　2 000 000
				固定销售费用　3 000 000
期末存货量	2 000	管理费用	1 000 000	变动管理费用　900 000
				固定管理费用　100 000
销售单价	350（元/件）	财务费用	300 000	变动财务费用　200 000
				固定财务费用　100 000

根据上述资料，按完全成本法计算产品成本和期间成本，见表 6-12。

表 6-12　1 月产品成本及期间成本计算表　　　　　　　　　　　　单位：元

项　　目		完全成本制造法	
		总成本	单位成本
产品成本	直接材料	8 000 000	80
	直接人工	5 000 000	50
	变动制造费用	3 000 000	30
	固定制造费用	4 000 000	40
	合计	20 000 000	200
期间成本	销售费用	5 000 000	
	管理费用	1 000 000	
	财务费用	300 000	
	合计	6 300 000	

【例6-11】按【例6-6】所提供的资料，采用完全成本法计算该企业本年度的销货成本和期末存货成本，见表6-13。

表6-13　期末存货成本和销货成本计算表　　　　　　　　　　　　　　单位：元

项　　目	完全成本法
期初存货成本	0
本期产品成本	20 000 000（100 000×200）
单位产品成本	200
本期销货量（件）	80 000
期末存货量（件）	2 000
期末存货成本	400 000
本期销货成本	19 600 000

与变动成本法相比，不同之处如下。

（1）销货成本的计算公式不完全相同。

完全成本法下的销货成本一般按下列公式计算：

　　本期销货成本＝期初存货成本＋本期发生的产品生产成本－期末存货成本

＝0＋20 000 000－2 000×200

＝19 600 000（元）

（2）营业利润计算公式不同。

完全成本法下营业利润的计算公式：

销售毛利＝销售收入－销货成本

营业利润＝销售毛利－非生产成本

上式中：

非生产成本＝销售费用＋管理费用＋财务费用

采用完全成本法编制传统式利润表。

【例6-12】仍按【例6-6】所提供的资料分别编制贡献式利润表，见表6-14。

表6-14　贡献式利润表　　　　　　　　　　　　　　　　　　　　　　单位：元

2×20年3月

项　　目	金额
销售收入（350×80 000）	28 000 000
销货成本	—
期初存货成本（200×0）	0
本期生产成本（200×100 000）	20 000 000
减：期末存货成本（200×2 000）	400 000
销货成本合计	19 600 000
销售毛利	8 400 000

续上表

项　　目	金额
减：非生产成本	—
销售费用	5 000 000
管理费用	1 000 000
财务费用	300 000
非生产成本合计	6 300 000
营业利润	2 100 000

从表 6-9、表 6-14 中可见，不同的成本计算方法对固定制造费用的处理不同，从而导致完全成本法与变动成本法营业利润出现了差异。

从表 6-9、表 6-14 中还可以发现，两个利润表除了格式不同外，还可提供不同的中间指标。贡献式利润表提供"边际贡献"指标，传统式利润表提供"销售毛利"指标，这两个指标的意义和作用是不同的。

当产销不平衡时，以两种成本计算为基础所确定的分期损益不同。完全成本法是计算损益的一种成本计算模式。

6.3　标准成本法

标准成本法是指通过制定标准成本，将标准成本与实际成本进行比较，获得成本差异，并对成本差异进行因素分析。

实施标准成本系统一般有以下几个步骤：

（1）制定单位产品标准成本；

（2）根据实际产量和成本标准计算产品的标准成本；

（3）汇总计算实际成本；

（4）计算标准成本与实际成本的差异；

（5）分析成本差异的原因以及账务处理；

（6）编制成本控制报告。

6.3.1　标准成本的含义

标准成本是指运用技术测定等方法制定的，根据产品的耗费标准和耗费的标准价格预先计算的产品成本。

在标准成本中，基本上排除了不应该发生的"浪费"，因此被认为是一种"应该成本"。它主要用于衡量产品制造过程的工作效率和控制成本。

"标准成本"一词在实际工作中有两种含义：一种是指单位产品的标准成本，它是根据单位产品的标准消耗量和标准单价计算出来的，准确地说来应称为"成本标准"。

计算公式为：

$$成本标准＝单位产品标准成本＝单位产品标准消耗量×标准单价$$

另一种是指实际产量的标准成本，它是根据实际产品产量和单位产品成本标准计算出来的。其计算公式为：

$$标准成本＝实际产量×单位产品标准成本$$

6.3.2 标准成本的种类

1. 理想标准成本和正常标准成本

标准成本按其制定所根据的生产技术和经营管理水平，分为理想标准成本和正常标准成本。

（1）理想标准成本。

理想标准成本是指在最优的生产条件下，利用现有的规模和设备能够达到的最低成本。

这种标准是在资源无浪费、设备无故障、产品无废品、工时全有效的情况下制订出来的。主要用于揭示实际成本未来下降的潜力，不能作为考核的依据。

（2）正常标准成本。

正常标准成本是指在效率良好的条件下，根据下期一般应该发生的生产要素消耗量、预计价格和预计生产经营能力利用程度制定出来的标准成本。在制定这种标准成本时，把生产经营活动中一般难以避免的损耗和低效率等情况也计算在内，使之符合下期的实际情况，成为切实可行的控制标准。

2. 现行标准成本和基本标准成本

标准成本按其适用期分为现行标准成本和基本标准成本。

（1）现行标准成本。

现行标准成本是指根据其适用期间应该发生的价格、效率和生产经营能力利用程度等预计的标准成本。在这些决定因素变化时，需要按照改变后的情况加以修订。这种标准成本可以成为评价实际成本的依据，也可以用来对存货和销货成本计价。

（2）基本标准成本。

基本标准成本是指一经制定，只要生产的基本条件无重大变化，就不予变动的一种标准成本。

所谓生产的基本条件的重大变化是指产品的物理结构变化、重要原材料和劳动力价格的重要变化、生产技术和工艺的根本变化等。只有这些条件发生变化，基本标准成本才需要修订。

1　基本标准成本与各期实际成本对比，可反映成本变动趋势

2　由于基本标准成本不按各期实际情形修订，不宜用来直接评价工作效率和成本控制的有效性

6.3.3 标准成本的制定

制定标准成本，通常要确定下列项目。

首先，确定直接材料和直接人工的标准成本；

其次，确定制造费用的标准成本；

最后，确定单位产品的标准成本。

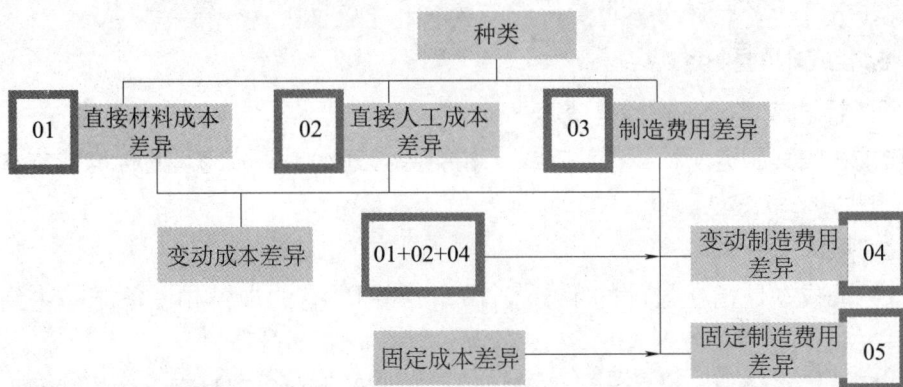

无论是哪一个成本项目，都需要分别根据"数量标准"和"价格标准"两项内容来计算，两者相乘后得出成本标准。

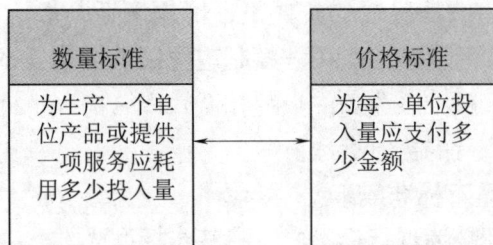

标准成本计算公式：

$$标准成本＝数量标准×价格标准$$

制定标准成本需要各部门专业人员共同参与制定数量标准和价格标准，尤其是制造业，需要财务部、销售部、采购部、生产部等专业人员一并研究制定。

1. 直接材料标准成本

直接材料的标准消耗量，是用统计方法、工业工程法或其他技术分析方法确定的。

直接材料的价格标准是企业编制的计划价格，它是以订货合同为基础制定的，包括发票价格、运费、检验和正常损耗等成本。

直接材料标准成本计算公式如下：

$$直接材料标准成本＝\sum（材料价格标准×单位产品材料用量标准）$$

【例6-13】某企业甲产品相关数据，见表6-15。

表6-15　甲产品的直接材料标准成本

标　准	材料 A	材料 B
（1）价格标准：		
发票单价（元）	8	6
验收费（元）	1	2
每千克标准价格（元）	9（8+1）	8（6+2）
（2）用量标准：		

续上表

标 准	材料 A	材料 B
材料用量（千克）	10	13
允许损耗量（千克）	2	1
单产标准用量（千克）	12（10+2）	14（13+1）
（3）成本标准：		
材料 A（元）（3）=（1）×（2）	108（9×12）	
材料 B（元）（3）=（1）×（2）		112（8×14）
（4）单位产品标准成本（元）	220（108+112）	

2. 直接人工标准成本

直接人工标准成本是单位产品的标准工时，也称工时消耗定额。它是指在现有生产技术条件下，生产单位产品所需要的时间，包括直接加工操作必不可少的时间，以及必要的间歇和停工时间等。

直接人工的价格标准是指标准工资率，它可能是预定的工资率，也可能是正常的工资率。

1 如果采用计件工资制，标准工资率是预定的每件产品支付的工资除以标准工时或者是预定的小时工资

2 如果采用月工资制，需要根据月标准工资总额和标准工时总量来计算标准工率资

标准工资率计算公式如下：

$$标准工资率=标准工资总额÷标准总工时$$

$$直接人工标准成本=标准工资率×单位产品工时标准$$

【例 6-14】接【例 6-13】某企业甲产品生产要经过两道工序，有关数据见表 6-16。

表 6-16　甲产品直接人工标准成本

项　目	第一工序	第二工序
（1）基本生产工人人数（人）	30	60
（2）每月工时（28 天×8 小时）（小时）	6 720（30×28×8）	13 440（60×28×8）
（3）出勤率	95%	99%
（4）平均可用工时（小时）（4）=（2）×（3）	6 384（6 720×95%）	13 305.60（13 440×99%）
（5）每月工资总额（元）	229 824	638 668.80
（6）每小时工资（元）（6）=（5）÷（4）	36	48
（7）单位产品工时：		
理想作业时间（小时）	1	1.1
测试设备时间（小时）	0.2	—
工间休息（小时）	1	1

续上表

项　目	第一工序	第二工序
其他（小时）	0.5	0.1
（8）单位产品标准工时合计（小时）	2.7	2.2
（9）直接人工标准成本（元）（9）＝（6）×（8）	97.20	105.60
（10）合计（元）	202.80	

6.3.4　制造费用标准成本

制造费用的标准成本是按部门分别编制，然后将同一产品涉及的各部门单位标准制造费用加以汇总，最后得出整个产品制造费用标准成本。

各部门的制造费用标准成本分为变动制造费用标准成本和固定制造费用标准成本两部分。

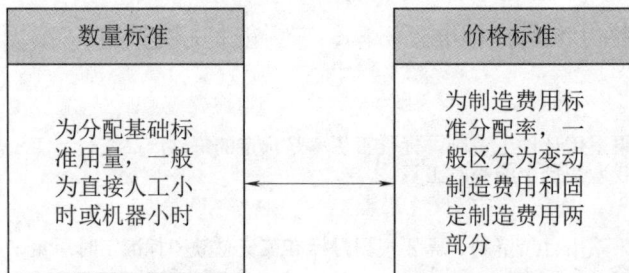

$$制造费用标准成本＝工时用量标准×标准分配率$$

$$制造费用标准分配率＝\frac{标准制造费用总额}{标准工时}$$

1. 变动制造费用标准成本

变动制造费用的数量标准通常采用单位产品直接人工工时标准，它在直接人工标准成本制定时已经确定。有的企业采用机器工时或其他用量标准。作为数量标准的计量单位，应尽可能与变动制造费用保持较好的线性关系。

变动制造费用的价格标准也称为变动制造费用的标准分配率，它根据变动制造费用预算和直接人工标准总工时计算求得。

$$变动制造费用标准分配率＝变动制造费用预算总额÷标准总工时$$

$$变动制造费用标准成本＝工时用量标准×变动制造费用标准分配率$$

【例 6-15】甲产品变动制造费用标准成本见表 6-17（部分数据取自表 6-16）。

表 6-17　变动制造费用项目　　　　　　　　　　　　　　　　　　　单位：元

项　目	第一车间	第二车间
（1）变动制造费用预算：		
蒸汽	20 000	25 000
动力	30 000	15 000

续上表

项　目	第一车间	第二车间
消耗材料	10 000	12 000
间接人工	15 000	17 000
燃料	8 000	9 000
其他	2 000	3 000
（2）变动制造费用合计	85 000	81 000
（3）生产量标准（人工工时）	6 384	13 305.60
（4）变动制造费用标准分配率（4）＝（2）÷（3）	13.31	6.09
（5）直接人工用量标准（人工工时）	2.7	2.2
（6）变动制造费用标准成本（6）＝（4）×（5）	35.94	13.40
（7）单位产品标准变动制造费用	49.34	

2. 固定制造费用标准成本

（1）如果企业采用变动成本计算，固定制造费用不计入产品成本，因此单位产品的标准成本是不包括固定制造费用的标准成本。

在这种情况下，不需要制定固定制造费用的标准成本。固定制造费用的控制则通过预算管理来进行。

（2）如果采用完全成本法计算，固定制造费用要计入产品成本。

固定制造费用的用量标准与变动制造费用的用量标准相同，包括直接人工工时、机器工时、其他用量标准等，并且两者要保持一致，以便进行差异分析。这个标准的数量在制定直接人工用量标准时已经确定。

固定制造费用的价格标准根据固定制造费用预算和直接人工标准总工时来计算求得。

固定制造费用标准分配率＝固定制造费用预算总额÷标准总工时

单位产品固定制造费用标准成本＝工时用量标准×固定制造费用标准分配率

【例6-16】甲产品固定制造费用标准成本见表6-18（部分数据取自表6-17）。

表6-18　甲产品固定制造费用标准成本　　　　　　　　　　　　单位：元

项　目	第一车间	第二车间
（1）固定制造费用		
折旧费	10 000	15 000
管理人员工资	30 000	40 000
间接人工	5 000	4 000
保险费	5 000	3 000
其他	2 400	2 600
（2）固定制造费用合计	52 400	64 600

续上表

项 目	第一车间	第二车间
（3）生产量标准（人工工时）	6 384	13 305.60
（4）固定制造费用分配率（4）＝（2）÷（3）	8.21	4.86
（5）直接人工用量标准（人工工时）	2.7	2.2
（6）部门固定制造费用标准成本（6）＝（4）×（5）	22.17	10.70
（7）单位产品固定制造费用标准成本	32.87	

在制定直接材料、直接人工、制造费用的单位产品标准成本后，企业需要将之按产品加以汇总，就可确定有关产品完整的标准成本。

6.3.5 单位产品标准成本卡

【例 6-17】甲产品"标准成本卡"，反映产成品标准成本的具体构成，见表 6-19。

表 6-19 甲产品单位产品标准成本卡

成本项目	用量标准	价格标准	标准成本（元）
直接材料：			
A 材料	12 千克	9 元/千克	108
B 材料	14 千克	8 元/千克	112
直接材料合计			220
直接人工：			
第一车间	2.7 小时	36 元/时	97.20
第二车间	2.2 小时	48 元/时	105.60
直接人工合计			202.80
制造费用：			
变动费用（第一车间）	2.7 小时	13.31 元/时	35.94
变动费用（第二车间）	2.2 小时	2.77 元/时	6.09
变动制造费用合计			42.03
固定费用（第一车间）	2.7 小时	8.21 元/时	22.17
固定费用（第二车间）	2.2 小时	4.86 元/时	10.69
固定制造费用合计			32.86
单位产品标准成本总计（元）		497.69	

6.4 标准成本的差异分析

标准成本是一种目标成本，由于种种原因，产品的实际成本与目标不符。实际成本与标准成本之间的差额，称为标准成本的差异，或称为成本差异。

6.4.1 成本差异分析的一般模式

因料、工、费三大成本项目的标准都由"标准用量"和"标准价格"构成；而实际中表现为"实际用量"和"实际价格"。因而，每一成本项目的成本差异（弹性预算差异）都可概括为：

总成本差异＝（实际产量下的实际用量×实际价格）－（实际产量下的标准用量×
标准价格）

＝用量差异＋价格差异

价格差异：
直接材料价格差异
直接人工工资率差异
变动制造费用支出差异

成本差异分析

用量差异：
直接材料用量差异
直接人工效率差异
变动制造费用效率差异

价格差异与用量差异关系，如图 6-2 所示。

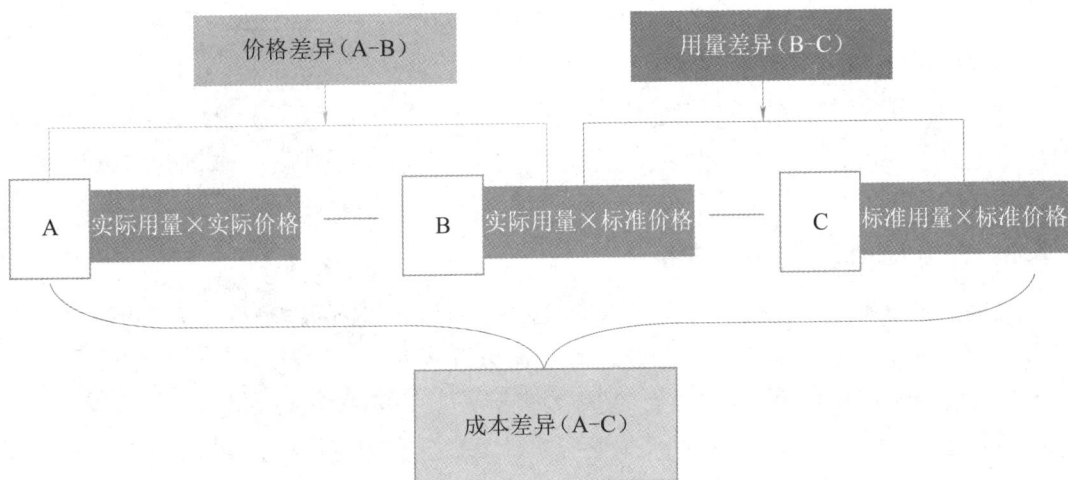

价格差异（A-B）　　　　　用量差异（B-C）

A　实际用量×实际价格　——　B　实际用量×标准价格　——　C　标准用量×标准价格

成本差异（A-C）

图 6-2　价格差异与用量差异关系

6.4.2　直接材料成本差异的分析

直接材料成本差异是指实际产量下的直接材料实际成本与标准成本之间的差额。一般有两个原因导致差异的形成：一是价格脱离标准形成的差异；二是用量脱离标准形成的差异。前者按实际用量计算，称为价格差异（价差）；后者按标准价格计算，称为数量差异（量差）。价格差异与数量差异之和，等于直接材料成本的总差异。计算公式列示如下：

直接材料成本差异＝直接材料实际成本－直接材料标准成本

直接材料价格差异＝实际用量×（实际价格－标准价格）

直接材料用量差异＝（实际用量－标准用量）×标准价格

直接材料成本差异的计算结果，如是正数则为超支，属于不利差异，通常用 U 表示；如是负数则为节约，属于有利差异，通常用 F 表示。

【例 6-18】恒昌有限公司本月生产产品 500 件，相关材料资料如下：使用材料 2 750 千克，材料单价为 4 元/千克。单位产品直接材料标准成本为 19 元，即每件产品耗用

5 千克材料，每千克材料价格为 3.8 元。

直接材料价格差异
=2 750×（4-3.8）
=550（元）

直接材料数量差异
=（2 750-500×5）×3.8
=950（元）

直接材料成本差异＝实际成本－标准成本

＝2 750×4－500×5×3.8＝1 500（元）（不利差异）

或：直接材料成本差异＝直接材料价格差异＋直接材料数量差异

＝550＋950

＝1 500（元）

（1）材料价格差异是在材料采购过程中形成的，不由生产部门负责，应由采购部门说明原因。材料价格差异的原因有：市场供求的变化、价格的变动、采购数量的不同、运输方式的选择、供应者的变动等。

（2）材料用量差异是在材料耗用过程中形成的，反映生产部门的成本控制业绩。材料用量差异的原因：工人技术熟练程度和责任感、设备完好程度、材料的质量和规格、产品质量控制制度、材料保管工作等。

6.4.3 直接人工成本差异的分析

直接人工成本差异是指实际产量下的直接人工实际成本与标准成本之间的差额。它可区分为"价差"和"量差"两部分。价差是指直接人工实际工资率脱离标准工资率，其差额按实际工时计算确定的金额，又称为直接人工工资率差异。量差是指直接人工实际工时脱离标准工时，其差额按标准工资率计算确定的金额，又称直接人工效率差异（人工效率通常直接体现为时间的节约）。计算公式如下：

直接人工成本差异＝直接人工实际成本－直接人工标准成本

直接人工工资率差异＝实际工时×（实际工资率－标准工资率）

直接人工效率差异＝（实际工时－标准工时）×标准工资率

【例 6-19】恒昌有限公司本月生产产品 500 件，相关材料资料如下：实际使用工时 500 小时，支付工资 12 500 元；直接人工的标准成本为 24 元/件，即每件产品标准工时为 1.2 小时，标准工资率为 20 元/时。计算方法如下：

直接人工工资率差异
=500×（12 500÷500-20）
=2 500（元）

直接人工效率差异
=（500-500×1.2）×20
=-2 000（元）

直接人工成本差异＝实际直接人工成本－标准直接人工成本

＝12 500－500×24

＝500（元）

直接人工成本差异的责任区分：

（1）工资率差异的原因，包括直接生产工人升级或降级使用、奖励制度未产生实效、工资率调整、加班或临时雇用工人、出勤率工资级别变动、工种调配变动等。

（2）效率差异的原因，包括工作环境不良、人工经验不足、劳动情绪不佳、新招工人上岗人数多，以及劳动积极性（生产效率）、设备完好程度、动力供应情况、材料供应保证程度、材料质量、工艺改变等。

6.4.4　变动制造费用差异的分析

变动制造费用差异是指实际产量下的变动制造费用实际发生额与标准发生额之间的差额。可以分解为"价差"和"量差"两部分。价差是指变动制造费用的实际小时分配率脱离标准，按实际工时计算的金额，反映耗费水平的高低，故称为"耗费差异"。量差是指实际工时脱离标准工时，按标准的小时费用率计算确定的金额，反映工作效率变化引起的费用节约或超支，故称为"效率差异"。计算公式如下：

变动制造费用差异＝变动制造费用实际发生额－变动制造费用标准发生额

变动制造费用耗费差异＝实际工时×（实际费用分配率－标准费用分配率）

变动制造费用效率差异＝（实际工时－标准工时）×标准费用分配率

【例6-20】恒昌有限公司本月生产产品500件，相关材料资料如下：实际使用工时500小时，实际发生变动制造费用2 500元；变动制造费用标准成本为4元/件，即每件产品标准工时为0.8小时，标准变动制造费用分配率为5元/时。计算方法如下：

变动制造费用耗费差异	变动制造费用效率差异
＝500×（2 500÷500－5） ＝0（元）	＝（500－500×0.8）×5 ＝500（元）

变动制造费用成本差异＝2 500－500×4＝500（元）

变动制造费用耗费差异，是实际支出与按实际工时和标准费率计算的预算数之间的差额。

（1）耗费差异的原因包括间接材料、间接人工、动力费等的价格变化或使用浪费，小时服务收费变化。

（2）效率差异的原因，是由于实际工时脱离标准工时，多用工时导致的费用增加，因此其形成原因与人工效率相似。

例如，劳动积极性（生产率）、设备完好程度、动力供应情况、材料供应保证程度、材料质量、工艺改变等。

6.4.5　固定制造费用差异的分析

固定制造费用与变动制造费用不同，其支出水平并不随业务量的变化而变化，通常采用编制固定费用预算进行控制。

在完全成本法下，因其需要按预定分配率分配到产品，所以存在多分或少分固定制造费用的情况，如图 6-3 所示。

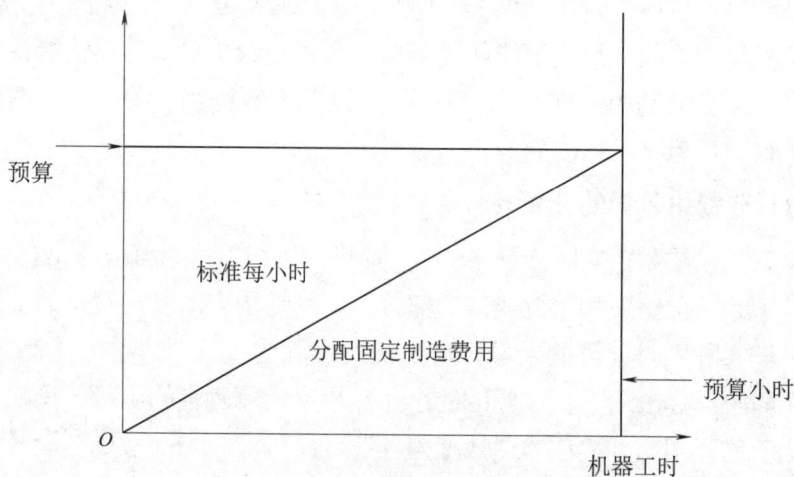

图 6-3　固定制造费用两差异分析

固定制造费用差异又可分解为两差异法及三差异法。

1. 两差异法

两差异法是将固定制造费用差异分为耗费差异和能量差异。耗费差异是指固定制造费用的实际金额与固定制造费用预算金额之间的差额。能量差异是固定制造费用产能预算与固定制造标准成本之间的差额。计算公式如下：

固定制造费用耗费差异＝实际固定制造费用－预算产量下标准固定制造费用

　　　　　　　　　　　＝实际固定制造费用－固定制造费用标准分配率×预算产量标准工时

固定制造费用能量差异＝预算产量下标准固定制造费用－实际产量下标准固定制造费用成本

　　　　　　　　　　　＝预算产量下标准工时×标准分配率－实际产量下标准工时×标准分配率

　　　　　　　　　　　＝（预算产量下标准工时－实际产量下标准工时）×标准分配率

【例 6-21】恒昌有限公司本月生产产品 500 件，发生固定制造成本 800 元，实际使用工时 500 小时；企业生产能量为 600 件即 1 200 小时，每件产品固定制造费用标准成本为 3 元/件，即每件产品标准工时为 2 小时，标准分配率为 1.5 元/时。计算方法如下：

固定制造费用耗费差异	变动制造费用能量差异
=800-1 200×1.5 =-1 000（元）	=1 200×1.5-500×2×1.5 =1 800-1 500 =300（元）

固定制造费用成本差异＝实际固定制造费用－标准固定制造费用
＝800－500×3＝－700（元）

验算：固定制造费用成本差异＝耗费差异＋能量差异＝－1000＋300＝－700（元）

固定制造费用两差异法示意，如图 6-4 所示。

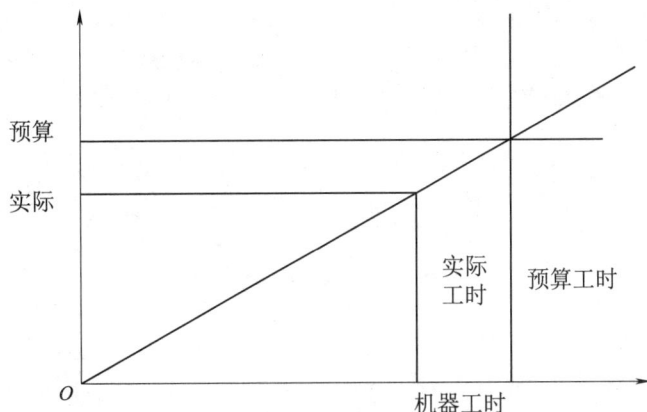

图 6-4　固定制造费用两差异法图示

固定制造费用三差异法示意，如图 6-5 所示。

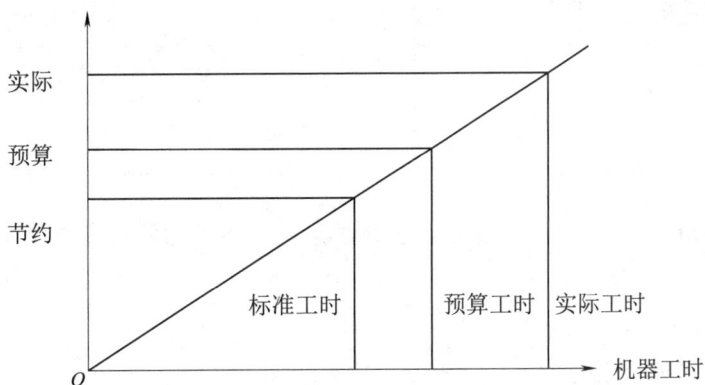

图 6-5　制造费用三差异法图示

2. 三差异法

三差异法是将固定制造费用成本差异分为耗费差异、效率差异和产量差异三部分。耗费差异的计算与两差异法相同。不同的是要将二因素分析法中的"能量差异"进一步分为两部分：一部分是实际工时未达到生产能量而形成的产量差异；另一部分是实际工时脱离标准工时而形成的效率差异。计算公式如下：

固定制造费用耗费差异＝实际固定制造费用－（预算产量×标准工时×固定制造费用标准分配率）

＝实际固定制造费用－预算产量下标准工时×固定制造费用标准分配率

固定制造费用效率差异＝（实际工时－实际产量标准工时）×固定制造费用标准分配率

固定制造费用产量差异＝（预算产量下标准工时－实际产量实际工时）×固定制造费用标准分配率

为了方便记忆，三差异因素法分解，如图 6-6 所示。

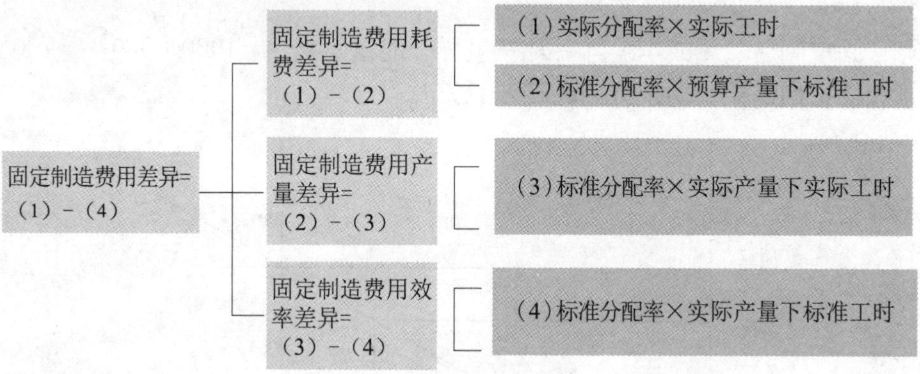

图 6-6　三差异因素法

【例 6-22】恒昌有限公司本月生产产品 500 件，发生固定制造成本 800 元，实际工时 500 小时；企业生产能量为 600 件即 1 200 小时，每件产品固定制造费用标准成本为 3 元/件，即每件产品标准工时为 2 小时，标准分配率为 1.5 元/时。计算方法如下：

固定制造费用耗费差异

=800-1 200×1.5
=-1 000（元）

变动制造费用能量差异

=1 200×1.5-500×2×1.5
=1 800-1 500
=300（元）

固定制造费用产量差异＝固定制造费用预算－实际工时×固定制造费用标准分配率

＝（1 200－500）×1.5

＝1 050（元）

固定制造费用效率差异＝（500－500×2）×1.5

＝－750（元）

三因素分析法的产量差异 1 050 元与效率差异－750 元之间和为 300 元，与二因素分析法的“能量差异”金额相同。

6.4.6　成本差异的账务处理

采用标准成本法时，针对各种成本差异，应另设置各个成本差异账户进行核算。对平时领用的原材料、发生的直接人工费用和各种变动、固定制造费用应先在“直接材料”“直接人工”和“制造费用”账户进行归集。月底计算、分析成本差异后，再将实际费用中的标准成本和成本差异转入各个相应账户。

根据【例 6-18】的资料，月底分析计算成本差异后，编制直接人工成本差异的会计分录如下：

借：主营业务成本　　　　　　　　　　（11 000－550－950）9 500

　　直接材料价格差异　　　　　　　　　　　　　　　　　550

直接材料数量差异	950
贷：原材料（2 750×4）	11 000

根据【例6-19】的资料，月底分析计算成本差异后，编制直接人工成本差异的会计分录如下：

借：主营业务成本	12 000
直接人工工资率差异	2 500
贷：应付职工薪酬	12 500
直接人工效率差异	2 000

根据【例6-20】的资料，月底分析计算成本差异后，编制变动制造费用计入产品成本的会计分录如下：

借：主营业务成本	3 000
贷：制造费用（变动）	2 500
变动制造费用效率差异	500

根据【例6-21】的资料，月底分析计算成本差异，编制固定制造费用计入产品成本的会计分录如下：

借：主营业务成本	1 500
固定制造费用产量差异	1 050
贷：制造费用（固定）	800
固定制造费用效率差异	750
固定制造费用耗费差异	1 000

随着产品的出售以及产品成本的结转，期末对所发生的成本差异也应进行结转和处理。

直接处理法是指将本期发生的各种成本差异全部转入"主营业务成本"账户，由本期的销售产品负担，并全部从利润表的销售收入项下扣减，不再分配给期末在产品和期末库存产成品。

这时，期末资产负债表的在产品和产成品项目只反映标准成本。

这种方法可以避免期末繁杂的成本差异分配工作，同时本期发生的成本差异全部反映在本期的利润上，使利润指标能如实地反映本期生产经营工作和成本控制的全部成效，符合权责发生制的要求。

但这种方法要求标准成本的制定要合理和切合实际并且需要不断进行修订，这样期末资产负债表的在产品和产成品项目反映的成本才能切合实际。

假设恒昌有限公司"在产品"和"产成品"账户均无期初余额，本期投产的甲产品500件已全部完工，并已全部出售。每件销售价格为120元，其他资料见例6-21至例6-23。

则上述几笔分录如下：

(1) 产品完工入库，结转成本26 000（9 500＋12 000＋3 000＋1 500）

借：库存商品	26 000
贷：主营业务成本	26 000

（2）销售商品。

借：应收账款 （500×120）60 000

　　贷：主营业务收入 53 097.35

　　　　应交税费——应交增值税（销项税额） 6 902.65

（3）结转已售商品成本。

借：主营业务成本 26 000

　　贷：库存商品 26 000

（4）根据【例 6-21】至【例 6-23】，结转成本差异。

借：主营业务成本 1 800

　　直接人工效率差异 2 000

　　固定制造费用效率差异 750

　　固定制造费用耗费差异 1 000

　　贷：直接材料价格差异 550

　　　　直接材料数量差异 950

　　　　直接人工工资率差异 2 500

　　　　变动制造费用效率差异 500

　　　　固定制造费用产量差异 1 050

6.5 作业成本法

　　在传统的成本计算中，间接费用的分配往往是根据生产工人工时比例法（或生产工时比例法）、生产工人工资比例法（或生产工资比例法）、机器工时比例法和按年度计划分配法等计算间接费用分配率，然后用这个分配率将间接费用分配给所有的产品。这种分配率分配法可以用于制造企业，也可用于非制造企业。这种分配方式使生产量大，技术不复杂或很精密的产品成本偏高；生产量小、技术上比较复杂或较精密的产品成本偏低，形成不同产品之间成本的严重失真，不能如实反映不同产品成本。作业成本法就是在这种形势下应运而生，它不是传统成本的替代方法，而是一种弥补方法。

　　作业成本法（Activity Based Costing，简称 ABC）是一种专门用于为管理人员提供战略决策和其他决策所需成本信息的成本计算方法。作业成本法主要是将间接成本和辅助费用更准确地分配到产品与服务的一种成本计算方法。在计算成本时，首先按经营活动中发生的各项作业来归依成本，计算出作业成本；然后再按各项作业成本与成本对象（产品、服务或顾客）之间的因果关系，将作业成本分配到成本对象。

6.5.1 作业和成本动因

　　在作业成本法下，直接成本可以直接计入有关产品，与传统的成本计算方法是一样的，所不同的是对间接成本和辅助费用的分配。

　　过去，产品成本中间接成本和辅助费用所占比重较小，通常只使用一个动因（业务量）或少数几个动因作为分配制造费用的基础，就可以比较准确地确定每种产品成本。

但现在不同了，市场的激烈竞争导致企业产品毛利下降，因此企业管理者亟须掌握每一种产品或服务的准确成本，才能确定哪些产品是的赚钱的，哪些产品是赔钱的。产品的价格要怎样调整，才能得到市场的认可。

作业成本法的核心概念是作业和成本动因。

1. 作业

作业是指企业中特定组织（成本中心、部门或产品线）重复执行的任务或活动。如豆腐厂采购黄豆，签订采购合同，将黄豆运至仓库、验收入库等。一项作业可能是非常具体的活动，如生产豆腐，对黄豆挑选、淘洗、浸泡、打磨等所有作业。由若干个相互关联的具体作业组成的作业集合，被称为作业中心。执行任何一项作业都需要耗费一定的资源。资源是指作业耗费的人工、动力和实物资产。任何一项产品的形成都要消耗一定的作业。

2. 成本动因

成本动因是指作业成本或产品成本的驱动因素。例如，产量增加时，直接材料成本就增加。这很好理解，比如制作豆腐，每天生产 100 公斤和每天生产 200 公斤所消耗的黄豆肯定是不一样的。200 公斤的黄豆是成本动因。在作业成本法中，成本动因分为资源成本动因和作业成本动因两类。

资源成本动因是引起成本增加的驱动因素，用来衡量一项作业的资源消耗量。

作业成本动因是产品成本增加的驱动因素。例如，豆腐成形后要进行质量检验，每天生产的批次进行检验，检验所发生的成本相同，则检验的次数就是检验作业的成本动因，是引起产品检验成本增加的驱动因素。

资源成本动因和作业成本动因关系如下所示：

6.5.2　作业成本的计算原理

1. 作业的认定

作业认定有两种形式：一种是根据企业总的生产流程，自上而下进行分解，如深入基层，了解生产作业形式；另一种形式是通过员工和经理交谈，自下而上地确定他们所做的工作，并逐一认定各项作业。例如，根据生产流程和豆腐厂布局可知，从仓库到生产车间有 500 米，用拖车搬运作业。表 6-20 为某豆腐厂作业清单。

表 6-20　某豆腐厂作业清单

作 业 名 称	作 业 说 明
采购原料	选择供应商、签订合同、明确供应方式等
原料检验	对每批购入的材料进行质量、数量检验
清洗工序	对原料进行筛选、清洗

续上表

作业名称	作业说明
浸泡工序	对原料浸泡，使原料发胀，以便于磨浆
磨浆工序	用石磨或电磨磨浆
煮浆工序	用大锅煮浆
过滤工序	用筛网过滤豆浆，提炼豆渣
点浆工序	用卤水等点浆
蹲脑工序	豆浆经点脑成豆腐脑后应保温一段时间
压榨工序	豆腐压成后立即下榨
成品工序	豆腐成形后切块

2. 作业成本库的设计

作业认定后，接下来就是设计作业成本库，作业成本库包括如下四类：

（1）单位级作业成本库。

单位级作业是指每单位产品至少要执行一次的作业。例如，机器加工、组装。这些作业对每个产品都必须执行。这类作业的成本包括直接材料、直接人工工时、机器成本和直接能源消耗。

单位级作业成本是直接成本，可以追溯到每个单位产品上，即直接计入成本对象的成本计算单。

（2）批次级作业成本库。

批次级作业是指同时服务于每批产品或许多产品的作业。批次级作业成本需要单独进行归集，计算每一批的成本，然后分配给不同批次（如订单），最后根据产品的数量在单个产品之间进行分配。

（3）品种级（产品级）作业成本库。

品种级作业是指服务于某种型号或样式产品的作业。品种级作业成本仅仅因为某个特定的产品存在而发生，随产品品种数而变化，不随产量、批次而变化。

（4）生产维持级作业成本库。

生产维持级作业，是指服务于整个工厂的作业，例如，工厂保安、维修、行政管理、保险、财产税等。它们是为了维护生产能力而进行的作业，不依赖于产品的数量、批次和种类。

3. 资源成本分配到作业

资源成本借助于资源成本动因分配到各项作业。常见的资源成本动因见表 6-21。

表 6-21 作业资源成本动因

作业	资源成本动因
机器运行作业	机器小时
安装作业	安装小时
清洁作业	平方米

续上表

作　　业	资源成本动因
材料移动作业	搬运次数、搬运距离、吨公里
人事管理作业	雇员人数、工作时间
能源消耗	电表、流量表、装机功率和运行时间
制作订单作业	订单数量
顾客服务作业	服务电话次数、服务产品品种数、服务时间

6.5.3　作业成本分配到成本对象

在确定了作业成本后，根据作业成本动因计算单位作业成本，再根据作业量计算成本对象应负担的作业成本。

单位作业成本＝本期作业成本库归集总成本÷作业量

作业量的计量单位即作业成本动因有三类：即业务动因、持续动因和强度动因。

1. 业务动因

业务动因通常以执行的次数作为作业动因，并假定执行每次作业的成本（包括耗用的时间和单位时间耗用的资源）相等，如检验豆腐质量作业的次数就属于业务动因的范畴。

分配率＝归集期内作业成本总成本÷归集期内总作业次数

某产品应分配的作业成本＝分配率×该产品耗用的作业次数

2. 持续动因

持续动因是指执行一项作业所需的时间标准。以持续动因为分配基础，分配不同产品应负担的作业成本，计算公式如下：

分配率＝归集期内作业总成本÷归集期内总作业时间

某产品应分配的作业成本＝分配率×该产品耗用的作业时间

3. 强度动因

强度动因是在某些特殊情况下，将作业执行中实际耗用的全部资源单独归集，并将该项单独归集作业成本直接计入某一特定的产品。强度动因一般适用于某一特殊订单或某种新产品试制等，用产品订单或工作单记录每次执行作业时耗用的所有资源及其成本，订单或工作单记录的全部作业成本也就是应计入该订单产品的成本，具体要求见表 6-22。

在上述三类作业动因中，业务动因的精确度最差，但其执行成本最低；强度动因的精确度最高，但其执行成本最昂贵；而持续动因的精确度和成本则居中。作业成本驱动产品成本，是作业成本法最主要的创新，同时也是作业成本法最耗费时间和精力的。

表 6-22　细分作业动因

作　　业	作　业　动　因
生产产品	产量
安装调试	安装调试小时
生产计划	生产订单

续上表

作　　业	作　业　动　因
监督检查	检查件数
采购	采购订单
车间订单处理	车间订单
产品组装	客户要求

【例6-23】某企业生产甲、乙两种产品，表6-23是这两种产品生产资料。

表6-23　甲、乙产品基本生产资料　　　　　　　　　　　　　　　　单位：元

产品	产量（件）	单位机器工时	单位人工成本	单位材料成本
甲产品	200	4	40	30
乙产品	2 000	2	35	20
制造费用合计			30 000	

制造费用按照作业成本法分解，见表6-24。

表6-24　分解制造费用

作业	作业动因	作业成本（元）	成本动因		
			甲产品	乙产品	合计
材料订购	订单份数	3 000	5 份	10 份	15 份
材料检验	检验次数	5 000	2	3	5
机器运行	机器小时	20 000	200 小时	600 小时	800 小时
产品组装	组装次数	2 000	10 次	30 次	40 次
合计	—	30 000			

甲产品与乙产品按照作业成本法分配制造费用，见表6-25。

表6-25　采用作业成本法分配制造费用

作业	作业动因分配率	制造费用分配（元）		
		甲产品	乙产品	合计
材料订购	200 元/次	1 000	2 000	3 000
材料检验	1 000 元/份	2 000	3 000	5 000
机器运行	25 元/小时	5 000	15 000	20 000
产品组装	50 元/次	500	1 500	2 000
合计	—	8 500	21 500	30 000

根据表6-25，甲、乙产品制造费用各项指标计算如下：

单位产品材料订购制造费用分配率＝3 000÷15＝200（元/份）

甲产品材料订购分配制造费用＝5×200＝1 000（元）

乙产品材料订购分配制造费用＝10×200＝2 000（元）

单位产品材料检验制造费用分配率＝5 000÷5＝1 000（元/次）

甲产品材料检验分配制造费用＝2×1 000＝2 000（元）

乙产品材料检验分配制造费用＝3×1 000＝3 000（元）

单位产品机器运行制造费用分配率＝20 000÷800＝25（元/时）

甲产品机器运行分配制造费用＝200×25＝5 000（元）

乙产品机器运行分配制造费用＝600×25＝15 000（元）

单位产品组装制造费用分配率＝2 000÷40＝50（元/时）

甲产品组装分配制造费用＝10×50＝500（元）

乙产品组装分配制造费用＝30×50＝1 500（元）

甲产品制造费用合计＝1 000＋2 000＋5 000＋500＝8 500（元）

乙产品制造费用合计＝2 000＋3 000＋15 000＋1 500＝21 500（元）

甲产品与乙产品作业成本法的制造费用分配与传统以机器小时为数量基础的制造费用分配的比较见表6-26。

表6-26　甲、乙产品采用传统法与作业成本法分配制造费用对比

传统法			作业法			
产品	甲产品	乙产品	作业	作业动因分配率	甲产品（200件）	乙产品（2 000件）
产量	200	2 000	材料订购	200元/次	1 000	2 000
单位机器工时	4	2	材料检验	1 000元/份	2 000	3 000
总工时	800	4 000	机器运行	25元/时	5 000	15 000
制造费用分配率	6.25		产品组装	50元/次	500	1 500
分配制造费用	5 000	25 000	分配制造费用	—	8 500	21 500
直接人工	8 000	70 000	直接人工		8 000	70 000
直接材料	6 000	40 000	直接材料		6 000	40 000
总成本	19 000	135 000	总成本	—	22 500	131 500
单位成本	95	67.50	单位成本	—	112.50	65.75

作业成本法对精确确定产品成本至关重要，它能对产品定价起到指导作用。在传统法下，企业生产多种产品，直接材料、直接人工可以直接分配到产品成本中，但是电力、蒸汽、运输、燃料等制造费用统一用一个分配率分配所有产品，成本计量比较粗糙。这样会造成某种产品成本偏高，而另一种产品成本则偏低，表6-26传统法下甲产品单位成本为95元，作业法下甲产品单位成本为112.50元。成本差为17.5元。甲产品成本会影响企业管理者定价。假若定价采用加成成本法计算，加成率15%，即甲产品定价109.25（95×1.15）元，看似合理，实则不正确。作业成本法下甲产品成本112.50元，定价109.25元，肯定是越卖越赔。乙产品定价77.63（67.5×1.15）元，作业成本法乙产品定价75.62元，两者相差2.01元。对于薄利多销的企业来说，2元的利差很关键，低2元可以在价格上取胜，争取更多的订单。

6.6 责任成本管理

责任成本管理就是将直接发生成本和费用的各生产单位和业务部门，划分成若干个责任中心，然后根据各中心的责任范围，依据统一的办法编制各中心的责任预算，并采取合同的形式逐级进行承包的管理方法。公司实行分权制管理，建立和健全有效的业绩评价和考核制度。根据内部单位职责范围和权限大小，可分为成本中心、收入中心、利润中心和投资中心，由于收入中心比较简单，本节主要介绍成本中心、利润中心和投资中心。

6.6.1 责任成本管理机构组织模式

责任成本管理机构组织模式包括企业的集权与分权、科层组织结构、事业部组织结构和网络组织机构等。

1. 集权与分权

集权与分权是企业经营管理权限的分配方式。集权是企业把经营管理权限较多集中在企业上层。分权是企业把经营管理权适当地分散在企业中下层的一种组织形式。

集权	对市场作出迅速反应，避免重复和资源浪费。缺点是容易产生对企业高管的崇拜，企业高管更替困难，影响企业长发展
分权	充分发挥下属的积极性和主动性，减少交流成本，迅速作出反应。缺点是，可能产生与企业整体目标不一致的委托代理问题

2. 科层组织结构

科层组织结构中，存在两类管理结构：一类是直线指挥结构，另一种是参谋职能机构。

直线指挥结构	如总部、分部、车间、工段和班组等
参谋职能机构	如研究开发部、财务部、营销部及售后服务部等

3. 事业部制组织结构

事业部制是一种分权的组织机构。事业部制的管理原则可以概括为三个：集中决策、分散经营、协调控制。

事业部制组织结构如下。

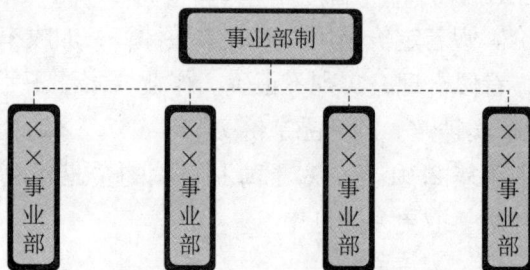

```
                    事业部制
      ┌─────────┬─────────┼─────────┬─────────┐
   ××事业部   ××事业部   ××事业部   ××事业部
```

4. 网络组织结构

20 世纪 90 年代以来，减少企业管理层次、强化分权管理为主要内容的组织形式正在被越来越多的企业使用。

与事业部制相比，这种新的组织模式的组织结构单元和单元之间的关系类似于一个网络，所以这种新型企业组织形式称为扁平化网络组织（N 组织）。从总体上看，它是一个由众多独立的创新经营单位组成的彼此有紧密联系的网络。

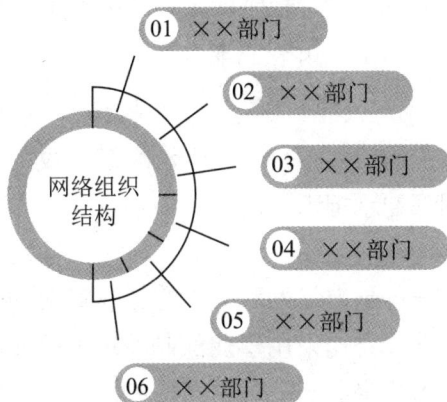

6.6.2　成本中心

成本中心是指只对其成本或费用承担经济责任并负责控制和报告成本或费用的责任中心。成本中心往往是没有收入的。例如，一个生产车间，它的产成品或半成品并不由自己出售，没有销售职能，没有货币收入。有的成本中心可能有少量收入，但不成为主要考核内容。

一个成本中心可以由若干个更小的成本中心所组成。比如一个项目中心，下面有若干个项目小组，这些项目小组就是更小的成本中心。

1. 成本中心的类型

成本中心有两种类型：标准成本中心和费用中心。

（1）标准成本中心。

标准成本中心必须是所生产的产品稳定而明确，并且已经知道单位产品所需要的投入量的责任中心。通常，标准成本中心的典型代表是制造业工厂、车间、工段、班组等。在生产制造活动中，每个产品都可以有明确的原材料、人工和制造费用的数量标准和价格标准。任何一种重复性的活动都可以建立标准成本中心，只要这种活动能够计量产出的实际数量，并且能够说明投入与产出之间可望达到的函数关系。

（2）费用中心。

对于那些产出不能用财务指标来衡量，或者投入和产出之间没有密切关系的部门或单位，适于划分费用中心。这些部门一般包括行政管理部门、后勤部门、研发部门、人力资源部门等。对于费用中心，唯一可以准确计量的是实际费用。

2. 成本中心的考核指标

成本中心考核的特点：

①不考核收入，只考核成本（首要特点）；②只对可控成本负责，不负责不可控成本；③责任成本是成本中心考核和控制的主要内容。

计算公式如下：

预算成本节约额＝实际产量预算责任成本－实际责任成本

预算成本节约率＝预算成本节约额÷实际产量预算责任成本×100％

【提示】可控成本和不可控成本的划分是相对的。可控成本和不可控成本的区分与成本中心所处的管理层次的高低、管理权限的大小及控制的范围的大小有关。对于一个独立企业而言，几乎所有的成本都是可控成本。

6.6.3　利润中心

利润中心是指对利润负责的责任中心。由于利润等于收入减去成本或费用，所以利润中心是对收入成本或费用都要承担责任的责任中心。

1. 利润中心的类型

利润中心有两种类型：一种是自然的利润中心，它直接向公司外部出售产品，在市场上进行购销业务。例如，某些公司采用事业部制，每个事业部均有销售、生产、采购的职能，有很大的独立性，这些事业部就是自然的利润中心。例如，格力电器业务覆盖空调、生活电器、高端设备、通信设备四大领域。现在为解决国内外口罩产品的紧缺，格力电器现在又生产口罩，这些部门的产品可以分别出售。这就是十分典型的自然利润中心。

另一种是人为的利润中心，它主要是在公司内按照内部转移价格出售产品。比如制衣工厂，它分为裁剪、缝制、熨烫、打型等车间，这些车间生产的产品主要在这几个车间内部转移，它们只有少量对外销售，或者全部对外销售，由专门的销售机构完成，这些生产部门可视为利润中心，并称为人为的利润中心。

2. 对利润中心的考核

考核指标包括：边际贡献、可控边际贡献、部门边际贡献等。

（1）可控边际贡献也称为部门经理边际贡献，它衡量了部门经理有效运用其控制下的资源的能力，是评价利润中心管理者业绩的理想指标。

（2）边际贡献反映了利润中心的盈利能力，但对业绩评价没有太大的作用。

（3）部门边际贡献，又称部门毛利，反映了部门为企业利润和弥补与生产能力有关的成本所作的贡献，更多地用于评价部门业绩而不是利润中心管理者的业绩。

计算公式如下：

边际贡献＝销售收入总额－变动成本总额

可控边际贡献＝边际贡献－该中心负责人可控固定成本

部门边际贡献＝可控边际贡献－该中心负责人不可控固定成本

【例6-24】某企业内部乙车间是人为利润中心，本期实现内部销售收入200万元，变动成本为120万元，该中心负责人可控固定成本为20万元，不可控但应由该中心负担的固定成本10万元，则该中心对整个公司所做的经济贡献是多少？

部门边际贡献＝可控边际贡献－该中心负责人不可控固定成本

　　　　　　＝200－120－20－10＝50 （万元）

3. 内部转移价格

内部转移价格是指企业内部有关责任单位之间提供产品或劳务的结算价格。内部转移价格的类型有以下几种。

（1）市场价格，以市场的现行价格作为计价基础，客观真实，能同时满足分部和公司的整体利益。有完全竞争的外部市场时，市场价格仅仅是确定内部转移价格的基础，并不是说此时内部转移价格等于市场价格，因为确定内部转移价格时不会发生对外的销售费用，而市场价格中包括对外的销售费用。因此，准确地说，此时，内部转移价格＝市场价格－对外的销售费用。

（2）协商价格，以正常的市场价格为基础，双方进行协商确定能接受的价格作为计价标准。上限是市场价格，下限是单位变动成本。协商价格是企业内部各责任中心以正常的市场价格为基础，并建立定期协商机制，共同确定双方都能接受的价格作为计价标准。注意采用协商价格时内部买卖双方（或者说供应方和使用方）都采用这个价格计价。

在竞争性市场中，产品价格完全由市场供求关系决定，买卖双方没有协商的余地。因此，只有在"产品存在非完全竞争性市场买卖的可能性"时，买卖双方才有权自行决定是否买卖这种中间产品，才可能按照协商价格作为内部转移价格。

（3）双重价格，双方采用不同的内部转移价格作为计价基础，能较好地满足企业内部交易双方在不同方面的管理需要。例如，某企业甲责任中心将 A 产品转让给乙责任中心时，厂内银行按 A 产品的单位市场售价向甲支付价款，同时按 A 产品的单位变动成本从乙收取价款。据此可以认为，该项内部交易采用的内部转移价格是双重价格。双重价格是内部责任中心的交易双方采用不同的内部转移价格作为计价基础。简单地说，会产生两个价格。如生产车间 A 向生产车间 B 提供半成品，结算的时候，生产车间 A 的卖出价格为 50 元，而生产车间 B 的买入价格为 45 元，这就是双重价格。

（4）以成本为基础的转移定价，包括完全成本、完全成本加成、变动成本以及变动成本加固定制造费用四种形式。

6.6.4　投资中心

投资中心是指既能控制成本、收入和利润，又能对投入的资金进行控制的责任中心。投资中心考核的是投资报酬率。

计算公式：**投资报酬率＝营业利润÷平均营业资产**

优点：

（1）根据现有的会计资料计算，比较客观，可用于部门之间以及不同行业之间的比较；

（2）弥补了投资报酬率指标会使局部利益与整体利益相冲突的不足；

（3）可促使经理人员关注营业资产运用效率，并有利于资产存量的调整，优化资源配置。

缺点：

(1) 引起短期行为的产生；

(2) 追求局部利益最大化而损害整体利益最大化目标。

(3) 不便于不同规模的投资中心之间进行业绩比较，单纯使用这一指标会导致投资中心管理者的短视行为。

计算公式如下：

剩余收益＝营业利润－平均营业资产×最低投资报酬率

【例 6-25】 恒昌公司下设 A、B 两个投资中心，A 投资中心的营业利润为 280 万元，投资额为 2 000 万元，该公司为 A 投资中心规定的最低投资报酬率为 13.5%；B 投资中心的营业利润为 130 万元，投资额为 1 000 万元，公司为 B 投资中心规定的最低投资报酬率为 12%。目前甲项目需要投资 1 000 万元，投资后可获营业利润 131 万元。

(1) 甲项目的投资报酬率

＝131÷1 000×100%＝13.1%

A 投资中心的投资报酬率

＝280÷2 000×100%＝14%

B 投资中心的投资报酬率

＝130÷1 000×100%＝13%

因为甲项目投资报酬率（13.1%）低于 A 投资中心目前的投资报酬率（14%），高于 B 投资中心的投资报酬率（13%），所以 A 投资中心不愿意接受该投资，B 投资中心愿意接受该投资。

(2) A 投资中心接受新投资前的剩余收益

＝280－2 000×13.5%＝10（万元）

A 投资中心接受新投资后的剩余收益

＝（280＋131）－3 000×13.5%＝6（万元）

由于剩余收益下降了，所以，A 投资中心不愿意接受该投资。

或者根据 13.1% 小于 13.5% 可知，接受投资后，A 投资中心的剩余收益会下降，故 A 投资中心不愿意接受该投资。

B 投资中心接受新投资前的剩余收益＝130－1000×12%＝10（万元）

B 投资中心接受新投资后的剩余收益＝（130＋131）－2000×12%＝21（万元）

由于剩余收益提高了，所以，B 投资中心愿意接受该投资。

或者根据 13.1% 高于 12% 可知，接受投资后，B 投资中心的剩余收益会提高，所以，B 投资中心愿意接受该投资。

第7章 成本分析

企业管理人员在决定生产和销售数量时，需要测算对利润的影响，但不能简单直接地按产品单位成本乘以产销数量来估计总成本，数量变化之后，单位成本也会变化。因此，管理人员需要一个数学模型，这个模型应当除了业务量和利润之外都是常数，使业务量和利润之间建立起直接的函数关系。

7.1 本量利分析基本模型

成本、销量和利润的关系可以统一于一个数学模型，这就是本量利分析模型。

7.1.1 本量利关系图

将成本、销量、利润的关系反映在直角坐标系中，即成为本量利关系图，又称为盈亏临界图或损益平衡图，本量利关系图有多种形式。

1. 传统本量利关系图

传统式本量利关系图所反映的总成本是以固定成本为基础，能在图中清晰地反映固定成本总额不变性的特点；同时能揭示安全边际、保本点、利润三角区与亏损三角区的关系，如图 7-1 所示。

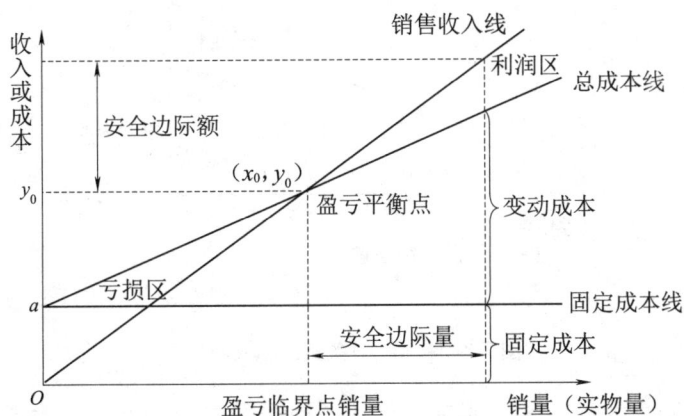

图 7-1 标准式本量利图

绘制步骤：①选定直角坐标系，以横轴表示销售数量，纵轴表示成本和销售收入的金额；②在纵轴上找出固定成本数值，以此点（0，固定成本值）为起点，绘制一条与横轴平等的固定成本线 F；③以点（0，固定成本值）为起点，以单位变动成本为斜率，绘制总成本线；④以坐标原点（0，0）为起点，以单价为斜率，绘制销售收入线。

按坐标图横轴所代表的业务量不同，又可分将其分为标准式本量利关系图和金额式本量利关系图（略）。

2. 边际贡献式本量利关系图

边际贡献式本量利关系图是一种将固定成本置于变动成本线之上，能直观地反映贡献边际、固定成本及利润之间关系的图形，更符合变动成本法的思路。贡献式本量利关系如图 7-2 所示。

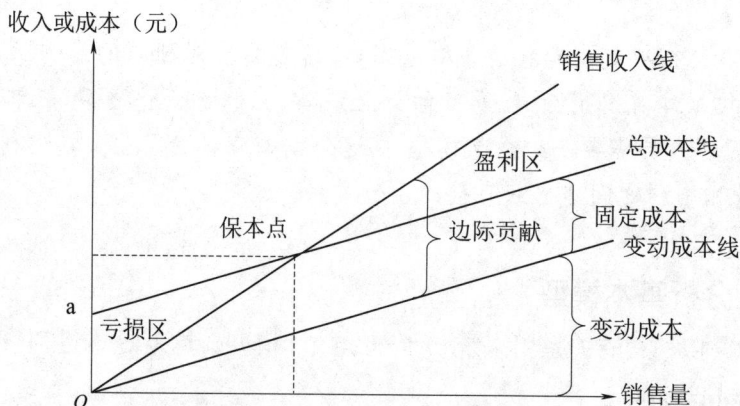

图 7-2 边际贡献式本量利关系图

3. 利润—业务量式本量利关系

利润—业务量式本量利关系图是一种以横轴代表业务量，纵轴代表利润或贡献边际，能直观地反映业务量与贡献边际、固定成本及利润之间关系的图形，如图 7-3 所示。

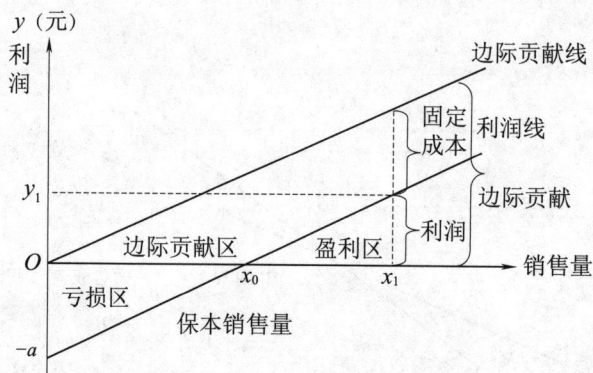

图 7-3 利润—业务量式本量利关系

利润—业务量式本量利关系图直接表达了销售量与利润之间的关系：当销售量为零时，企业的亏损就等于固定成本；随着销售量的增长，亏损逐渐减低直至盈利。图 8-4 能直观地反映销售量与贡献毛益、固定成本及利润之间关系的图形。

7.1.2　基本损益方程式

运用损益法计算利润，即首先确定一定期间的收入，然后计算与收入相配比的成本，两者之差为期间利润。基本损益计算公式如下：

利润＝销售收入－总成本

由于：总成本＝变动成本＋固定成本＝单位变动成本×产量＋固定成本

销售收入＝单价×销量

假设产量和销量相等，则有：

利润＝单价×销量－单位变动成本×销量－固定成本

【例 7-1】某企业每月固定成本为 4 000 元，生产一种产品，单价为 25 元，单位变动成本为 14 元，本月计划销售 800 件，那么预期利润是多少？

利润＝单价×销量－单位变动成本×销量－固定成本

＝25×800－14×800－4 000

＝20 000－11 200－4 000

＝4 800（元）

1. 包含期间成本的损益方程式

期间成本在产品成本构成中也占有一定比例，可以这样分解：

税前利润＝销售收入－（变动生产成本＋固定生产成本）－（变动销售费用和管理费用＋固定销售费用和管理费用）

＝单价×销量－（单位变动生产成本＋单位变动销售费用和管理费用）×销量－（固定销售费用和管理费用）

如果只计算期间成本并不完全反映产品成本，因为产品中不但包括税金，还有财务费用、资产减值损失、投资收益和营业外收支等因素。

2. 计算税后利润的损益方程式

企业所得税费用是基于企业利润总额和适用的企业所得税税率计算的，并从利润总额中减除，既不是变动成本，也不是固定成本。计算税后利润的损益方程式如下：

税后利润＝利润总额－所得税费用＝利润总额－利润总额×所得税税率

＝利润总额×（1－所得税税率）

将损益方程式代入上式的"利润总额"，得出：

税后利润＝（单价×销量－单位变动成本×销量－固定成本）×（1－所得税税率）

此方程式经常被用来计算实现目标利润所需的销量，为此，常用下式表达，如图 7-4 所示。

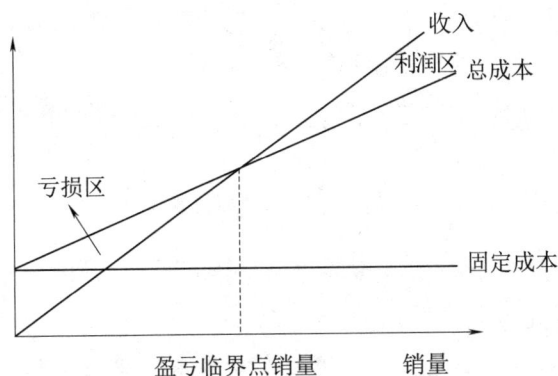

图 7-4　税后利润的损益方程式

7.1.3　边际贡献方程式

由于有了边际贡献这个概念，基本损益方程式可以改写成新的形式。

因为：利润＝销售收入－变动成本－固定成本＝边际贡献－固定成本

所以：利润＝销量×单位边际贡献－固定成本

边际贡献方程式可以明确表达本量利之间的数量关系。

1. 边际贡献

边际贡献是指产品的销售收入与相应变动成本之间的差额。也叫贡献毛益、边际利润等。基本表达式为：

$$边际贡献＝销售收入－变动成本$$

计算单位产品边际贡献的表达式如下：

$$单位边际贡献＝单价－单位变动成本$$

边际贡献是产品扣除自身变动成本后为企业所作的贡献。它首先用于补偿企业的固定成本，如果还有剩余才形成利润；若不足以补偿固定成本则产生亏损。

由于变动成本既包括生产制造过程的变动成本，即产品的生产变动成本（简称产品变动成本），还包括销售、管理费用中的变动成本，即期间变动成本，所以，边际贡献也可以具体分为制造边际贡献（生产边际贡献）和产品边际贡献（总营业边际贡献）。

$$制造边际贡献＝销售收入－产品变动成本$$

$$产品边际贡献＝制造边际贡献－变动销售费用和管理费用$$

2. 边际贡献率

边际贡献率，是指边际贡献在销售收入中所占的百分率。可以理解为每 1 元收入中边际贡献所占的比重，它反映产品给企业做出的贡献的能力。表达式为：

$$边际贡献率＝\frac{边际贡献}{销售收入}\times 100\%$$

$$＝\frac{单位边际贡献\times 销量}{单价\times 销量}\times 100\%$$

$$＝\frac{单位边际贡献}{单价}\times 100\%$$

通常，边际贡献率是指产品边际贡献率。与边际贡献率相对应的概念是"变动成本率"，即变动成本在销售收入中所占的百分率。

$$变动成本率＝\frac{变动成本}{销售收入}\times 100\%＝\frac{单位变动成本\times 销量}{单价\times 销量}\times 100\%$$

$$＝\frac{单位变动成本}{单价}\times 100\%$$

由于销售收入被分为变动成本和边际贡献两部分，前者是产品自身的耗费，后者是给予企业的贡献，两者百分率之和就等于1。

$$变动成本率＋边际贡献率＝\frac{单位变动成本}{单价}＋\frac{单位边际贡献}{单价}$$

$$=\frac{单位变动成本+（单价－单位变动成本）}{单价}$$

$$=1$$

【例7-2】尤利斯有限公司只生产一种产品A产品，单价300元/台，单位变动成本180元/台，本期实现销售2 000台，发生固定成本120 000元。要求：①计算本期A产品的单位边际贡献、边际贡献总额和边际贡献率；②利用边际贡献指标计算企业的本期实现利润；③计算本期A产品的变动成本率；④验证变动成本率与边际贡献率关系。

（1）计算边际贡献指标如下：

单位边际贡献＝单价－单位变动成本＝300－180＝120（元/台）

边际贡献总额＝120×2 000＝240 000（元）

边际贡献率$=\frac{120}{300}\times100\%=40\%$

（2）本期营业利润＝边际贡献总额－固定成本总额

＝240 000－120 000＝120 000（元）

（3）变动成本率＝180÷300×100%＝60%

（4）40%＋60%＝1，

上述计算说明"边际贡献率＋变动成本率＝1"关系成立。

单位边际贡献、边际贡献总额、边际贡献率都是越大越好的正指标。它们可以从不同的侧面反映特定产品对企业所做的贡献大小，必须熟练掌握它们之间的换算关系。

边际贡献指标的意义：在固定成本不变的情况下，边际贡献的增减意味着利润的增减，只有当边际贡献大于固定成本时才能为企业提供利润，否则，企业将会出现亏损。

边际贡献率方程式可以用于多品种企业。由于多种产品的销售收入可以直接相加，所以问题的关键是计算多种产品的加权平均边际贡献率。

【例7-3】某公司销售A、B、C三种产品，其固定成本为20 000元，其他资料见表7-1。

表7-1　相关资料

产品名称	单价	单位变动成本	销售结构（比重）
A	80	40	30%
B	120	90	30%
C	50	20	40%

A产品边际贡献率$=\frac{80-40}{80}\times100\%=50\%$

B产品边际贡献率$=\frac{120-90}{120}\times100\%=25\%$

C产品边际贡献率$=\frac{50-20}{50}\times100\%=60\%$

加权平均边际贡献率＝50％×30％＋25％×30％＋60％×40％

$$=15\%+7.50\%+24\%=46.50\%$$

7.2 保本分析

保本是指企业在一定时期内收支相等，即边际贡献等于固定成本，利润为0。

保本点，也称盈亏临界点，是指企业收入和成本相等的经营状态，即边际贡献等于固定成本时企业所处的既不盈利又不亏损的状态，通常用一定的业务量（保本量或保本额）表示。

在保本点，总收入等于总成本，边际贡献正好抵偿全部固定成本，利润为0，企业处于不盈利，也不亏损的状态。

保本分析就是研究当企业恰好处于保本状态时，本量利关系的一种定量分析方法。它主要是确定保本点，以及有关因素变动的影响，为决策提供超过哪个业务量，企业会有盈利；或者低于哪个业务量，企业会亏损等信息。

7.2.1 单一品种的保本分析

单一品种的保本分析可从保本量与保本金额入手。

1. 保本量分析

对生产销售单一产品的企业来说，保本点的计算并不困难。

由于：利润＝单价×销量－单位变动成本×销量－固定成本

令利润＝0，此时销售量为保本量。

0＝单价×销量－单位变动成本×销量－固定成本

$$保本量=\frac{固定成本}{单价-单位变动成本}$$

又因：单位边际贡献＝单价－单位变动成本

$$所以：保本量=\frac{固定成本}{单位边际贡献}$$

【例7-4】某企业仅生产一种产品，销售单价为600元，单位变动成本为300元，固定成本为150 000元，计算盈亏保本量。

$$保本量=\frac{固定成本}{单价-单位变动成本}$$

$$保本量=\frac{150\ 000}{600-300}=500（件）$$

2. 保本额分析

由于利润计算的公式为：

利润＝销售额×边际贡献率－固定成本

令利润＝0，此时的销售额即为保本额。

0＝保本额×边际贡献率－固定成本

$$保本额=\frac{固定成本}{边际贡献率}$$

根据【例 8-4】，保本额 $= \dfrac{150\,000}{(600-300)\div 600} = \dfrac{150\,000}{0.5}$

$$= 300\,000 \text{（元）}$$

或：保本额＝保本量×单价＝500×600＝300 000（元）

保本点分析示意图如图 7-5 所示。

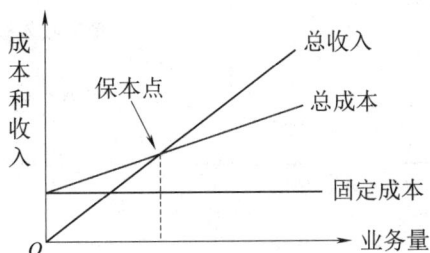

图 7-5 保本点分析示意图

7.2.2 与保本点有关的指标

与保本点有关的指标包括盈亏临界点作业率、安全边际、安全边际率等。

1. 盈亏临界点作业率

盈亏临界点作业率，是指盈亏临界点销售量占企业实际或预计销售量的比重。由于管理会计的主要任务是控制现在或规划未来，因此，实际或预计销售量（额）就是指现在或未来的正常销售量（额）。

盈亏临界点作业率的计算公式如下：

$$\text{盈亏临界点作业率} = \frac{\text{盈亏临界点销售量（额）}}{\text{实际或预计销售量（额）}} \times 100\%$$

【例 7-5】某企业预计销售额为 600 000 元，盈亏临界点销售额为 480 000 元，则：

$$\text{盈亏临界点作业率} = \frac{480\,000}{600\,000} \times 100\% = 80\%$$

这个比率表明企业保本的业务量在实际或预计业务量中所占的比重。

2. 安全边际和安全边际率

安全边际，是指实际或预计的销售额超过盈亏临界点销售额的差额，表明销售额下降多少企业仍不至亏损。

安全边际的计算公式如下：

安全边际＝实际或预计销售额－盈亏临界点销售额

根据【例 7-5】中有关数据计算：

$$\text{安全边际} = 600\,000 - 480\,000 = 120\,000 \text{（元）}$$

企业有时为了考察当年的生产经营安全情况，还可以用本年实际订货额代替实际或预计销售额计算安全边际。企业生产经营的安全性，还可以用安全边际率表示，即安全边际与实际或预计销售额（或当年实际订货额）的比值。安全边际率的计算公式如下：

$$\text{安全边际率} = \frac{\text{安全边际}}{\text{实际或预计销售额（或实际订货额）}} \times 100\%$$

根据【例 7-5】的有关资料计算：

$$安全边际率 = \frac{120\ 000}{600\ 000} \times 100\% = 20\%$$

安全边际和安全边际率的数值越大，企业发生亏损的可能性越小，企业就越安全。盈亏临界点作业率和安全边际可用图 7-6 表示。

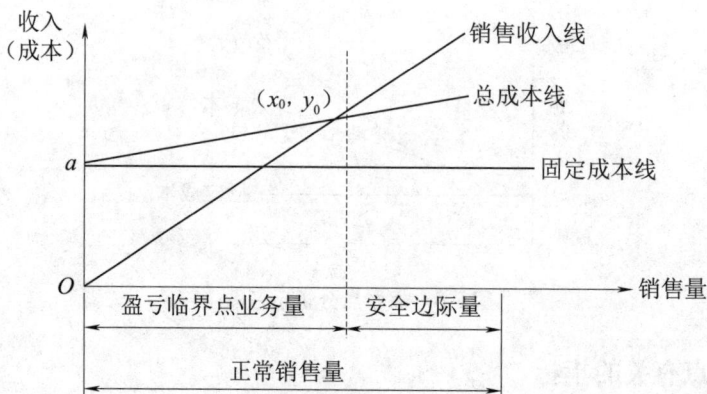

图 7-6 盈亏临界点作业率和安全边际率

从图 7-6 可以看出，盈亏临界点把正常销售分为两部分：一部分是盈亏临界点销售额，另一部分是安全边际。即：

$$正常销售额 = 盈亏临界点销售额 + 安全边际额$$

左右两边除以正常销售额，得出：

$$1 = 盈亏临界点作业率 + 安全边际率$$

根据【例 7-5】中有关数据计算：

$$盈亏临界点作业率 + 安全边际率 = 80\% + 20\% = 1$$

从 7-7 还可以看出，只有安全边际才能为企业提供利润，而盈亏临界点销售额扣除变动成本后只能为企业补偿固定成本。安全边际部分的销售额减去自身变动成本后成为企业息税前利润，即安全边际中的边际贡献等于企业利润。计算公式如下：

$$息税前利润 = 销售收入 - 变动成本 - 固定成本$$
$$= 边际贡献 - 固定成本$$
$$= 销售收入 \times 边际贡献率 - 固定成本$$
$$= 销售收入 \times 边际贡献率 - 盈亏临界点销售收入 \times 边际贡献率$$
$$= （销售收入 - 盈亏临界点销售收入）\times 边际贡献率$$

所以，息税前利润 = 安全边际额 × 边际贡献率

根据【例 7-4】中有关数据计算：

$$边际贡献率 = \frac{单价 - 单位变动成本}{单价} \times 100\%$$

$$= \frac{600 - 300}{600} \times 100\% = 50\%$$

安全边际额＝600 000－300 000＝300 000（元）

息税前利润＝600 000－300 000－150 000

＝150 000（元）

上式提供了一种计算销售利润率的新方法，表明企业要提高销售息税前利润率，就必须提高安全边际率（即降低盈亏临界点作业率），或提高边际贡献率（即降低变动成本率）。

根据【例7-4】中有关数据计算：

$$息税前利润率＝安全边际率×边际贡献率$$

用常规的计算方法，也会得到同样的结果：

$$息税前利润率＝\frac{息税前利润}{销售收入}×100\%$$

一般而言，安全边际量或安全边际额数值越大，企业发生亏损的可能性就越小，企业也就越安全。同理，安全边际率数值越大，企业发生亏损的可能性就越小，说明企业的业务经营也就越安全。

企业经营的安全程度，不仅可以用安全边际、安全边际率等正指标来评价，也可以用逆指标——保本点作业率来反映。

所谓保本作业率又叫"危险率"，是指保本点业务量（额）占现有或预计销售业务量（额）的百分比，该指标是一个反指标，越小说明越安全。

$$保本作业率＝\frac{保本量}{现有或预计销售量}×100\%$$

$$＝\frac{保本额}{现有或预计销售额}×100\%$$

安全边际率＋保本作业率＝1

7.2.3 多品种保本点的确定

由于企业生产和销售的产品品种繁多，各种产品的计量单位可能不一样，因此不同品种的产品销售量无法直接相加减，因此只能根据多品种产品的保本点销售额进行保本分析。计算多品种保本点的方法主要有以下四种：

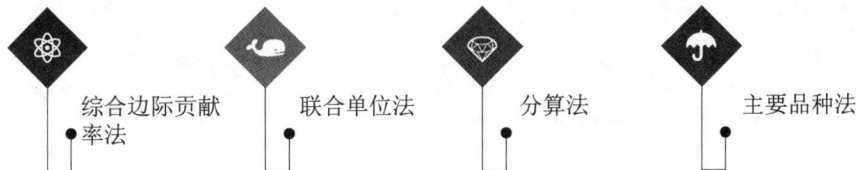

综合边际贡献率法　　联合单位法　　分算法　　主要品种法

1. 综合边际贡献率法

综合边际贡献率法分5个步骤：①计算全部商品的总销售额；②计算每种商品销售额的比重；③计算全部商品的综合边际贡献率；④计算综合保本额；⑤计算每种商品的保本额和保本量。

综合边际贡献率法的基本程序如下：

(1) 计算全部产品的销售总额，计算公式如下：

$$销售总额 = \sum（各种产品的单价 \times 预计销售量）$$

(2) 计算各种产品销售额在总销售额中的所占比重，公式如下：

$$销售比重 = 各种产品的销售额 \div 销售总额 \times 100\%$$

(3) 计算各种产品的加权平均边际贡献率（综合边际贡献率），公式如下：

$$加权平均边际贡献率 = \sum（各种产品的边际贡献率 \times 各种产品的销售比重）$$

(4) 计算整个企业的综合保本销售额，公式如下：

$$综合保本销售额 = 固定成本总额 \div 加权平均贡献边际率$$

(5) 计算各种产品的保本销售额与保本销售量，公式如下：

$$各种产品的保本销售额 = 综合保本销售额 \times 各种产品各自的销售比重$$

各种产品的保本销售量 = 各种产品的保本销售额 ÷ 各种产品的单位销售价

$$综合保本额 = \frac{固定成本}{综合边际贡献率}$$

其中：综合边际贡献率 = ∑某种产品边际贡献率 × 该产品销售比重

【例7-6】利达公司生产甲、乙、丙三种产品，计划期预计销量、单价以及单位变动成本、固定成本总额资料见表7-2。

表7-2　相关资料

项目	甲产品	乙产品	丙产品
预计销量（件）	4 000	2 000	5 000
销售单价（元）	40	20	30
单位变动成本（元）	20	10	15
固定成本总额（元）		100 000	

根据表7-2的资料，计算边际贡献率、销售比重，见表7-3。

表7-3　计算边际贡献率、销售比重

项目	甲产品	乙产品	丙产品	合计
单位边际贡献（元）	20	10	15	—
边际贡献率（%）	50%	50%	50%	—
销售额（元）	160 000	40 000	150 000	350 000
销售比重（%）	45.71%	11.43%	42.86%	100%

$$甲产品边际贡献率 = \frac{40-20}{40} \times 100\% = 50\%$$

$$乙产品边际贡献率 = \frac{20-10}{20} \times 100\% = 50\%$$

$$丙产品边际贡献率 = \frac{30-15}{30} \times 100\% = 50\%$$

$$甲产品销售比重 = \frac{160\,000}{350\,000} \times 100\% = 45.71\%$$

$$乙产品销售比重＝\frac{40\ 000}{350\ 000}×100\%＝11.43\%$$

$$丙产品销售比重＝\frac{150\ 000}{350\ 000}×100\%＝42.86\%$$

综合变动边际贡献率＝50%×45.71%＋50%×11.43%＋50%×42.86%

＝22.86%＋5.72%＋21.43%＝50.01%

综合保本销售额＝100 000÷50%＝200 000（元）

本例中，三种产品的保本点分别为：

甲产品保本销售额＝200 000×45.71%＝91 420（元）

保本销售量＝91 420÷40＝2 285.50（件）

乙产品保本销售额＝200 000×11.43%＝22 860（元）

保本销售量＝22 860÷20＝1 143（件）

丙产品保本销售额＝200 000×42.86%＝85 720（元）

保本销售量＝85 720÷30＝2 857.33（件）

甲产品、乙产品、丙产品保本销售额＝91 420＋22 860＋85 720＝200 000（元）

甲产品、乙产品、丙产品保本销售量＝2 285.50＋1 143＋2 857.33＝6 285.83（元）

【例7-7】 以上述资料为例，利达公司本月实际销量见表7-4。

表7-4　甲、乙、丙产品实际销售额

品种	销售量（件）	价格（元）	实际销售额（元）
甲产品	4 000	40	4 000×40＝160 000
乙产品	1 000	20	1 000×20＝20 000
丙产品	3 000	30	3 000×30＝90 000
合计			270 000

甲、乙、丙产品实际销售额为270 000元，大于综合保本销售额200 000元。企业能否保本？

甲产品边际贡献＝160 000×50%＝80 000（元）

乙产品边际贡献＝20 000×50%＝10 000（元）

丙产品边际贡献＝90 000×50%＝45 000（元）

营业利润＝80 000＋10 000＋45 000－100 000＝35 000（元）

由于35 000＞0，所以企业是盈利的。

在其他条件不变的前提下，企业应积极采取措施，努力提高边际贡献率水平较高的产品的销售比重，降低边际贡献率水平较低的产品的销售比重，从而提高企业的综合边际贡献率水平，达到降低全厂保本额和保本量的目的。

2. 联合单位法

联合单位法是指在事先掌握多品种之间客观存在的相对稳定的产销比例的基础上，确定每一联合单位的单价和单位变动成本，进行多品种条件下本量利分析的一种方法。

联合单位法适用于产销量比例较稳定的产品，如餐桌与餐椅、组合音响等。

采用联合单位法时，联合单位的数量因选用标准不同而不同。比如，企业生产甲、乙两种产品，本月分别销售 2 000 件、3 000 件。甲、乙销售量比例可以为 1∶1.5（以甲产品为标准），也可以为 0.67∶1（以乙产品为标准），也可以直接表示为 2∶3。

如采用第一种方式，联合单位数量为 2 000÷1＝3 000÷1.5＝2 000

如采用第二种方式，联合单位数量为 2 000÷0.67≈3 000÷1＝3 000

如采用第三种方式，联合单位数量为 2 000÷2＝3 000÷3＝1 000。

虽然确定的联合单位数量不同，从而造成联合单位变动成本、联合保本销售量也不相同，但最终的结论（各种产品的保本销售量和保本销售额）是相同的。

联合单位法计算公式如下：

$$联合保本量＝\frac{固定成本}{联合单价－联合单位变动成本}$$

$$联合保利量＝\frac{固定成本＋目标利润}{联合单价－联合单位变动成本}$$

$$某产品保本量＝联合保本量×该产品销量比$$

$$某产品保利量＝联合保利量×该产品销量比$$

【例 7-8】某公司生产销售 A、B、C 三种产品，按联合单位法（产品销量比为 A∶B∶C＝6∶4∶3）确定各产品的保本销售量和保本销售额，相关资料见表 7-5。

表 7-5　ABC 三种产品相关资料

项目	产量（件）	单价（元）	变动成本（元）
A 产品	3 000	20	12
B 产品	2 000	25	14
C 产品	1 500	10	8
固定成本	2 450 000		

采用联合单位法，计算联合保本量和保本额。

（1）联合单价＝6×20＋4×25＋3×10＝250（元）

（2）联合单位销量＝1 500÷3＝500（件），或＝3 000÷6＝500（件），或＝2 000÷4＝500（件）

（3）联合单位变动成本＝6×12＋4×14＋3×8＝152（元）

（4）联合单位边际贡献＝250－152＝98（元）

（5）联合保本量＝2 450 000÷98＝25 000（件）

A 产品的保本销售量＝25 000×6＝150 000（件）

A 产品的保本销售额＝150 000×20＝3 000 000（元）

B 产品保本销售量＝25 000×4＝100 000（件）

B 产品保本销售额＝100 000×25＝2 500 000（元）

C 产品保本销售量＝25 000×3＝75 000（件）

C 产品保本销售额＝75 000×10＝750 000（元）

3. 分算法

分算法是指在一定条件下，将全厂固定成本按一定标准（如边际贡献额、销售额、工时等）合理分配给各产品，然后按确定"单一品种保本点"的办法分别计算确定每一品种产品的保本点，最后汇总计算多品种产品的综合保合销售额的方法。

【例 7-9】某公司生产 A、B、C 三种产品，有关资料见表 7-6。要求根据资料按产品边际贡献分配共同固定成本，并采用分算法进行保本分析。

表 7-6　共同固定成本分配率

摘　要	A产品	B产品	C产品
预计销售量（件）	3 000	5 000	7 000
销售单价（元）	20	30	40
单位变动成本（元）	10	12	20
单位边际贡献（元）	10	18	20
专属固定成本（元）	20 000	60 000	120 000
共同固定成本（元）	200 000		

A、B、C 产品共同固定成本分配率＝200 000÷（10×3 000＋18×5 000＋20×7 000）

＝200 000÷（30 000＋90 000＋140 000）

＝200 000÷260 000

＝0.77

分配给 A 产品的固定成本

＝10×3 000×0.77＝23 100（元）

分配给 B 产品的固定成本

＝18×5 000×0.77＝69 300（元）

分配给 C 产品的固定成本

＝20×7 000×0.77＝107 800（元）

4. 主要品种法

主要品种法是指在特定条件下，通过在多种产品中确定的一种主要品种，完成多品种条件下本量利分析任务的一种方法。

7.3　保利分析

保利，就是确保目标利润的实现。所谓保利分析，是指在目标利润引进本量利分析的基本数学模式，在单价和成本水平既定的情况下，在确保企业目标利润实现的正常条件下，充分揭示成本、业务量、利润三者之间关系的本量利分析。

尽管保本是企业生产最基本的目标，是安全经营的前提，但企业的经营目标不在于保本，而是尽可能地获取利润，达到一定的盈利目标，所以保利分析才是企业生产真正的目的，也只有在盈利条件下，才能充分揭示成本、业务量和利润之间的关系。

通过保利分析，可以确定为了实现目标利润而应该达到的目标销售量和目标销售额，从而以销定产，确保企业经营方向。

7.3.1 单一品种保利点的计算

保利点是指在单价和成本水平确定情况下，为确保预先确定的目标利润能够实现，而应达到的销售量和销售额的统称。具体包括保利量和保利额两项指标。

1. 保利量

保利量的计算分为：

假设在没有企业所得税的情况下，目标利润计算公式如下：

$$目标利润＝单价×销量－单位变动成本×销量－固定成本$$

$$保利量＝\frac{固定成本＋目标利润}{单价－单位变动成本}$$

$$＝\frac{固定成本＋目标利润}{单位边际贡献}$$

假设企业存在所得税，税后目标利润＝（单价×销量－单位变动成本×销量－固定成本）×（1－企业所得税税率）

$$保利量＝\frac{固定成本＋\dfrac{税后目标利润}{1－企业所得税税率}}{单价－单位变动成本}$$

$$＝\frac{固定成本＋\dfrac{税后目标利润}{1－企业所得税税率}}{单位边际贡献}$$

2. 保利额

保利额是企业为实现既定的目标利润所需的业务额。保利额可在保利量计算公式的基础上乘以单价加以计算，在不存在企业所得税的情况下，计算公式为：

$$保利额＝\frac{固定成本＋目标利润}{单价－单位变动成本}×单价$$

$$＝\frac{固定成本＋目标利润}{边际贡献率}$$

假设存在企业所得税，计算保利额的公式为：

$$保利额＝\frac{固定成本＋\dfrac{税后目标利润}{1－企业所得税税率}}{单价－单位变动成本}×单价$$

$$＝\frac{固定成本＋\dfrac{税后目标利润}{1－企业所得税税率}}{边际贡献率}$$

【例 7-10】某公司生产甲产品，单位售价 1 500 元，单位变动成本 1 000 元，年固定成本总额 1 000 000 元，计划年度的目标利润为 300 000 元。

$$保利量＝\frac{固定成本＋目标利润}{单价－单位变动成本}$$

$$保利量=\frac{1\ 000\ 000+300\ 000}{1\ 500-1\ 000}=2\ 600\ （件）$$

$$保利销售额=\frac{1\ 000\ 000+300\ 000}{（1\ 500-1\ 000）}\times 1\ 500$$

$$=3\ 900\ 000\ （元）$$

说明该公司打算实现 300 000 元的目标利润，保利销售量应为 2 600 件，保利销售额应达到 3 900 000 元。

【例 7-11】以【例 7-9】的资料，若计划年度的所得税率为 25%，欲实现目标税后利润 45 万元，保利量与保利销售额是多少？

$$保利量=\frac{1\ 000\ 000+450\ 000\div（1-25\%）}{1\ 500-1\ 000}$$

$$=3\ 200\ （件）$$

$$保利销售额=3\ 200\times 1\ 500=4\ 800\ 000\ （元）$$

保本点与保利点比较：

首先，两者的计算公式都是由本量利分析的基本数字模型推导而得的，只不过前者假设利润为零，后者将利润设定为目标利润或目标税后利润，实质都是本量利分析；其次，不论保本分析还是保利分析，凡计算有关销售量指标时，均以单位边际贡献为分母，凡计算有关销售额指标时，均以边际贡献率为分母，无论单一品种还是多品种分析概莫能外，两者的区别主要在于：保本分析有利于企业经营者了解经营的最低要求和企业经营的安全程度，而保利分析则可以帮助企业管理者实施目标控制，明确企业的经营目标，所以保本分析和保利分析是企业加强经营管理，规划和控制经济活动，正确进行经营决策的有效工具。

3. 保利成本及其计算

保利成本是指在其他因素既定的条件下，为保证目标利润的实现，特定成本应当达到的水平，包括保利单位变动成本和保利固定成本两项指标。

保利单位变动成本的计算公式：

$$单位变动成本=单价-\frac{固定成本+目标利润}{销售量}$$

保利固定成本的计算公式：

$$固定成本=（单价-单位变动成本）\times 销售量-目标利润$$

4. 保利单价及其计算

保利单价是指在其他因素既定的条件下，为保证目标利润实现应当达到的单价，又称为目标单价。保利单价的计算公式：

$$单价=单位变动成本+\frac{固定成本+目标利润}{销售量}$$

7.3.2 多品种保利点的计算

多品种保利点只需计算达到目标利润的销售额。

$$综合保利销售额 = \frac{固定成本 + 目标利润}{综合边际贡献率} \quad (不考虑所得税)$$

$$综合保利销售额 = \frac{固定成本 + \dfrac{目标税后利润}{1 - 所得税税率}}{综合边际贡献率}$$

（以上公式考虑所得税）

【例 7-12】 按【例 7-10】的资料，已知固定成本为 200 000 元，综合边际贡献率 40%。若该公司计划期目标利润为 300 000 元，则实现目标利润的综合保利销售额：

= （200 000 + 300 000）÷ 40%

= 1 250 000 （元）

假设所得税税率为 25%，则实现目标税后利润的综合保利销售额：

综合保利销售额 = {200 000 + [300 000 ÷ （1 - 25%）]} ÷ 40%

= 1 500 000 （元）

7.3.3 目标利润分析

目标利润分析是在本量利分析方法的基础上，计算为达到目标利润所需要的业务量、收入和成本的一种利润规划方法。计划利润、最优利润、同行业先进利润水平、本企业历史先进利润水平等，都可以作为目标利润。

目标利润分析是保本分析的延伸和拓展。如果企业在经营活动开始之前，根据有关收支状况确定了目标利润，那么，就可以计算为实现目标利润而必须达到的销售数量和销售金额。

1. 单一品种产品的目标利润

单一品种产品的目标利润计算公式如下：

目标利润 = 销售量 × （单价 - 单位变动成本） - 固定成本

实现目标利润业务量 = （固定成本 + 目标利润）÷ （单价 - 单位变动成本）

实现目标利润业务额 = （固定成本 + 目标利润）÷ 边际贡献率

【例 7-13】 接【例 7-4】，假设该产品当月销售 700 件，则：

目标利润 = 700 × （600 - 300） - 150 000

= 60 000 （元）

2. 产品组合目标利润分析

产品组合目标利润计算公式如下：

实现目标利润销售额 = （综合目标利润 + 固定成本）÷ （1 - 综合变动成本率）

实现目标利润率销售额 = 固定成本 ÷ （1 - 综合变动成本率 - 综合目标利润率）

上述公式中目标利润一般是指息税前利润。公式可变形：

税后利润 = （息税前利润 - 利息） × （1 - 所得税税率）

$$实际目标利润销售量 = \frac{固定成本 + \dfrac{税后目标利润}{1 - 所得税税率} + 利息}{单位边际贡献}$$

$$实际目标利润销售量=\frac{固定成本+\dfrac{税后目标利润}{1-所得税税率}+利息}{边际贡献率}$$

7.4 利润敏感分析

在保本分析和保利分析中，隐含着一个假定，即除待求变量外的其他参数都是确定不变的。实际上，由于市场的变化（譬如供求数量、原材料价格、产品价格等变动）和企业生产技术条件的变化，引起模型中参数发生变化，对原已计算的盈亏临界点、目标利润或目标销售量产生影响。经营者希望事先预知有关能参数的影响，以便在变化发生时及时采取对策，调整企业计划，使生产经营活动始终控制在最有利的状态。敏感性是解决类似问题的一种可取方法。保本点敏感性分析是指在现有或预计销售量的基础上测算影响保本点的各个因素单独达到什么水平（也叫临界值）时仍能确保企业不亏损的一种敏感性分析方法。

7.4.1 影响利润的参数

单价、单位变动成本、产销量和固定成本的变化，会影响利润的高低。这种变化达到一定程度，会使企业利润消失，进入盈亏临界状态，使企业的经营状况发生质变。因此，进行敏感分析目的是提供目标发生质变的各参数变化的界限，确定临界值。临界值，也称盈亏临界值，是指在不使目标值发生质的变化的前提下，允许有关参数值变动达到的最小值或最大值。

【例 7-14】恒丰有限公司只生一种产品，单价 80 元，单位变动成本 50 元，全年固定成本为 240 万元，计划销售量为 50 万件。

假设不考虑税费，计算明年利润。

全年利润＝500 000×（80－50）－2 400 000

    ＝12 600 000（元）

影响销售高低的因素包括：单价、单位变动成本、产销量和固定成本。

（1）销售量最小值。销售量最小值，是指使企业利润为零的销售量，也就是盈亏临界点销售量。

销售量的最小值＝全年固定成本÷（单价－单位变动成本）

    ＝240÷（80－50）＝8（万件）

（2）销售单价最小值。单价下降会使利润下降，下降到一定程度，利润将变为 0，它是企业能忍受的销售单价的最小值。

单价的最小值＝单位变动成本＋固定成本÷计划销售量

    ＝50＋240 000÷500 000＝50.48（元）

（3）单位变动成本的最大值。单位变动成本上升会使利润下降，并逐渐趋近于零，此时的单位变动成本是企业能忍受的最大值。

单位变动成本的最大值＝单价－固定成本÷计划销售量

    ＝80－240 000÷500 000＝79.52（元）

（4）固定成本最大值。固定成本上升也会使利润下降，并趋近于零。

固定成本的最大值＝（单价－单位变动成本）×计划销售量

$$= （80-50）×500\,000=15\,000\,000（元）$$

7.4.2 各参数的敏感系数计算

各参数变化都会引起利润的变化，有的参数发生微小变化，就会使利润发生很大的变动，如果利润对这些参数的敏感系数绝对值大于1，我们称这类参数为敏感因素。如果利润对这些参数的敏感系数绝对值小于1，我们称这类参数为不敏感因素。

衡量因素敏感程度强弱的指标称为敏感系数，其计算公式为：

$$敏感系数 = \frac{目标值变动百分比}{因素值变动百分比}$$

敏感系数为正，表示该变量与利润呈同方向变动；敏感系数为负，表示该变量与利润呈反方向变动。

注意：敏感分析中的临界值问题与敏感系数问题，实际上是一个问题的两个方面。某一因素临界值的允许值越高，利润就对该因素越不敏感；反之，某一因素临界值的允许值越低，利润就对该因素越敏感。

其中：目标值是指利润；因素值是指单价、单位变动成本、销售量和固定成本。计算敏感系数可帮助管理人员了解各因素变动对利润的影响程度，以便找出问题的关键，提高管理效率，及时调整措施，保证目标利润的实现。

【例7-15】接【例7-14】进行敏感程度分析：

（1）单价的敏感程度。设单价增加8%，则：

变动后的单价＝80×（1＋8%）＝86.40（元）

单价变动后的利润＝（86.40－50）×500 000－2 400 000

＝15 800 000（元）

按原利润12 600 000元，变化比率为：

利润变动百分比＝（15 800 000－12 600 000）÷12 600 000×100%

＝25.40%

单价的敏感系数＝25.40%÷8%＝3.2

单价对利润的影响很大，从百分率上看，利润以3.2倍的速率随单价变化。提价似乎是提高盈利的最有效手段，价格下降也将是企业的最大威胁。经营者根据敏感系数应明确知道，每降价1%，企业将失去3.2%的利润，所以要格外关注。

（2）单位变动成本的敏感程度。设单位变动成本增长8%，则：

变动后的单位变动成本＝50×（1＋8%）＝54（元）

单位变动成本变动后的利润＝（80－54）×500 000－2 400 000

＝10 600 000（元）

利润变动百分比＝（10 600 000－12 600 000）÷12 600 000×100%

$=-15.88\%$

单位变动成本的敏感系数＝（-15.88%）÷8%＝-1.99

单位变动成本对利润的影响比单价要小，单位变动成本增加1%时，利润将减少1.99%；当单位变动成本降低1%，利润将增加1.99%。由于敏感系数绝对值大于1，说明变动成本的变化会造成利润更大的变化，仍属于敏感因素。

（3）固定成本的敏感程度，设固定成本增长8%：

变动后的固定成本＝2 400 000×（1＋8%）＝2 592 000（元）

固定成本变动后的利润

＝（80－50）×500 000－2 592 000

＝12 408 000（元）

利润变动百分比＝（12 408 000－12 600 000）÷12 600 000×100%

＝-1.52%

固定成本的敏感系数＝（-1.52%）÷8%＝-0.19

即：固定成本的敏感系数为-0.19，说明当固定成本增加1%时，利润将减少0.19%；当固定成本降低1%，利润将增加0.19%。

（4）销售量的敏感程度，设销售量增长8%，则：

变动后的销售量＝500 000×（1＋8%）＝540 000（件）

销售量变动后的利润＝（80－50）×540 000－2 400 000

＝13 800 000（元）

利润变动百分比＝（13 800 000－12 600 000）÷12 600 000×100%

＝9.52%

销售量的敏感系数＝9.52%÷8%＝1.19

即：销售量的敏感系数为1.19，说明当销售量增加1%时，利润将增加1.19%；当销售量降低1%，利润将减少1.19%。

将以上敏感系数按绝对值的大小排列，依次为单价、单位变动成本、销售量和固定成本，说明利润对单价的变动最为敏感，其次是单位变动成本和销售量，固定成本的影响程度最小。

由于敏感性分析适用于各种不同的情况，因此在许多领域得到广泛的应用。在本量利分析中进行敏感分析，可以研究和提供引起目标利润从盈利转化为亏损时各因素变化的界限、各因素变化对利润的影响程度，以及当个别因素变化时，如何保证原目标利润的实现，最终为管理人员提供一种简便、有效、直接的方法，以判断可能发生预测误差的后果并做出相应的决策。

7.4.3 敏感分析表

敏感系数提供了利润对各因素变动的敏感程度，但不能直接反映各因素变动后的利润值。

因此，在实务中，一般通过编制敏感分析表来反映各因素变动后的利润值。

通过分析表，管理人员能了解利润对各因素的敏感程度，并可直观地看出各因素变化后的利润值。

【例 7-16】编制【例 7-14】的敏感分析表，见表 7-7。

表 7-7 单个因素变动利润分析表   单位：元

	−8％	−5％	0	5％	8％
单价（元/件）	9 400 000	10 600 000	12 600 000	14 600 000	15 800 000
单位变动成本（元/件）	14 600 000	13 850 000	12 600 000	11 350 000	10 600 000
固定成本（元）	12 792 000	12 720 000	12 600 000	12 480 000	12 408 000
销售量（件）	11 400 000	11 850 000	12 600 000	13 350 000	13 800 000

表 7-7 中单价、单位变动成本、固定成本、销量从−8％至 8％之间变动，对利润的影响一目了然。

第8章 生产成本的分配与归集

生产成本分为基本生产成本与辅助生产成本。

8.1 生产成本会计科目的设置

企业一般应设置成本类科目，如"生产成本""制造费用""合同履约成本"等，以及费用类科目，如"销售费用""管理费用""财务费用"等。如果企业有长期待摊费用，还需要设置"长期待摊费用"科目。需要单独核算废品损失、停工损失的，还应设置"废品损失""停工损失"等科目。

8.1.1 "生产成本"账户

"生产成本"账户核算企业各种工业产品、自制材料、自制工具及自制设备等所发生的各项费用，生产成本 T 字形账户如下：

借方　　　　　　　　　　　　　　生产成本　　　　　　　　　　　　　　贷方

本期生产成本增加额	本期生产成本转销额
期末在产品成本	

"生产成本"账户下设"基本生产成本"和"辅助生产成本"两个二级账户，在这两个二级账户下还应按成本计算对象设置明细账。

1. "基本生产成本"科目

基本生产是指为完成企业主要生产目的而进行的产品生产。为了归集基本生产所发生的各种生产费用，计算基本生产产品成本，应设置"基本生产成本"科目。该科目借方登记企业为进行基本生产而发生的各种费用；贷方登记转出的完工入库的产品成本；余额在借方，表示基本生产的在产品成本，即基本生产在产品占用的资金。

"基本生产成本"科目应按产品品种或产品批别、生产步骤等成本计算对象，设置产品成本明细分类账（或称基本生产明细账、产品成本计算单），账内按产品成本项目分设专栏或专行。

2. "辅助生产成本"科目

辅助生产是指为基本生产服务而进行的产品生产和劳务供应。辅助生产所提供的产品和劳务，有时也对外销售，但这不是它的主要目的。为了归集辅助生产所发生的各种生产费用，计算辅助生产所提供的产品和劳务的成本，应设置"辅助生产成本"科目。该科目的借方登记为进行辅助生产而发生的各种费用；贷方登记完工入库产品的成本或分配转出的劳务成本；余额在借方，表示辅助生产的在产品成本，即辅助生产在产品占用的资金。

"辅助生产成本"科目应按辅助生产车间和生产的产品、劳务分设明细分类账,账中按辅助生产的成本项目或费用项目分设专栏或专行进行明细登记。

8.1.2 "制造费用"账户

为了核算企业为生产产品和提供劳务而发生的各项制造费用,应设置"制造费用"科目。该科目的借方登记实际发生的制造费用;贷方登记分配转出的制造费用;除季节性生产企业外,该科目月末应无余额。

"制造费用"科目,应按车间、部门设置明细分类账,账内按费用项目设立专栏进行明细登记。

借方   制造费用   贷方

本期制造费用增加额	本期结转计入生产成本
因季节性停工尚未结转的制造费用	

8.1.3 "合同履约成本"账户

"合同履约成本"账户核算企业为履行当前或预期取得的合同所发生的、不属于其他企业会计准则规范范围且按照新收入准则,应当确认为一项资产的成本。企业因履行合同而产生的毛利不在本账户核算。本账户可按合同,分别"服务成本""工程施工"等进行明细核算。期末借方余额,反映企业尚未结转的合同履约成本。

借方   合同履约成本   贷方

本期合同履约成本增加额	本期结转计入生产成本
尚未结转的合同履约成本	

与合同成本有关的资产,其账面价值高于下列第一项减去第二项的差额的,超出部分应当计提减值准备,并确认为资产减值损失:一是企业因转让与该资产相关的商品预期能够取得的剩余对价;二是为转让该相关商品估计将要发生的成本。

8.1.4 "废品损失"账户

需要单独核算废品损失的企业,应设置"废品损失"科目。该科目的借方登记不可修复废品的生产成本和可修复废品的修复费用;贷方登记废品残料回收的价值、应收的赔款以及转出的废品净损失;月末应无余额。

"废品损失"科目应按车间设置明细分类账,账内按产品品种分设专户,并按成本项目设置专栏或专行进行明细登记。

借方   废品损失   贷方

本期增加不可修复废品的生产成本和可修复废品的修复费用	本期废品残料回收的价值、应收的赔款以及转出的废品净损失

8.1.5 "销售费用"账户

为了核算企业在产品销售过程中所发生的各项费用以及为销售本企业产品而专设的

销售机构的各项经费，应设置"销售费用"科目。该科目的借方登记实际发生的各项产品销售费用；贷方登记期末转入"本年利润"科目的产品销售费用；期末结转后该科目应无余额。

借方	销售费用	贷方
销售费用增加额	销售费用减少额或结转额	
本期发生额（费用增加额合计）	本期发生额（费用减少额合计）	

"销售费用"科目的明细分类账，应按费用项目设置专栏，进行明细登记。

8.1.6 "管理费用"科目

为了核算企业行政管理部门因组织和管理生产经营活动而发生的各项管理费用，应设置"管理费用"科目。该科目的借方登记发生的各项管理费用；贷方登记期末转入"本年利润"科目的管理费用；期末结转后该科目应无余额。

借方	管理费用	贷方
管理费用增加额	管理费用减少额或结转额	
本期发生额（费用增加额合计）	本期发生额（费用减少额合计）	

"管理费用"科目的明细分类账，应按费用项目设置专栏，进行明细登记。

8.1.7 "财务费用"账户

为了核算企业因筹集生产经营所需资金而发生的各项费用，应设置"财务费用"科目。该科目的借方登记发生的各项财务费用；贷方登记应冲减财务费用的利息收入、汇兑收益以及期末转入"本年利润"科目的财务费用；期末结转后该科目应无余额。

借方	财务费用	贷方
财务费用增加额	财务费用减少额或结转额	
本期发生额（费用增加额合计）	本期发生额（费用减少额合计）	

"财务费用"科目的明细分类账，应按费用项目设置专栏，进行明细登记。

8.1.8 "长期待摊费用"账户

为了核算企业已经支出，但摊销期限在一年以上（不含一年）的各项费用，应设置"长期待摊费用"科目。该科目的借方登记实际支付的各项长期待摊费用；贷方登记分期摊销的长期待摊费用；余额在借方，表示企业尚未摊销的各项长期待摊费用的摊余价值。

借方	长期待摊费用	贷方
本期长期待摊费用增加额	本期长期待摊费用减少额	
本期借方发生额合计	本期贷方发生额合计	
本期余额		

"长期待摊费用"科目应按费用种类设置明细账，进行明细核算。

结合本节所讲述的成本核算的一般程序和成本核算的主要会计科目，以图 8-1 列示成本核算账务处理的基本程序。通过这一图示，既可以对成本核算的账务处理有一个概括地了解，还可以从账务处理的角度进一步理解成本核算的一般程序。

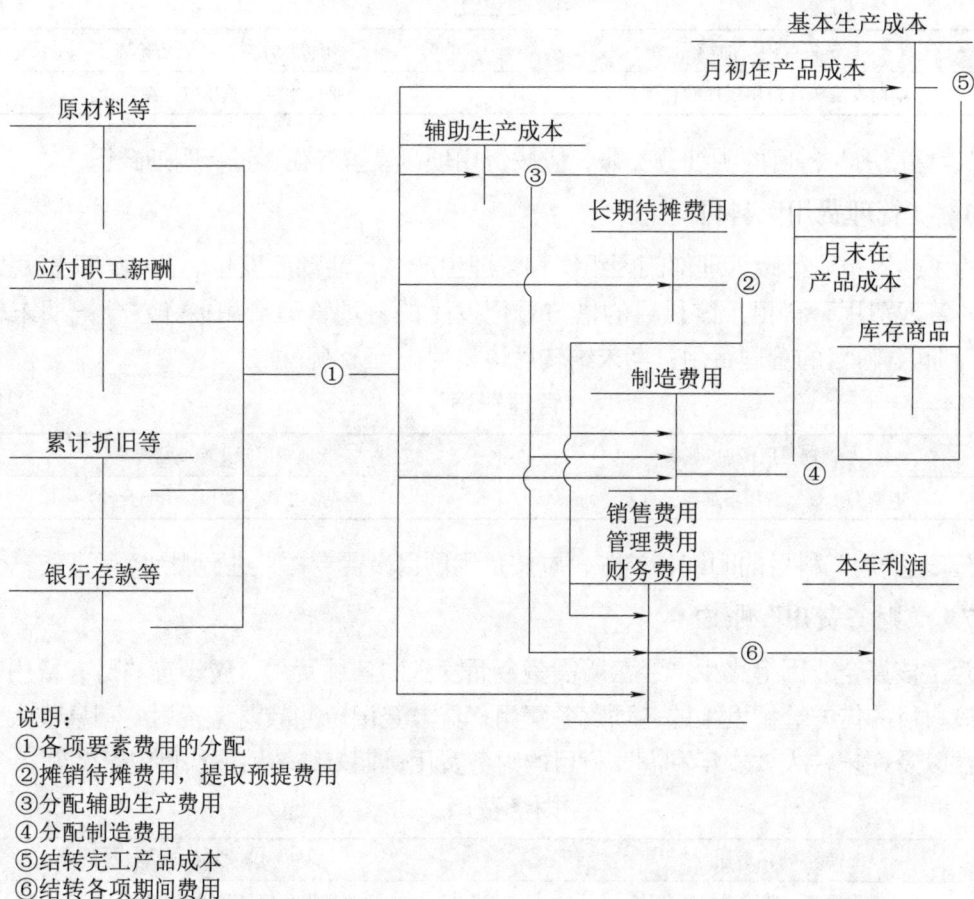

说明：
①各项要素费用的分配
②摊销待摊费用，提取预提费用
③分配辅助生产费用
④分配制造费用
⑤结转完工产品成本
⑥结转各项期间费用

图 8-1　成本核算的一般流程

8.2　生产成本的分配

产品在生产过程中所发生的各项费用，可分为两类：一类是直接计入费用，这种费用的发生只与一种受益对象发生关系，故可以根据这种费用发生的原始凭证，将其费用直接计入某种产品的相关成本项目；另一类是间接计入费用，这种费用的发生与两个或两个以上受益对象发生关系，故应采用合理的方法将其分配计入有关成本核算对象（受益对象）相应的成本项目。

8.2.1　材料费用的分配

企业在生产经营过程中领用的各种材料，包括原材料及主要材料、半成品、辅助材料、包装物、修理用备件、低值易耗品等，无论是外购还是自制，都应根据审核后的领、退料凭证，按照材料的具体用途进行分配和归集，如图 8-2 所示。

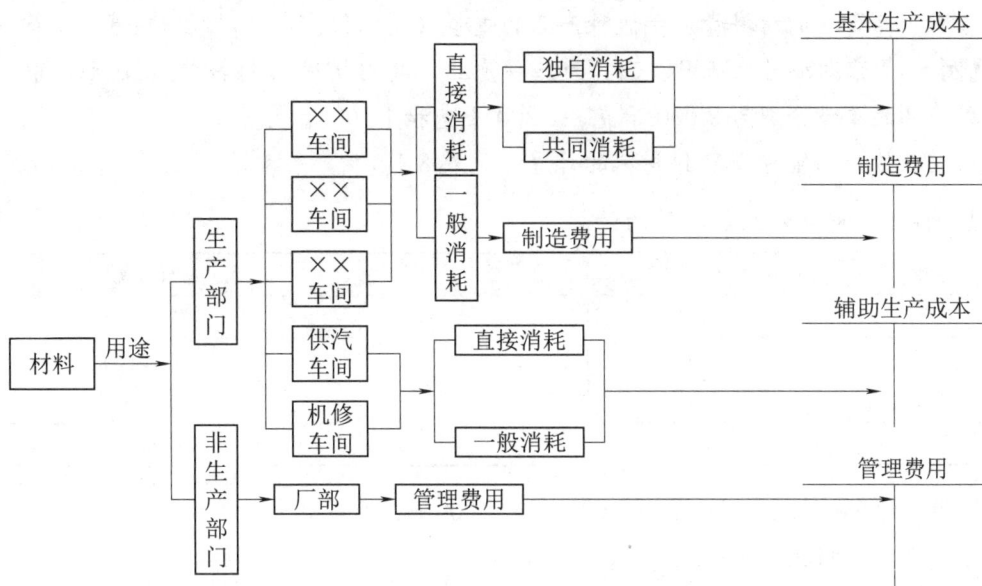

图 8-2　材料分配流程图

根据领用部门不同，原材料分配计入成本的途径也不同，图 8-3 清晰地归纳了生产部门领用原材料分配计入相关成本科目的过程。

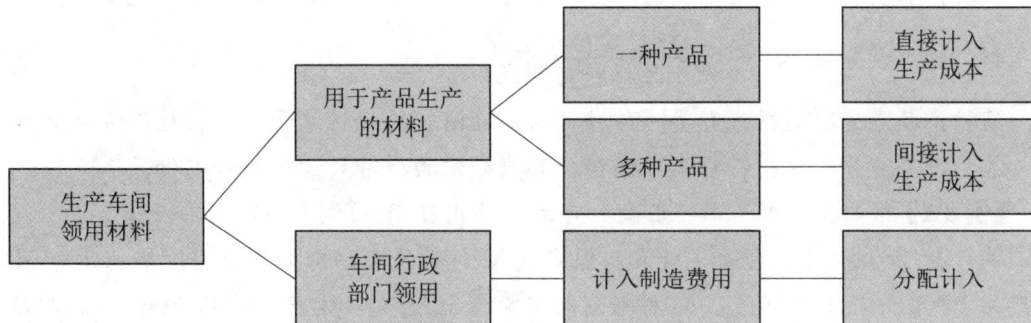

图 8-3　生产车间领用材料计入相关会计科目

辅助生产车间领用材料，计入"辅助生产成本"科目；企业管理部门领用材料，计入"管理费用"科目。

原材料费用的分配标准有很多，可以按照产品的重量、体积分配，还可以在材料消耗定额比较准确的情况下，按照产品的原材料定额消耗量的比例或原材料定额费用的比例分配。

1. 产品重量（或体积、产量）分配法

产品重量（或体积、产量）分配法是以产品的自身重量（或体积、产量）作为分配标准分配材料费用。它主要适用于不同产品的自身重量（或体积、产量）比较接近的情况，其计算公式为：

材料费用分配率＝材料费用总额÷$\sum$各种产品的重量（或体积、产量）

各种产品负担的材料费用＝该种产品的重量（或体积、产量）×材料费用分配率

【例8-1】雅源公司生产甲、乙、丙三种产品，共同耗用 L 材料 21 620 元，甲、乙、丙三种产品的重量分别为 2 000 千克、1 200 千克和 1 500 千克。

该企业按产品重量分配 L 材料的计算，见表8-1。

表8-1　按产品重量分配 L 材料的计算

品种	重量（千克）	分配率	负担 L 材料的费用（元）
甲	2 000		9 200
乙	1 200	4.6	5 520
丙	1 500		6 900
合计			21 620

L 材料费用分配率＝21 620÷（2 000＋1 200＋1 500）＝4.6

甲产品负担材料费用＝2 000×4.6＝9 200（元）

乙产品负担材料费用＝1 200×4.6＝5 520（元）

丙产品负担材料费用＝1 500×4.6＝6 900（元）

2. 按原材料定额消耗比例分配原材料费用

按原材料定额消耗比例分配原材料费用，计算公式如下：

某种产品材料定额耗用量＝该种产品实际产量×单位产品材料定额消耗量

$$材料耗用量分配率＝\frac{材料实际消耗总量}{各种产品材料定额耗用量之和}$$

某种产品应分配的材料数量＝该种产品定额消耗的材料总量×材料耗用量分配率

某种产品应分配的材料费用＝该种产品应分配的材料数量×材料单价

【例8-2】雅源公司生产甲、乙两种产品，共用耗用 M 材料 176 000 千克，每千克 8 元，共计 1 408 000 元（为简化计算，假定该 M 材料的实际价格与计划价格一致）。生产甲产品 4 000 件，单位甲产品 M 材料消耗定额为 50 千克；生产乙产品 6 000 件，单件乙产品 M 材料消耗定额为 40 千克，领料单见表8-2。

表8-2　　　　　　　　　　　　　　**领料单**

领料部门：一车间　　　　　　　　2×21 年 1 月 15 日　　　　　　　　发料仓库：第一仓库

材料编号	材料名称	规格	单位	数量	单价（元）	金额（元）
321	M 材料	千克		176 000	8	1 408 000

主管：杜明　　审批：李恺　　领料：张成　　发料：苏月

原材料费用分配计算如下：

（1）甲产品 M 材料定额消耗量＝4 000×50＝200 000（千克）

　　　乙产品 M 材料定额消耗量＝6 000×40＝240 000（千克）

（2）M 材料消耗量分配率＝176 000÷（200 000＋240 000）＝0.4

甲产品应分配 M 材料数量＝200 000×0.4＝80 000（千克）

乙产品应分配 M 材料数量＝240 000×0.4＝96 000（千克）

（3）甲产品应分配 M 材料费用＝80 000×8＝640 000（元）

乙产品应分配 M 材料费用＝96 000×8＝768 000（元）

也可以按原材料定额消耗量比例直接分配原材料费用，计算步骤如下。

【例 8-3】沿用上例，计算分配如下，相关数据见表 8-3。

原材料费用分配计算如下：

甲产品 M 材料定额消耗量＝4 000×50＝200 000（千克）

乙产品 M 材料定额消耗量＝6 000×40＝240 000（千克）

M 材料消耗量分配率＝1 408 000÷（200 000＋240 000）＝3.2

甲产品应分配 M 材料费用＝200 000×3.2＝640 000（元）

乙产品应分配 M 材料费用＝240 000×3.2＝768 000（元）

表 8-3　原材料费用分配表

2×21 年 1 月 15 日

应借科目		定额消耗量（千克）	分配率	分配金额（元）（分配率 3.2）
生产成本	甲产品	200 000	3.2	640 000
	乙产品	240 000		768 000
	小计	440 000	—	1 408 000

借：基本生产成本——甲产品　　　　　　　　　　　　640 000

　　　　　　　　——乙产品　　　　　　　　　　　768 000

　　贷：原材料　　　　　　　　　　　　　　　　1 408 000

3. 按原材料定额费用比例分配原材料费用

在生产多种产品或多种产品共同耗用多种原材料费用的情况下，为了简化核算，可以采用按原材料定额费用比例分配原材料费用。首先，计算各种产品原材料定额费用；其次，计算单位原材料定额费用应分配的原材料实际费用；最后，计算出各种产品应分配的原材料实际费用。

其计算公式如下：

某种产品耗用某种材料定额费用＝该种产品实际产量×单位产品该种材料费用定额

＝该种产品实际产量×单位产品该种材料消耗定额×

该种材料计划单价

材料费用分配率＝各种材料实际费用总额÷各种产品材料定额费用之和

某种产品应分配的实际材料费用＝该种产品材料定额费用×材料费用分配率

【例 8-4】某企业生产 A、B 两种产品，共同耗用甲、乙两种主要材料，其实际成本为377 400元。本月投产A产品600件，B产品900件，相关资料见表8-4。

表8-4　甲、乙材料相关资料

项目		A产品（600件）	B产品（900件）
甲材料	材料消耗定额（千克）	8	6
	单价（元）	5	5
乙材料	材料消耗定额（千克）	12	9
	单价（元）	9	9

A、B产品应分配的材料费用计算如下。

（1）A、B产品材料定额费用。

A产品：甲材料定额费用＝600×8×5＝24 000（元）

乙材料定额费用＝600×12×9＝64 800（元）

A产品材料定额费用合计＝24 000＋64 800＝88 800（元）

B产品：甲材料定额费用＝900×6×5＝27 000（元）

乙材料定额费用＝900×9×9＝72 900（元）

B产品材料定额费用合计＝27 000＋72 900＝99 900（元）

（2）材料费用分配率＝377 400÷（88 800＋99 900）＝2

（3）A、B产品应分配材料实际费用。

A产品应分配材料费用＝88 800×2＝177 600（元）

B产品应分配材料费用＝99 900×2＝199 800（元）

8.2.2　燃料费用的核算

燃料在企业生产过程中起了很重要的作用，包括固体燃料（如煤炭）、气体燃料（煤气、天然气）和液体燃料（各种油料）。燃料实际上也是材料，因此其分配方法和账务处理与原材料费用相同。

在燃料费用占产品成本比重较大的情况下，应设置"燃料"总账，在产品成本明细账中单独设置"燃料及动力"成本项目，燃料费用分配表应单独编制。

在燃料费用占产品成本比重较小的情况下，可将"燃料"作为"原材料"账户的二级账户进行核算，燃料费用直接计入"直接材料"成本项目，燃料费用分配根据燃料的领料单和退料单等原始凭证编制材料费用分配表进行。

如果是生产一种产品发生的材料费，可直接计入该产品成本明细账的"燃料及动力"成本项目；如果是生产几种产品共同发生的燃料费用，可分配计入各种产品成本明细账的"燃料及动力"成本项目，其分配方式可以采用燃料定额耗用量分配法、燃料定额费用分配法、重量比例分配法、实际产量分配法或产品体积分配法等。

【例8-5】2×21年5月，雅源公司生产的甲、乙两种产品本月共发生燃料费用66 600元，生产甲产品3 000件、乙产品2 000件，甲产品燃料费用定额为7元，乙产品燃料费用定额为 8 元，按燃料定额费用分配。甲、乙产品应负担的燃料费用计算，见表 8-5。

表 8-5　领用燃料汇总表

2×21 年 5 月 30 日　　　　　　　　　　　　　　单位：元

材料名称	单位	单价	车间	合计
原煤	吨	850	66 600	66 600
—	—	—	—	—
合计				66 600

燃料费用分配率＝66 600÷（3 000×7＋2 000×8）＝1.8

甲产品应分摊的燃料费用＝3 000×7×1.8＝37 800（元）

乙产品应分摊的燃料费用＝2 000×8×1.8＝28 800（元）

会计分录如下：

借：生产成本——基本生产成本——甲产品　　　　　　　37 800

　　　　　　　　　　　　　　——乙产品　　　　　　　28 800

　　贷：原材料——燃料　　　　　　　　　　　　　　　66 600

8.2.3　低值易耗品的核算

低值易耗品是指不作为固定资产核算的各种工具、管理用具、玻璃器皿，以及在经营过程中周转使用的包装容器等各种用具物品。

1. 低值易耗品的归集

低值易耗品在领用以后，其价值应该摊销计入成本、费用。用于生产的低值易耗品摊销，应计入制造费用科目；用于组织和管理生产经营活动的低值易耗品摊销，则应计入管理费用科目。

为了进行低值易耗品收入、发出、摊销、结存的总分类核算，应设置"低值易耗品"总账科目，并按低值易耗品的类别、品种、规格等设置明细科目，进行明细核算。

2. 低值易耗品摊销的核算

低值易耗品的摊销跟原材料的摊销一样，既可以采用实际成本法，也可以采用计划成本法。低值易耗品领用后的分摊方法可以采用多种，主要有：一次摊销法、分次摊销法和五五摊销法等。不过，在实际操作中，为了简化核算手续，一般企业均采用一次摊销法核算。

一次摊销法是指在领用低值易耗品时，按用途将其全部价值一次全部转移给受益对象。一次摊销法适用于单位价值较低，使用期限较短的低值易耗品。

具体账务处理如下。

【例 8-6】绿岛公司车间领用纸箱、编织袋、塑料袋、铁桶，具体数量见表 8-6，该公司采用一次摊销法核算。

表 8-6　绿岛公司车间领用低值易耗品汇总表

2×21 年 1 月 单位：元

材料名称	数量（个）	单价	金额
纸箱	3 000	1	3 000
编织袋	10 000	0.5	5 000
塑料袋	2 000	0.01	200
铁桶	100	10	1 000
合计			9 200

编制会计分录如下：

借：制造费用　　　　　　　　　　　　　　　　　9 200

　　贷：周转材料——低值易耗品　　　　　　　　　　　9 200

3. 低值易耗品的清查盘点与明细核算

（1）低值易耗品的清查盘点。

低值易耗品在清查盘点中的盘盈和盘亏要及时调整账面数字，转入"待处理财产损溢——待处理流动资产损溢"账户，查明原因，经批准后，予以转账。产生溢余的，作为企业收益，冲减"管理费用"账户；发生短缺的，由责任人赔偿，以"其他应收款"处理；属于原因不明的，作为企业损失，记入"管理费用"账户。

（2）低值易耗品的明细核算。

低值易耗品除总分类核算外，还要进行明细核算。财会部门应按低值易耗品的类别、品种分户设置明细分类账，进行数量金额双重核算。物资保管部门也要按类别、品名设置保管账，使用部门或个人设置保管卡，进行数量核算。各部门之间的账账、账卡要定期进行核对，以保证账账、账物相符。

8.2.4　外购动力费用的核算

外购动力费用是指企业从外单位购入的电力、热力等动力所支付的费用。外购动力费用在实际工作中是先用后付的，也就是本月发生的动力费用要到下个月才支付，而企业进行成本计算的会计期间是以月份为基础的。因此，根据权责发生制原则和配比原则的要求，企业必须在每月月末自行抄录计量仪表上反映的耗用动力数量，以确认各期发生的动力费用。

外购动力有的直接用于产品生产，有的用于照明、取暖等，企业应根据不同用途、发生地点等分配计入产品成本或有关费用。

1. 外购动力费分配的方法

（1）基本生产车间耗用外购动力费用的分配。

基本生产车间照明、取暖耗用的动力，应根据其耗用的数量和动力费用分配率，计算应分配的动力费用数额，记入"制造费用明细账"中有关的成本项目。

（2）辅助生产车间耗用外购动力费用的分配。

辅助生产车间耗用的动力费用，应根据其耗用的数量和动力费用分配率，计算出应分配的动力费用数额，记入"辅助生产成本明细账"中有关的项目中。

（3）管理部门耗用外购动力费用的分配。

管理部门耗用的外购动力费用，应根据其耗用的数量和动力费用分配率，计算出应分配的动力费用数额，记入"管理费用明细账"中有关的项目。

生产车间的外购动力费用在各产品之间的分配方法主要有以下几种：

机器工时分配法	一般情况下，机器工作时间与动力消耗密切相关，但是在各种机器的功率相差较大时，分配动力费仅考虑了机器工作时间一个因素，分配结果不够准确
机器功率时数分配法	是以机器功率时数为标准分配动力费用的一种方法。这种分配方法，不仅考虑了机器工时，而且考虑了机器功率，所以分配结果较为准确
定额耗用量分配法	采用定额耗用量作为分配标准进行分配，方法简便，但企业必须具备比较准确的动力消耗定额，否则影响分配结果的准确性

2. 外购动力费分配的步骤

外购动力费分配可分为两个步骤进行。

（1）外购动力费在各车间、部门之间进行分配。各车间、部门的动力一般都分别装有仪表，外购动力费用在各车间、部门可按照实际耗用量进行分配，计算公式如下。

分配率＝待分配的动力费÷$\sum$各车间、部门实际耗用量

某车间应分配动力费＝该车间实际耗用量×分配率

（2）基本生产车间分配的动力费在各产品之间分配。车间中的动力一般不按产品分别安装仪表，因而车间动力费用在各种产品之间一般按产品的生产工时比例、机器工时比例来分配，计算公式如下。

该车间内部动力分配率＝基本生产车间分配的动力费÷$\sum$该车间内各种产品工时

某产品应分配动力费＝某产品工时×该车间内部动力分配率

【例8-7】雅源公司2×21年3月共耗电度数为15 200度，每度电1.2元，共发生电费18 240元。月末查明各车间、部门耗电度数为：基本生产车间直接用于产品生产耗电8 800度，没有分产品安装电表，规定按生产工时分配电费。甲产品生产工时为2 000小时，乙产品生产工时为3 000小时。企业行政管理部门耗电1 000度。该企业设有"燃料及动力"成本项目。

根据上述资料，编制外购动力费用分配表，见表8-7。

表8-7　外购动力费用（电费）分配表

2×21年3月　　　　　　　　　　　　　　　　单位：元

部门	产品名称	用电（度）	实际工时（小时）	分配率	分配量（度）	分配金额
基本生产车间	甲产品	8 800	2 000	1.76	3 520	4 224
	乙产品		3 000		5 280	6 336
管理部门	—	1 000	—	—	—	1 200
合计	—	9 800	—	—	—	11 760

甲、乙产品动力费分配率＝8 800÷（2 000＋3 000）＝1.76

甲产品应分配动力费＝2 000×1.76×1.2＝4 224（元）

乙产品应分配动力费＝3 000×1.76×1.2＝6 336（元）

会计处理为：

借：生产成本——基本生产成本——甲产品　　　　　　　　4 224

　　　　　　　　　　　　　　　——乙产品　　　　　　　6 336

　　管理费用　　　　　　　　　　　　　　　　　　　　　1 200

　　贷：应付账款　　　　　　　　　　　　　　　　　　　　　11 760

8.2.5　折旧及其他费用的核算

折旧费用的归集通常是采用"固定资产折旧计算表"形式进行的，而折旧费用的分配则是通过编制"固定资产折旧费用分配表"进行的。

设备折旧的多少，与机器设备所用时间长短密切相关，一般用机器工时比例法进行分配。

某产品机器功能时数＝$\sum$（该产品所用设备能量×该设备上该产品所用的机器工时）

折旧的计算方法不仅影响到企业成本、费用的数额，而且影响到企业的收入和纳税。可选择的折旧方法包括年限平均法、工作量法、双倍余额递减法、年数总和法。折旧方法一经选定，不得随意变更。如需变更，应当在会计报表附注中予以说明，折旧计提方法与公式见表8-8。

表8-8　折旧方法分类与计算

分类	计算方法
年限平均法	年折旧率＝（1－预计净残值率）÷预计使用年限×100% 月折旧率＝年折旧率÷12 月折旧额＝固定资产原价×月折旧率
工作量法	每一工作量折旧额＝［固定资产原价×（1－预计净残值率）］÷预计总工作量 某项固定资产月折旧额＝该项固定资产当月工作量×单位工作量折旧额
双倍余额递减法	年折旧率＝2÷预计折旧年限×100% 月折旧率＝年折旧率÷12 月折旧额＝固定资产账面净值×月折旧率 最后两年折旧额＝（到期前两年期初账面净值－预计净残值）÷2

分类	计算方法
年数总和法	年折旧率＝尚可使用年限÷预计使用年限总和×100% ＝（预计使用年限－已使用年限）÷［预计使用年限×（预计使用年限＋1）÷2］ ×100% 月折旧率＝年折旧率÷12 年折旧额＝（原价－预计净残值）×年折旧率 月折旧额＝（固定资产原值－预计净残值）×月折旧率

【例 8-8】雅源公司一项固定资产的原价为 1 000 000 元，预计使用年限为 4 年，预计净残值 10 000 元，按双倍余额递减法计算折旧，每年的折旧额为：

双倍余额年折旧率＝2÷4×100%＝50%

第一年应提的折旧额＝1 000 000×50%＝500 000（元）

第二年应提的折旧额＝（1 000 000－500 000）×50%＝250 000（元）

从第三年起改按年限平均法（直线法）计提折旧。

第三、第四年的年折旧额＝（1 000 000－500 000－250 000－10 000）÷2

＝120 000（元）

【例 8-9】甲公司各生产车间及管理部门固定资产折旧计算过程，见表 8-9。

根据当月"固定资产折旧费用计算表"，编制会计分录如下。

表 8-9 固定资产折旧费用计算表

2×21 年 6 月   单位：元

车间、部门	固定资产类别	月初应提固定资产原值	月分类折旧率	月折旧额
生产车间	房屋	45 000 000	0.2%	90 000
	设备	30 000 000	0.3%	90 000
辅助车间	房屋	22 000 000	0.4%	88 000
	设备	5 000 000	0.5%	25 000
管理部门	房屋	9 000 000	0.6%	54 000
	设备	700 000	0.4%	2 800
销售部门	房屋	6 000 000	0.4%	24 000
合计		—	—	373 800

借：制造费用——基本生产车间   180 000

　　　　　　——辅助生产车间   113 000

　　管理费用   56 800

　　销售费用   24 000

　　贷：累计折旧   373 800

8.3 应付职工薪酬的核算

职工薪酬，是指职工在职期间和离职后提供给职工的全部货币性薪酬和非货币性薪酬，既包括提供给职工本人的薪酬，也包括提供给职工配偶、子女或其他被赡养人的福利等。

8.3.1　应付职工薪酬结转与分配

应付职工薪酬结转与分配，如图 8-4 所示。

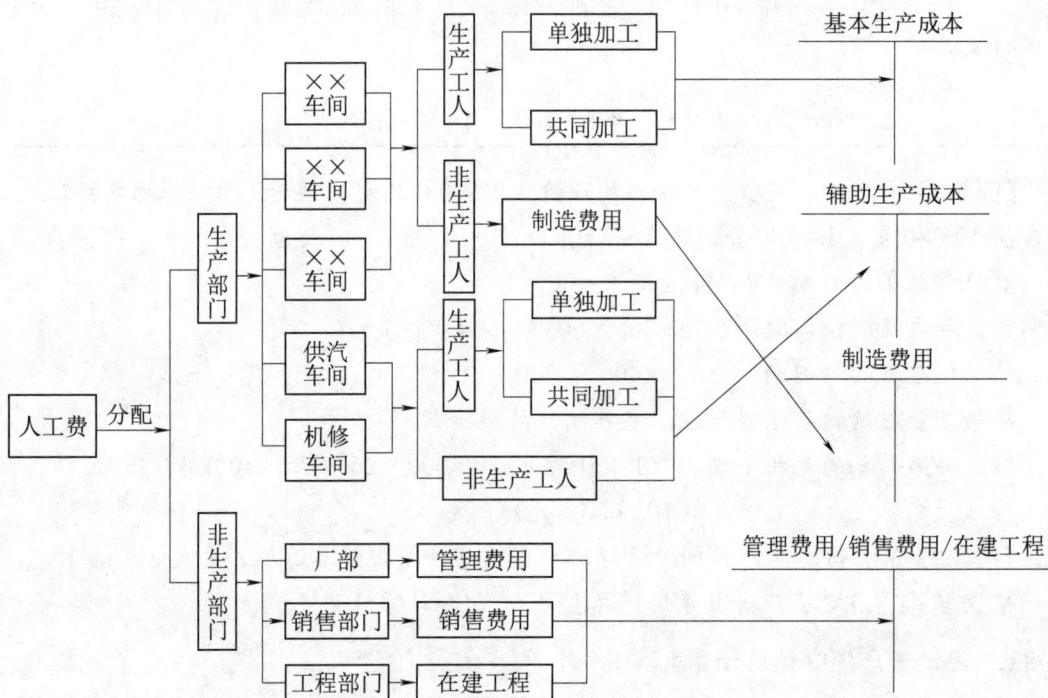

图 8-4　应付职工薪酬结转与分配

8.3.2　工资费用的计算方法

产品成本中的直接人工费用，是指直接从事产品生产的生产工人工资。

工资总额包括：计时工资、计件工资、奖金、津贴和补贴、加班工资和特殊情况下支付的工资等。

计算工资，必须以考勤记录、产量记录（工作量记录）等原始记录为依据，按照工资总额的组成内容分别计算。考勤记录由人力资源管理部门负责，产量记录由生产部门负责，每月提供给财务部门。

1. 计时工资的计算

计时工资是根据考勤记录登记的每一职工出勤和缺勤的日数，按照企业规定的工资标准计算的。工资标准按其计算时间的不同，有月工资、日工资和小时工资三种。

【例 8-10】恒昌公司王红的月工资标准为 3 600 元。2×21 年 5 月，该员工病假 2 天，事假 1 天，统计出勤 20 天，周末休假 5 天。根据该员工工龄，其病假工资按工资标准 80％计算。

①按 30 天计算日工资率，按缺勤天数扣月工资。

日工资率＝3 600÷30＝120（元）

应扣缺勤病假工资＝2×120×（1－80％）＝48（元）

应扣缺勤事假工资＝1×120＝120（元）

应付工资＝3 600－48－120＝3 432（元）

②按30天计算日工资率，按出勤天数计算月工资。

应付出勤工资＝120×（20＋5）＝3 000（元）

应付病假工资＝120×2×80％＝192（元）

应付工资＝3 000＋192＝3 192（元）

2. 计件工资的计算

（1）第一种方法计算公式：

应付计件工资＝$\sum$（某工人本月生产每种产品产量×该种产品计件单价）

（2）第二种方法计算公式：

应付计件工资＝某工人本月生产各种产品定额工时之和×该工人小时工资率

【例8-11】雅昌公司第一车间按照计件工资的计算方法取得集体工资40 510元，第一车间由5人组成，相关数据见表8-10。

表8-10　第一车间工资考勤统计表

2×21年4月　　　　　　　　　　　　　　　　单位：元

岗位	姓名	工资标准	出勤天数	基本工资
主任	小明	350	30	10 500
操作工	小强	200	25	5 000
操作工	小红	180	25	4 500
操作工	小建	170	25	4 250
检验员	小兰	120	23	2 760
合计	—	—	128	27 010

第一车间内部工资分配计算如下：

生产小组内部工资分配率＝40 510÷27 010＝1.5

小明应分配工资＝10 500×1.5＝15 750（元）

小强应分配工资＝5 000×1.5＝7 500（元）

小红应分配工资＝4 500×1.5＝6 750（元）

小建应分配工资＝4 250×1.5＝6 375（元）

小兰应分配工资＝40 510－15 750－7 500－6 750－6 375＝4 135（元）

3. 部门工资的分配

按部门的性质进行工资分配：能直接计入产品成本的职工薪酬，归类到"直接人工"成本项目；不能直接计入产品成本的职工薪酬，按工时、产品产量、产值比例等方式进行合理分配，计入各有关产品成本的"直接人工"项目。计算公式如下：

生产工资费用分配率＝各种产品生产工资总额÷各种产品生产工时总额

某种产品应分配的生产工资＝该种产品生产工时×生产工资费用分配率

如果取得各种产品实际生产工时的数据比较困难，而各种产品的单件工时定额比较准确，也可按产品的定额工时比例分配职工薪酬。计算公式如下：

某种产品耗用的定额工时＝该种产品投产量×单位产品工时定额

生产工资费用分配率＝各种产品生产工资总额÷各种产品定额工时总额

某种产品应分配的生产工资＝该种产品定额工时×生产工资费用分配率

为了按工资的用途和发生地点归集并分配工资及提取的福利费用，月末应分生产部门根据工资结算单和有关的生产工时记录编制"工资费用分配表"。

【例 8-12】 2×21 年 1 月，雅昌公司生产甲、乙两种产品，采用计时工资制度。甲、乙产品计时工资共计 112 500 元，甲、乙产品生产工时分别为 8 000 小时和 7 800 小时。工资费用分配见表 8-11。

表 8-11　工资及福利费用分配汇总表

应借科目				
总账及二级科目	明细科目	生产工时	直接生产人员（分配率）	工资合计
生产成本——基本生产成本	甲产品	8 000	7.5	60 000
	乙产品	7 000		52 500
	小计	15 000		112 500
生产成本——辅助生产成本	锅炉车间	—	—	12 800
	供电车间			24 200
	小计			37 000
制造费用	锅炉车间			11 600
	供电车间			5 935
	小计			17 535
管理费用	—	—	—	127 000
合计				294 035

生产工资费用分配率＝112 500÷（8 000＋7 000）＝7.5

甲产品分配工资费用＝8 000×7.5＝60 000（元）

乙产品分配工资费用＝7 000×7.5＝52 500（元）

借：生产成本——基本生产成本——甲产品　　　　　　60 000

　　　　——基本生产成本——乙产品　　　　　　52 500

　　　　——辅助生产成本　　　　　　　　　　　37 000

　　制造费用——锅炉车间　　　　　　　　　　　11 600

　　　　——供电车间　　　　　　　　　　　　　5 935

　　管理费用　　　　　　　　　　　　　　　127 000

　　贷：应付职工薪酬　　　　　　　　　　　　294 035

8.3.3 非货币性职工薪酬的核算

非货币性职工薪酬是指企业以其生产或外购的产品作为非货币性福利提供给职工。企业以其自产产品作为非货币性福利发放给职工的，应当根据受益对象，按照该产品的公允价值，计入相关资产成本或当期损益，同时确认应付职工薪酬。以外购商品作为非货币性福利提供给职工的，应当按照该商品的公允价值和相关税费，计量应计入成本费用的职工薪酬金额。

【例8-13】森太公司决定以其生产的空气净化器作为福利发放给职工。该空气净化器单位生产成本为1 100元，不含税价格1 500元，适用的增值税税率为13%。该公司在职职工400名，其中一线生产工人320名，总部管理人员80名。2×21年1月，该公司的核算如下：

（1）决定发放非货币性福利。

计入生产成本的金额＝320×1 500×（1＋13%）＝542 400（元）

计入管理费用的金额＝80×1 500×（1＋13%）＝135 600（元）

借：生产成本 542 400

管理费用 135 600

　　贷：应付职工薪酬——非货币性福利 678 000

（2）实际发放非货币性福利。

售价总额＝400×1 500＝600 000（元）

应交的增值税销项税额＝600 000×13%＝78 000（元）

借：应付职工薪酬——非货币性福利 678 000

　　贷：主营业务收入 600 000

　　　　应交税费——应交增值税（销项税额） 78 000

借：主营业务成本 440 000

　　贷：库存商品 440 000

8.4 利息支出

利息费用不是产品成本的组成部分，而是财务费用的组成部分。

如果短期借款利息按月支付，或利息是在借款到期，本息一起支付，可以在实际支付或收到银行的计算通知时，直接计入财务费用。

【例8-14】江城设备制造厂取得低息贷款4 000 000元，年利率2.5%，借款期限6个月。因利息数额较少，不进行计提，一直到期还本付息。

6个月的利息＝4 000 000×2.5%÷12×6＝50 000（元）

（1）2×21年3月1日，取得借款时。

借：银行存款 4 000 000

　　贷：短期借款 4 000 000

（2）2×21 年 9 月 1 日，还本付息时。

借：短期借款   4 000 000
  财务费用   50 000
  贷：银行存款   4 050 000

8.5　其他费用的核算

其他费用具体包括邮电费、租赁费、印刷费、图书报刊资料费、办公用品费、排污费、差旅费、保险费、职工技术补助费以及利息和有关费用性税金等。

【例 8-15】2×21 年 3 月 31 日，顺鑫制造厂第一车间订阅报刊，用转账支票 13 400 元支付报刊费。

借：制造费用——报刊费   13 400
  贷：银行存款   13 400

8.6　辅助生产费用的归集和分配

辅助生产费用是企业辅助生产车间为基本生产和其他部门提供服务所发生的费用。辅助生产为基本生产服务产生的费用，间接计入产品制造成本之中，只有辅助生产费用确定并分配之后，基本生产产品的成本才能随之确定。

8.6.1　辅助生产费用的含义与分类

辅助生产车间为生产产品或提供劳务而发生的原材料费用、动力费用、工资及福利费以及辅助生产车间的制造费用，被称之为辅助生产费用。

为生产和提供一定种类和一定数量的产品或劳务所耗费的辅助生产费用之和，构成该种产品或劳务的辅助生产成本，如图 8-5 所示。

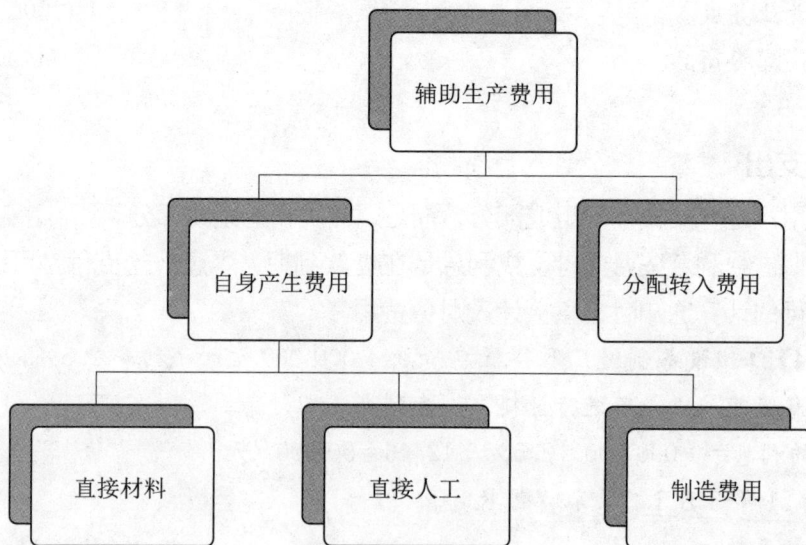

图 8-5　辅助生产费用分配

辅助生产是指为基本生产车间、企业行政管理部门等单位服务而进行的产品生产和劳务供应。辅助生产有两种情况：一种是只生产一种产品或提供一种劳务，如供水、供气、供风、运输等辅助生产；另一种则是生产多种产品或提供多种劳务，如从事工具、模具、修理用备件的制造以及机械设备的修理等辅助生产。

8.6.2 辅助生产费用归集

辅助生产车间发生的费用的归集主要是通过"辅助生产成本"账户进行的。在实际工作中，考虑辅助车间的制造费用情况不同，又具体有两种归集方法，两种方法的根本区别表现在对辅助车间的制造费用处理的不同。

1. 第一种：先通过"制造费用"科目归集，再转入"辅助生产成本"科目借方

在这种方法下，企业需开设"辅助生产成本"和"制造费用——辅助车间"明细账，并要确定辅助生产成本账户的成本项目，对企业发生的专设成本项目的费用，直接或分配记入辅助生产成本明细账；车间发生的未专设成本项目的费用先记入制造费用明细账，月末分配辅助费用时，以这两个明细账归集的费用之和作为待分配费用进行分配，并在分配过程结束时，将制造费用明细账归集的全部费用（含分配时转入的费用）结转到辅助生产成本明细账。结转后，制造费用明细账应无余额。

2. 第二种：不通过"制造费用"科目，直接记入"辅助生产成本"科目

在这种方法下，企业只设置"辅助生产成本"明细账，不再开设"制造费用——辅助车间"明细账。此时，辅助生产成本明细账是按费用项目开设专栏，凡是辅助车间的费用都直接或间接记入辅助生产成本明细账。月底时，该明细账归集的费用总额即为待分配的费用，即可进行分配。

8.6.3 辅助生产费用的分配方法

辅助生产费用的分配方法如下：

| 直接分配法 | 顺序分配法 | 交互分配法 | 代数分配法 | 计划成本分配法 |

1. 直接分配法

直接分配法是指在各辅助生产车间发生的费用，直接分配给辅助生产以外的各受益单位，辅助生产车间之间相互提供的产品和劳务，不互相分配费用。

分配的计算公式为：

某辅助生产车间费用分配率＝某辅助生产车间的待分配费用÷各受益对象接受的劳务量之和

或：$=\dfrac{某辅助生产车间}{待分配费用总和}\div\left(\dfrac{某辅助生产车间}{提供的劳务总量}-\dfrac{其他辅助生产车间耗用某}{辅助生产车间的劳务数量}\right)$

$\dfrac{某受益对象应负}{担的辅助生产费用}=\dfrac{某受益对象耗用某辅助}{生产车间的劳务数量}\times\dfrac{某辅助生产车间}{的费用分配率}$

直接分配法最为简便，但只宜在辅助生产内部相互提供劳务不多，不进行交互分配对辅助生产成本和企业产品成本影响不大的情况下采用。

【例8-16】雅昌设备制造有限公司有供水和供电两个辅助生产车间，主要为本公司基本生产车间和行政管理部门等服务，根据"辅助生产成本"明细账汇总的资料，供水车间本月发生费用为48 600元，供电车间本月发生费用为67 800元。各辅助生产车间供应产品或劳务数量详见表8-12。

表8-12　辅助生产车间劳务数量分配表

受益单位	耗水（立方米）	耗电（度）
基本生产车间——甲产品		18 000
基本生产车间	24 000	25 000
辅助生产车间（供电）	15 000	
辅助生产车间（供水）		3 000
行政部门	1 000	1 200
销售部门	2 000	1 000
合计	42 000	48 200

按下列公式计算：

单位成本（分配率）＝待分配辅助生产费用÷［辅助生产劳务（产品）总量－其他辅助生产劳务（产品）总量］

供水单位成本（分配率）＝48 600÷（42 000－15 000）＝1.8（元/立方米）

供电单位成本（分配率）＝67 800÷（48 200－3 000）＝1.5（元/度）

供水车间费用分配情况：

基本生产车间负担的水费＝24 000×1.8＝43 200（元）

行政管理部门负担的水费＝1 000×1.8＝1 800（元）

专设销售机构负担的水费＝2 000×1.8＝3 600（元）

供电车间费用分配情况：

基本生产车间甲产品负担电费＝18 000×1.5＝27 000（元）

基本生产车间乙产品负担电费＝25 000×1.5＝37 500（元）

行政管理部门负担电费＝1 200×1.5＝1 800（元）

专设销售机构负担电费＝1 000×1.5＝1 500（元）

根据上述计算结果，分配辅助生产费用见表9-13。

表 8-13 辅助生产费用分配表（直接分配法）   单位：元

项目		供水车间	供电车间	合计
待分配辅助生产费用（元）		48 600	67 800	116 400
供应辅助生产以外的劳务数量		27 000（立方米）	45 200（度）	—
单位成本（分配率）		1.8	1.5	—
基本生产车间——甲产品	耗用数量	—	18 000	
	分配金额	—	27 000	27 000
基本生产车间	耗用数量	24 000	25 000	
	分配金额	43 200	37 500	80 700
行政部门	耗用数量	1 000	1 200	
	分配金额	1 800	1 800	3 600
销售部门	耗用数量	2 000	1 000	
	分配金额	3 600	1 500	5 100
合计		48 600	67 800	116 400

根据辅助生产费用分配表编制会计分录如下。

借：生产成本——基本生产成本——甲产品　　　　　27 000
　　制造费用　　　　　　　　　　　　　　　　　　80 700
　　管理费用　　　　　　　　　　　　　　　　　　3 600
　　销售费用　　　　　　　　　　　　　　　　　　5 100
　　贷：生产成本——辅助生产成本——供水　　　　48 600
　　　　　　　　——辅助生产成本——供电　　　　67 800

直接分配法适用于辅助生产内部相互提供产品或劳务不多，不进行费用的交互分配，对辅助生产成本和产品制造成本影响不大的情况下采用。虽然计算简便，但分配结果往往与实际不符。

2. 顺序分配法

各辅助生产车间之间的费用分配是按照受益多少的顺序依次排列，受益少的排在前面，先将费用分配出去；受益多的排在后面，后将费用分配出去。

适用范围：在各辅助生产车间或部门之间相互受益程度有明显顺序的情况下采用。

【例 8-17】根据表 8-12 的资料，计算辅助生产费用见表 8-14。

表 8-14 辅助生产费用分配表（直接分配法）   单位：元

项目		供水车间	供电车间	合计
待分配辅助生产费用（元）		48 600	67 800	116 400
供应辅助生产以外的劳务数量		27 000（立方米）	45 200（度）	—
单位成本（分配率）		1.8	1.5	—
基本生产车间——甲产品	耗用数量	—	18 000	
	分配金额	—	27 000	27 000

续上表

项目		供水车间	供电车间	合计
基本生产车间	耗用数量	24 000	25 000	—
	分配金额	43 200	37 500	80 700
行政部门	耗用数量	1 000	1 200	—
	分配金额	1 800	1 800	3 600
销售部门	耗用数量	2 000	1 000	—
	分配金额	3 600	1 500	5 100
合计		48 600	67 800	116 400

根据上述资料，按顺序分配法编制辅助生产费用分配表。

电费分配率＝67 800÷（18 000＋25 000＋3 000＋1 200＋1 000）＝1.41

水费分配率＝（48 600＋4 068）÷（24 000＋1 000＋2 000）＝52 668÷27 000＝1.95

（1）分配电费。

借：辅助生产成本——供水 　　　　　　　　　　　4 068（倒挤）

　　基本生产成本——甲产品 　　　　（18 000×1.41）25 380

　　制造费用 　　　　　　　　　　　（25 000×1.41）35 250

　　管理费用 　　　　　　　　　　　（1 200×1.41）1 692

　　销售费用 　　　　　　　　　　　（1 000×1.41）1 410

　　　贷：辅助生产成本——供电 　　　　　　　　　67 800

（2）分配水费。

借：制造费用 　　　　　　　　　　　（24 000×1.95）46 800

　　管理费用 　　　　　　　　　　　　　　　　　1 968

　　销售费用 　　　　　　　　　　　（2 000×1.95）3 900

　　　贷：辅助生产成本——供水 　　　　　　　　　52 668

管理费用倒挤1 968元（52 668－46 800－3 900）。

根据上述计算结果，编制辅助费用分配表，见表8-15。

表8-15　辅助费用分配表

项目 车间部门	辅助生产车间						基本生产				行政管理部门		专设销售机构	
	供电车间			供水车间			甲产品		基本生产车间					
	劳务（产品）量	待分配费用	分配率	劳务（产品）量	待分配费用	分配率	耗用数量	分配金额	耗用数量	分配金额	耗用数量	分配金额	耗用数量	分配金额
	48 200	67 800		42 000	48 600	—	—	—	—	—	—	—	—	—
分配电费	−48 200	−67 800	1.41	3 000	4 068	—	18 000 度	25 380	25 000 度	35 250	1 200 度	1 692	1 000 度	1 410
分配水费				27 000	−52 668	1.95	24 000 立方米	46 800	1 000 立方米	1 968	2 000 立方米	3 900		
分配金额合计							—	25 380	—	82 050	—	3 660	—	5 310

3. 交互分配法

交互分配法，是对各辅助生产车间的成本费用进行交互分配和直接分配两次分配的方法，如图 8-6 所示。

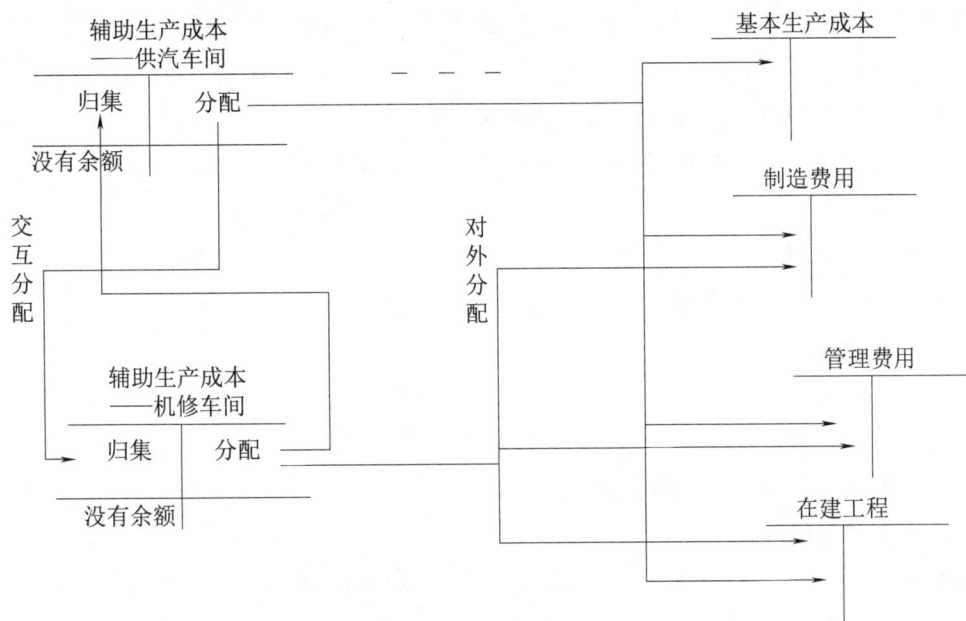

图 8-6　交互分配法流程图

（1）第一次：交互分配。

以各辅助生产车间分配前的费用及其相互提供劳务的数量为依据进行内部分配。

$$交互分配率 = \frac{某辅助生产车间发生的待分配费用}{某辅助生产车间提供的劳务（产品）总量}$$

$$某辅助生产车间应负担其他辅助生产车间的费用 = 某辅助生产车间耗用的其他辅助生产车间的劳务数量 \times 其他辅助生产车间交互分配率$$

（2）第二次：对外分配。

以各辅助生产车间交互分配后的实际费用和外部门耗费的劳务量为依据进行对外分配。

$$某辅助生产车间对外分配率 = \left(\begin{array}{c}某辅助生产车间\\的待分配费用\end{array} + \begin{array}{c}交互分配\\转入的费用\end{array} - \begin{array}{c}交互分转\\出的费用\end{array}\right) \div \begin{array}{c}辅助生产车\\间供应总量\end{array} - \begin{array}{c}辅助生产车\\间内耗用量\end{array}$$

车间以外的各受益对象提供的劳务总量计算公式如下：

$$某受益对象应负担某辅助生产车间的费用 = 某受益对象耗用某辅助生产车间的劳务数量 \times 某辅助生产车间对外分配率$$

【例 8-18】 接【例 8-16】，雅昌设备制造有限公司有供水和供电两个辅助生产车间，主要为本公司基本生产车间和行政管理部门等服务，根据"辅助生产成本"明细账汇总的资料，供水车间本月发生费用为 48 600 元，供电车间本月发生费用为 67 800 元。

第一次分配：

（1）计算交互费用分配率。

供水车间交互分配率＝48 600÷42 000＝1.16（元）

供电车间交互分配率＝67 800÷48 200＝1.41（元）

（2）计算供电、供水车间分配的费用。

供电车间应该负担的水费＝3 000×1.41＝4 230（元）

供水车间应该负担的电费＝15 000×1.16＝17 400（元）

第二次分配：

（1）计算对外应分配的费用（交互分配后的实际费用）。

供水车间实际对外分配的费用＝48 600＋17 400－4 230＝61 770（元）

供水车间对外提供的劳务数量＝42 000－15 000＝27 000（立方米）

供电车间实际对外分配的费用＝67 800＋4 230－17 400＝54 630（元）

供电车间对外提供的劳务数量＝48 200－3 000＝45 200（度）

（2）计算对外分配率。

供水车间分配率＝61 770÷27 000＝2.287 8（元）

供电车间分配率＝54 630÷45 200＝1.208 6（元）

（3）计算供水、供电车间费用分配。

①供水车间费用分配情况：

基本生产车间的负担水费＝24 000×2.287 8＝54 907.20（元）

行政管理部门的负担水费＝1 000×2.287 8＝2 287.80（元）

销售部门负担的水费＝61 770－54 907.20－2 287.80＝4 575（元）

②供电车间费用分配情况：

基本生产——甲产品负担电费＝18 000×1.208 6＝21 754.80（元）

基本生产车间负担电费＝25 000×1.208 6＝30 215（元）

行政管理部门负担电费＝1 200×1.208 6＝1 450.32（元）

销售机构负担电费＝54 630－21 754.80－30 215－1 450.32＝1 209.88（元）

（4）根据以上计算结果，编制会计分录。

供电、供水车间相互分配。

借：辅助生产成本——供水车间   4 230

          ——供电车间   17 400

   贷：辅助生产成本——供电车间   4 230

            ——供水车间   17 400

对外分配会计分录：

借：基本生产成本——甲产品   21 754.80

   制造费用 （54 907.20＋30 215）85 122.2

   管理费用 （2 287.80＋1 450.32）3 738.12

   销售费用 （4 575＋1 209.88）5 784.88

   贷：辅助生产成本——供水车间   61 770

            ——供电车间   54 630

根据上表资料，采用交互分配法分配辅助生产费用，其分配结果见表 8-16。

表 8-16 辅助生产费用分配表（交互分配法）　　　　　　　　　　单位：元

项目		交互分配			对外分配		
辅助车间名称		供水	供电	合计	供水	供电	合计
待分配辅助生产费用	"辅助生产成本"科目	48 600	67 800	116 400	—	—	—
	小计	48 600	67 800	116 400	—	—	—
劳务供应数量		42 000	48 200	90 200	27 000（立方米）	45 200（度）	—
费用分配率（单位成本）		1.16	1.41	—	2.287 8	1.208 6	—
辅助生产车间耗用	供水车间 耗用数量	15 000	—	—	—	—	—
	供水车间 分配金额	17 400	—	—	—	—	—
	供电车间 耗用数量	—	3 000	—	—	—	—
	供电车间 分配金额	—	4 230	—	—	—	—
基本生产——甲产品	耗用数量	—	—	—	—	18 000（度）	—
	分配金额	—	—	—	—	21 754.8	21 754.8
基本生产车间耗用	耗用数量	—	—	—	24 000（立方米）	25 000（度）	—
	分配金额	—	—	—	54 907.20	30 215	85 122.2
企业管理部门耗用	耗用数量	—	—	—	1 000（立方米）	1 200（度）	—
	分配金额	—	—	—	2 287.80	1 450.32	3 738.12
专设销售机构耗用	耗用数量	—	—	—	1 000（立方米）	1 000（度）	—
	分配金额	—	—	—	4 575	1 209.88	5 784.88

交互分配法的优点是进行两次分配，提高了分配结果的正确性；缺点是增加了计算工作量。

4. 代数分配法

代数分配法是先建立方程求解，计算出辅助生产单位产品和劳务的实际单位成本，再按照产品或劳务的实际供应量和实际单位成本，在各个受益对象之间分配辅助生产费用。

采用代数分配法，其费用成本分配结果最正确。但在辅助生产车间较多的情况下，未知数较多，计算复杂，因而这种分配方法适宜在计算工作已经实现电算化的企业采用。

【例 8-19】雅昌设备制造有限公司有供水和供电两个辅助生产车间，主要为本公司基本生产车间和行政管理部门等服务，根据"辅助生产成本"明细账汇总的资料，供水车间本月发生费用为 48 600 元，供电车间本月发生费用为 67 800 元。各辅助生产车间供应产品或劳务数量详见表 8-12，采用直接分配法的辅助生产费用分配表详见表 8-13。

设：供水车间每吨水的实际成本为 x，供电车间每度电的实际成本为 y。

供水车间：$42\,000x=48\,600-3\,000y$ (1)

供电车间：$48\,200y=67\,800+15\,000x$ (2)

联立（1）（2），求解得：$x=1.023\,0$

$\qquad\qquad\qquad y=1.728\,3$

根据 x、y 的值以及各受益单位接受供水和供电的数量，即可求得各受益单位应负担的费用金额。

供水车间费用分配情况：

供电车间负担水费$=15\,000\times1.023\,0=15\,345$（元）

基本生产车间管理负担水费$=24\,000\times1.023\,0=24\,552$（元）

行政管理部门负担水费$=1\,000\times1.023\,0=1\,023$（元）

专设销售机构负担水费$=2\,000\times1.023\,0=2\,046$（元）

合计：42 966（元）

供电车间费用分配情况：

甲产品应负担电费$=18\,000\times1.728\,3=31\,109.40$（元）

基本生产车间管理负担电费$=25\,000\times1.728\,3=43\,207.50$（元）

供水车间负担电费$=3\,000\times1.728\,3=5\,184.90$（元）

行政管理部门负担电费$=1\,200\times1.728\,3=2\,073.96$（元）

专设销售机构负担电费$=1\,000\times1.728\,3=1\,728.30$（元）

合计：83 304.06（元）

账务处理：

借：基本生产成本——甲产品　31 109.40

　辅助生产成本——供水车间　5 184.90

　　　　　　——供电车间　15 345

　制造费用　（24 552＋43 207.50）67 759.50

　管理费用　（1 023＋2 073.96）3 096.96

　销售费用　（2 046＋1 728.3）3 774.30

　贷：辅助生产成本——供水车间　42 966

　　　　　　——供电车间　83 304.06

代数分配法分配结果最正确，但计算难度较大，因而适合已经实现电算化的企业采用。

5. 计划成本分配法

计划成本分配法是指辅助生产费用，按照计划单位成本计算并分配的一种方法。分配后，各辅助生产车间实际发生的费用与计划分配转出费用之间，通常情况下存在差异。处理差异的办法有两个：一是将差异全部计入管理费用；二是将差异在辅助生产车间以外的其他受益对象之间再做一次分配。

具体分配计算公式如下：

第一步，先按计划单位成本对辅助生产费用分配。

$$\text{某受益对象应负担某} \atop \text{辅助生产车间的费用} = {\text{该受益对象耗用某辅助} \atop \text{生产车间的劳务数量}} \times {\text{某辅助生产车间辅助生} \atop \text{产费用的计划单位成本}}$$

第二步，对实际费用与计划分配转出费用之间的差异进行计算，并对差异进行处理。

$$\text{实际费用} = {\text{各辅助生产车间} \atop \text{原来待分配费用}} + {\text{按计划成本} \atop \text{分配转入费用}}$$

【例8-20】伊美达公司设有蒸汽和动力两个辅助生产车间，辅助生产费用通过"制造费用"科目进行明细核算。本月两个辅助生产部门的费用和提供产品或劳务数量，见表8-17。

表8-17 辅助生产费用及产品或劳务数量表   单位：元

项目		蒸汽车间	动力车间
待分配费用（元）	"辅助生产成本"科目	9 000	15 000
	"制造费用"科目	3 000	8 800
	小计	12 000	23 800
产品或劳务数量		20 000（立方米）	22 000（千瓦时）
计划单位成本		1.2	1.4
耗用产品或劳务数量	蒸汽		4 000
	动力	5 000	
	基本生产车间	14 000	16 000
	行政管理部门	1 000	2 000

（1）各受益单位应分配的计划费用。

动力车间应分配的蒸汽费用＝5 000×1.2＝6 000（元）

蒸汽车间应分配的动力费用＝4 000×1.4＝5 600（元）

基本生产车间应分配的蒸汽费用＝14 000×1.2＝16 800（元）

基本生产车间应分配的动力费用＝16 000×1.4＝22 400（元）

基本生产车间辅助生产费用＝16 800＋22 400＝39 200（元）

（2）辅助生产实际成本。

蒸汽车间实际成本＝12 000＋5 600＝17 600（元）

动力车间实际成本＝23 800＋6 000＝29 800（元）

（3）辅助生产成本差异。

蒸汽车间成本差异＝17 600－（20 000×1.2）＝－6 400（元）

动力车间成本差异＝29 800－（22 000×1.4）＝－1 000（元）

根据辅助生产费用分配表编制会计分录如下：

①按计划成本分配辅助生产费用：

借：制造费用——动力车间　　　　　　　　　　6 000

　　　　　　——蒸汽车间　　　　　　　　　　5 600

　　　　　　——基本生产车间　　　　　　　　39 200

　管理费用　　　　　　　　　　　　　　　　4 000

　　贷：辅助生产成本——蒸汽车间　　　　　　　　　24 000

　　　　　　　　——动力车间　　　　　　　　　　30 800

②结转辅助车间的制造费用：

借：辅助生产成本——蒸汽　　　　　　（3 000+5 600）8 600

　　　　　　——动力　　　　　　（8 800+6 000）14 800

　　贷：制造费用——蒸汽车间　　　　　　　　　　9 000

　　　　　　——动力车间　　　　　　　　　　14 400

③结转辅助生产成本差异：

借：辅助生产成本——蒸汽　　　　　　　　　　6 400

　　　　　　——动力　　　　　　　　　　1 000

　　贷：管理费用　　　　　　　　　　　　　　7 400

根据上表资料，采用计划成本法分配辅助生产费用，其分配结果见表8-18。

表8-18　辅助生产费用分配表

（计划成本分配法）　　　　　　　　　　单位：元

项目			蒸汽车间	动力车间	合计
待分配辅助生产费用		"辅助生产成本"科目	9 000	15 000	24 000
		"制造费用"科目	3 000	8 800	11 800
		小计	12 000	23 800	35 800
供应劳务数量			20 000（立方米）	22 000（千瓦时）	—
计划单位成本			1.2	1.4	—
制造费用	蒸汽车间	耗用数量	—	4 000（立方米）	—
		分配金额	—	5 600	5 600
	动力车间	耗用数量	5 000（千瓦时）	—	—
		分配金额	6 000	—	6 000
	基本生产车间耗用	耗用数量	14 000	16 000	—
		分配金额	16 800	22 400	39 200
管理费用	企业管理部门	耗用数量	1 000	2 000	—
		分配金额	1 200	2 800	4 000
按计划成本分配合计			24 000	30 800	54 800
辅助生产实际成本			17 600	29 800	47 400
辅助生产成本差异			−6 400	−1 000	−7 400

计划成本分配法能够简化并加速分配的计算工作，便于考核和分析各受益单位的经济责任，还能反映辅助生产车间产品或劳务的实际成本脱离计划成本的差异。但是采用该种分配方法，辅助生产产品或劳务的计划单位成本必须比较准确。

8.7 制造费用的归集和分配

制造费用是指工业企业为生产产品（或提供劳务）而发生的、应该计入产品成本，但没有专设成本项目的各项生产费用。

8.7.1 制造费用归集与分配图示

制造费用的归集和分配，如图 8-7 所示。

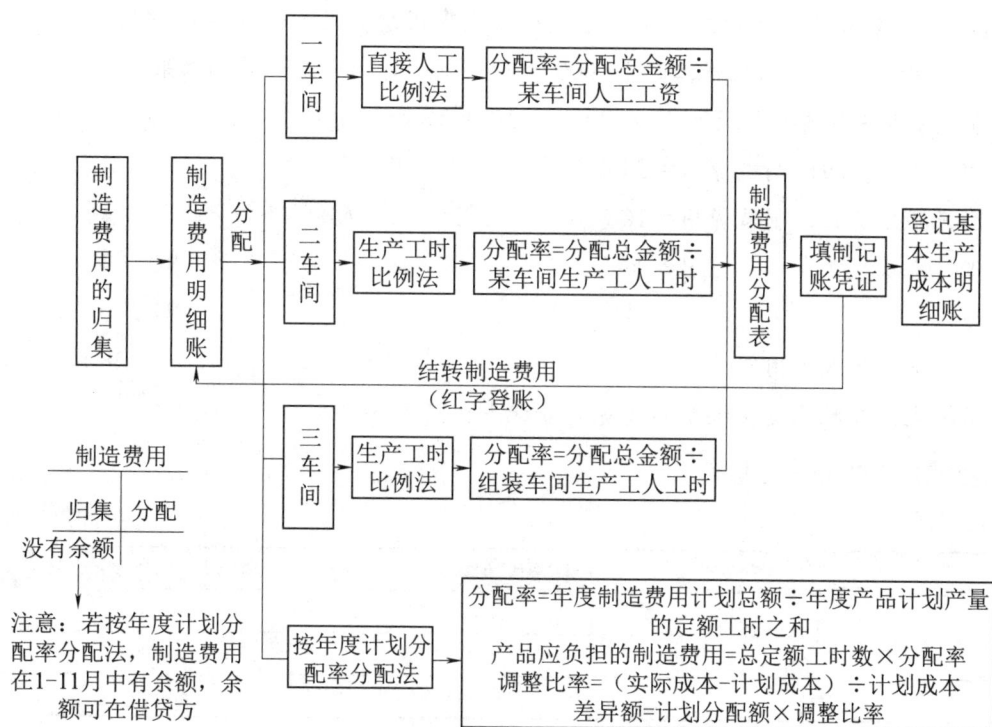

图 8-7　制造费用的归集和分配

只生产一种产品的车间，制造费用可以直接计入该产品的生产成本；生产多种产品的车间，制造费用应采用既合理又简便的分配方法，分配计入各种产品的生产成本。常见的制造费用分配方法如下：

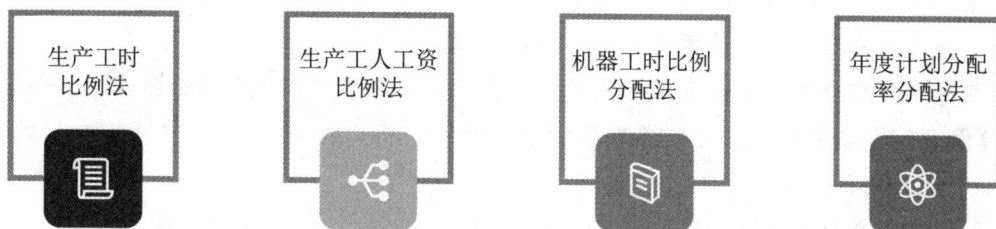

生产工时比例法　生产工人工资比例法　机器工时比例分配法　年度计划分配率分配法

8.7.2 生产工时比例法

生产工时比例法是按照各种产品所用生产工人工时的比例分配制造费用的一种方法。

生产工时比例法是较为常用的一种分配方法，能将劳动生产率的高低与产品负担费用的多少联系起来，分配结果比较合理。必须正确组织好产品生产工时的记录和核算等基础工作，以保证生产工时的正确、可靠。

生产工时比例法计算公式如下：

制造费用分配率＝制造费用总额÷所有产品生产工时总和

某种产品应分配的制造费用＝该种产品生产工时×制造费用分配率

【例8-21】易达锡公司生产车间发生的制造费用总共是58 500元，甲产品的生产工时23 000小时，乙产品生产工时16 000小时，制造费用分配计算的结果是：

制造费用分配率＝58 500÷（23 000＋16 000）＝1.5（元/时）

甲产品应负担的制造费用＝23 000×1.5＝34 500（元）

乙产品应负担的制造费用＝16 000×1.5＝24 000（元）

借：基本生产成本——甲产品　　　　　　　　　　　34 500

　　　　　　　　——乙产品　　　　　　　　　　　24 000

　　贷：制造费用　　　　　　　　　　　　　　　　　　58 500

根据生产工时比例法编制制造费用分配表，见表8-19。

表8-19　制造费用分配表

车间名称：基本生产车间　　　　　　　　　　　　　　　　　　单位：元

应借科目		生产工时（小时）	分配金额（分配率：1.5）
基本生产成本	甲产品	23 000	34 500
	乙产品	16 000	24 000
合计		39 000	58 500

8.7.3 生产工人工资比例法

生产工人工资比例法又称生产工资比例法，是以各种产品的生产工人工资的比例分配制造费用的一种方法。

特点：核算工作简便，适用于各种产品生产机械化的程度大致相同的情况。

生产工人工资比例法计算公式如下：

制造费用分配率＝制造费用总额÷生产工人工资总额

某种产品应分配的制造费用＝该种产品生产工人工资×制造费用分配率

【例8-22】接上例，假设生产工人工资总额为1 250 000元，生产甲产品工人工资为780 000元，则计算方法如下：

制造费用分配率＝58 500÷1 250 000＝0.046 8

甲产品应分配的制造费用＝780 000×0.046 8＝36 504（元）

为使计算结果精确，本题保留小数点后四位数字。

8.7.4 机器工时比例法

机器工时比例法是按照各种产品所用机器设备运转时间的比例分配制造费用的一种方法，这种方法适用于机械化程度较高的车间。

机器工时比例分配法计算公式如下：

制造费用分配率＝制造费用总额÷车间产品机器工时之和

某种产品应分配的制造费用＝该种产品机器工时×制造费用分配率

在计算时，要求对各种产品的机器工时的记录和计量要准确，如果不准确可能会造成各种产品负担的制造费用分配计算结果不太合理。

【例 8-23】恒昌公司生产甲、乙两种商品，制造费用总额为 489 000 元，相关资料见表 8-20。

表 8-20 制造费用分配表

车间：　　　　　　　　　　　　　　　　　　　　　　　　　　　　2×21 年 6 月 1 日

应借账户	机器工时（小时）	分配率（元/时）	分配金额（元）
甲产品	35 800		223 750
乙产品	42 440	6.25（489 000÷78 240）	265 250
合计	78 240		489 000

8.7.5 按年度计划分配率分配法

年度计划分配率分配法是按照年度开始前确定的全年适用的计划分配率分配费用的方法。

计算公式如下：

年度计划分配率＝年度制造费用计划总额÷年度各种产品计划产量的定额工时总额

$$某月某产品制造费用＝\frac{该月该种产品实际}{产量的定额工时数}×\frac{年度计划}{分\ 配\ 率}$$

【例 8-24】雅格车间全年制造费用计划 158 400 元，全年各种产品的计划产量为：甲产品 4 000 件，乙产品 5 000 件；单件产品的工时定额为甲产品 6 小时，乙产品 4 小时。1 月实际产量为：甲产品 380 件，乙产品 480 件。

（1）各种产品年度计划产量的定额工时。

甲产品年度计划产量的定额工时＝4 000×6＝24 000（小时）

乙产品年度计划产量的定额工时＝5 000×4＝20 000（小时）

（2）制造费用年度计划分配率。

制造费用年度计划分配率＝158 400÷（24 000＋20 000）＝3.6（元/时）

（3）各种产品本月实际产量的定额工时。

甲产品本月实际产量的定额工时＝380×6＝2 280（小时）

乙产品本月实际产量的定额工时＝480×4＝1 920（小时）

（4）各种产品应分配的制造费用。

甲产品分配制造费用＝2 280×3.6＝8 208（元）

乙产品分配制造费用＝1 920×3.6＝6 912（元）

该车间本月按计划分配率分配转出的制造费用为：8 208＋6 912＝15 120（元）

借：基本生产成本——甲产品　　　　　　　　　　　　　　　　8 208

　　　　　　　　——乙产品　　　　　　　　　　　　　　　　6 912

　　贷：制造费用　　　　　　　　　　　　　　　　　　　　　　15 120

按年度计划分配率分配法特别适用于季节性生产的车间，但是，年度内如果发现全年制造费用的实际数和产品的实际产量与计划数发生较大的差额时，应及时调整计划分配率。

8.8　废品损失和停工损失的核算

废品，是指不符合规定的技术标准，不能按照原定用途使用，或者需要加工修理后才能使用的在产品、半成品和产成品。

废品损失归依与分配流程，如图8-8所示。

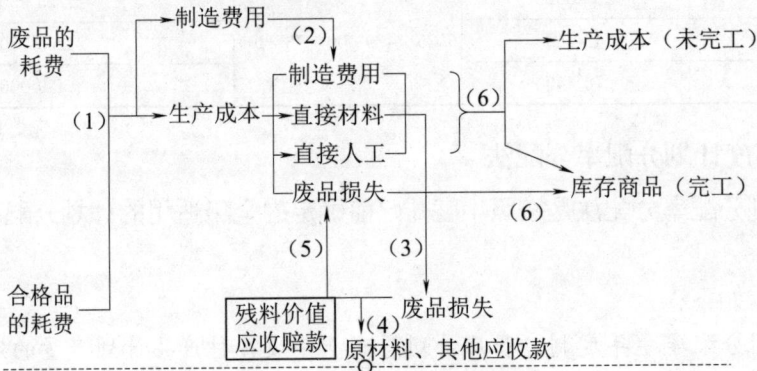

图8-8　废品损失核算流程图

按照废品能否修复或在修复时是否合算，把废品分成两类：不可修复废品和可修复废品。核算方法有两种：一是不单独核算废品损失；二是单独核算废品损失。

单独核算时，生产成本明细账中增设"废品损失"成本项目，"废品损失"总账及所属明细账如下。

8.8.1　不可修复废品损失的归集和分配

不可修复废品：技术上不能够修复或者虽然能够修复，但是从经济角度考虑不合算的废品。

不可修复废品损失内容包括：不可修复废品的生产成本；回收的不可修复废品的残料价值；应收赔款。

废品成本，是指生产过程中截至报废时为止所耗费的一切费用，扣除废品的残值和应收赔款，算出废品损失。

1. 按废品所耗实际费用计算的方法

在废品报废时根据废品和合格品发生的全部实际费用，采用一定的分配方法，在合格品与废品之间进行分配，计算出废品的实际成本，从"基本生产成本"科目贷方转入"废品损失"科目的借方。

【例 8-25】某车间本月生产甲产品 2 000 件，经验收入库后，发现不可修复废品 100 件；合格品生产工时为 25 000 小时，废品工时为 1 000 小时，全部生产工时为 26 000 小时；合格品机器工时为 5 000 小时，废品机器工时为 300 小时，全部机器工时为 5 300 小时。按所耗实际费用计算废品的生产成本，废品残料回收入库价值 3 000 元，原材料于生产开工时一次投入。原材料费用按合格品数量和废品数量的比例分配；直接燃料和动力费用按机器工时比例分配；其他费用按生产工时比例分配。甲产品成本计算单见表 8-21。

表 8-21　甲产品成本计算单　　　　　　　　　　　　　　　　　　单位：元

项目	数量（件）	直接材料	生产工时（小时）	机器工时（小时）	直接燃料动力	直接人工	制造费用	成本合计
费用总额	2 000	800 000	26 000	5 300	25 000	104 000	111 800	1 040 800
费用分配率	—	400	—	—	4.72	4	4.3	—

根据上述资料编制废品损失，计算下述指标。

直接材料费用分配率＝800 000÷2 000＝400（元/件）

废品直接材料成本＝100×400＝40 000（元）

直接燃料动力分配率＝25 000÷5 300＝4.72（元/时）

废品燃料动力成本＝300×4.72＝1 416（元）

直接人工分配率＝104 000÷26 000＝4

废品直接人工成本＝1 000×4＝4 000（元）

制造费用分配率＝111 800÷26 000＝4.3（元/时）

废品制造费用成本＝1 000×4.3＝4 300（元）

根据以上计算结果，废品的全部生产费用见表 8-22。

表 8-22 不可修复废品损失计算表

（按实际成本计算）

废品数量：80 件

2×21 年 1 月

产品名称：甲产品

车间名称：第一车间

单位：元

项目	数量（件）	生产工时（小时）	机器工时（小时）	直接材料	直接燃料动力	直接人工	制造费用	成本合计
废品成本	100	1 000	300	40 000	1 416	4 000	4 300	49 716
减：废品残料	—	—	—	3 000	—	—	—	3 000
废品损失	—	—	—	37 000	1 416	4 000	4 300	46 716

根据不可修复废品损失计算表，编制如下会计分录：

（1）结转废品成本（实际成本）。

借：废品损失——甲产品　　　　　　　　　　　　　　49 716

　　贷：基本生产成本——甲产品——直接材料　　　　　　40 000

　　　　　　　　　　　　——直接燃料和动力　　　　　　1 416

　　　　　　　　　　　　——直接人工　　　　　　　　　4 000

　　　　　　　　　　　　——制造费用　　　　　　　　　4 300

（2）回收废品残料入库。

借：原材料　　　　　　　　　　　　　　　　　　　　3 000

　　贷：废品损失——甲产品　　　　　　　　　　　　　3 000

（3）废品损失转入该种合格产品成本。

借：生产成本——甲产品——废品损失　　　　　　　　46 716

　　贷：废品损失——甲产品　　　　　　　　　　　　46 716

2. 按废品所耗定额费用计算的方法

按不可修复废品的数量和各项费用定额计算废品的定额成本，再将废品的定额成本扣除废品残料回收价值，算出废品损失，而不考虑废品实际发生的费用。

【例 8-26】南迪化工有限公司 2×21 年 1 月基本生产车间生产的聚乙烯，在验收入库时发现不可修复废品 120 件，估计回收废品残值 3 400 元。按所耗定额费用计算废品的生产成本，相关资料见表 8-23。

表 8-23 单件生产相关定额

项目	费用定额（元）	直接人工		机器工时定额	
		工时定额（小时）	费用定额（元）	单件机器工时（小时）	费用定额（元）
直接材料	800	—	—	—	—
直接人工	—	10	30	—	—
直接燃料与动力费用	—	—	—	12	8
制造费用	—	—	—	12	9

不可修复废品是在完成全部生产过程后发现的，所以可以根据单件聚乙烯产品的费用定额和不可修复废品件数计算不可修复废品的生产成本。

单件聚乙烯产品的各项费用定额为：直接材料 400 元，直接燃料和动力费用 96 元（12×8），直接人工 300 元（10×30），制造费用 108 元（12×9）。

编制不可修复废品损失计算表，见表 8-24。

表 8-24　不可修复废品损失计算表

（按定额成本计算）
产品名称：聚乙烯
废品数量：120 件

车间名称：第一车间　　　　　　　　2×21 年 1 月　　　　　　　　单位：元

项目	直接材料	直接燃料和动力	直接人工	制造费用	成本合计
费用定额	400	96	300	108	904
废品定额成本	48 000	11 520	36 000	12 960	108 480
减：回收残值	3 400	—	—	—	3 400
废品损失	44 600	11 520	36 000	12 960	105 080

根据不可修复废品损失计算表，编制如下会计分录：

（1）结转废品成本（定额成本）。

借：废品损失——聚乙烯　　　　　　　　　　　　　108 480
　　贷：基本生产成本——直接材料　　　　　　　　　48 000
　　　　　　——直接燃料和动力　　　　　　　　　　11 520
　　　　　　——直接人工　　　　　　　　　　　　　36 000
　　　　　　——制造费用　　　　　　　　　　　　　12 960

（2）回收废品残料入库。

借：原材料　　　　　　　　　　　　　　　　　　　3 400
　　贷：废品损失——聚乙烯　　　　　　　　　　　　3 400

（3）废品损失转入该种合格产品成本。

借：基本生产成本——乙产品——废品损失　　　　　105 080
　　贷：废品损失——乙产品　　　　　　　　　　　　10 508

8.8.2　停工损失的归集和分配

停工损失是指生产车间或车间内某个班在停工期间发生的各项费用。

具体内容包括：停工期间企业支付的工资及福利费；停工期间支付的燃料和动力费用；停工期间发生的制造费用。

停工损失的确认条件：

（1）停工时间超过 24 小时；

（2）范围、时间界限可由企业自定，超过界限便确认停工损失。

停工损失核算的原则：

（1）由于过失单位和过失人员造成的停工损失，应该由相关的责任人或保险公司赔偿；

（2）因自然灾害引起的停工损失在营业外支出列支；

（3）其他停工损失，如原材料不足或机器设备发生故障，以及计划减产等原因造成的停工损失，计入产品成本。

1. 不单独核算停工损失

（1）由于自然灾害等不可抗力造成的停工期间发生的各项费用，计入"营业外支出"。

借：营业外支出

　　贷：应付职工薪酬等

（2）由于其他原因造成的停工期间发生的各项费用，计入"制造费用"。

借：制造费用

　　贷：应付职工薪酬等

停工期间的各项耗费：

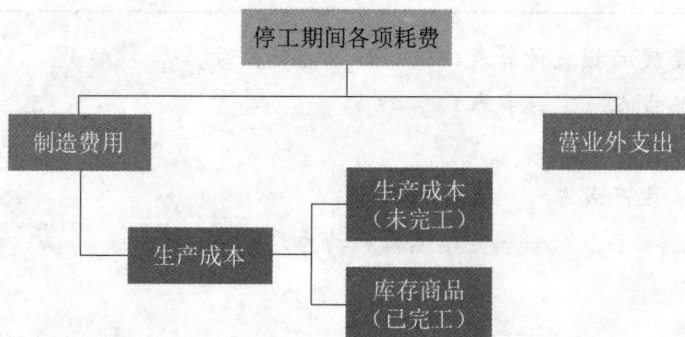

【例8-27】双诚电器厂当月投产微波炉2 000台，当月全部完工，月初无在产品。正常生产微波炉发生直接材料费140 000元，直接人工费90 000元，当月制造费用共计50 000元。当月因天气原因停工10天，生产20天。停工期间支付给生产工人工资及福利共70 000元，停工损失60 000元。

借：生产成本——微波炉——直接材料	140 000
——直接人工	90 000
制造费用	50 000
贷：原材料等	280 000

①停工期间支付生产工人工资。

借：生产成本——微波炉——直接人工	70 000
贷：应付职工薪酬	70 000

②月末结转制造费用。

借：生产成本——微波炉——制造费用	50 000
贷：制造费用	50 000

③结转停工损失。

借：营业外支出 60 000

　　贷：生产成本——微波炉 60 000

④结转完工产品成本＝140 000＋90 000＋70 000＋50 000－60 000＝290 000（元）

借：库存商品——微波炉 290 000

　　贷：生产成本——微波炉 290 000

2. 单独核算停工损失

单独核算停工损失，要增设"停工损失"总账及所属明细账。

生产成本明细账中增设"停工损失"成本项目，处理程序如图8-9所示。

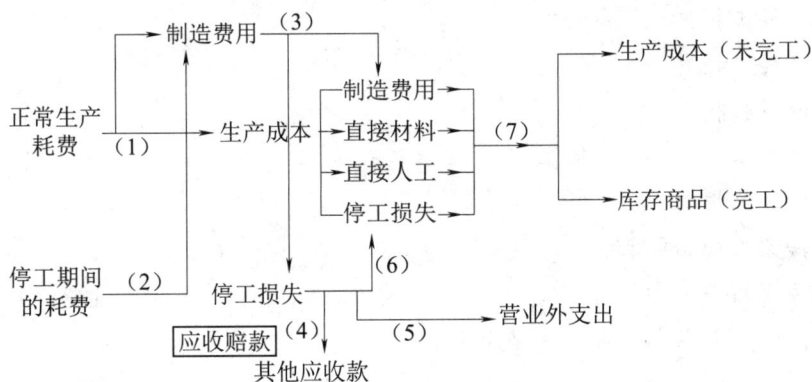

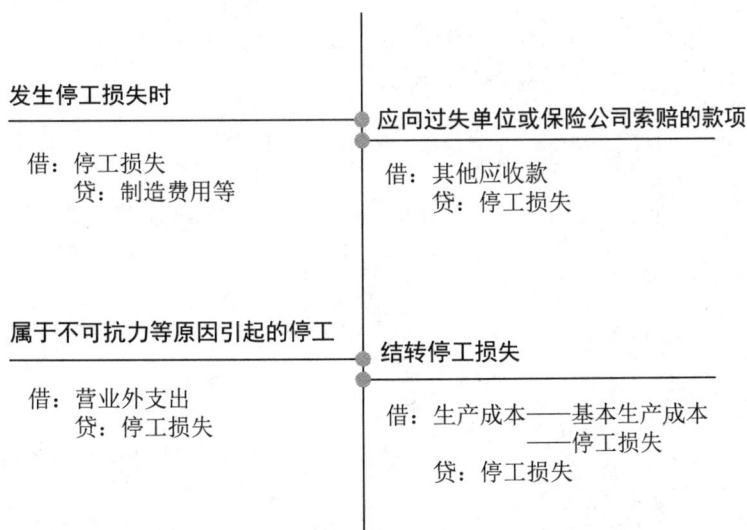

图 8-9　单独核算停工损失——账务处理

【例 8-28】联和设备有限公司生产 A 产品 1 000 件，当月全部完工，月初无在产品。正常生产 A 产品发生直接材料费 78 000 元，直接人工费 30 000 元，当月制造费用共计 20 000 元。当月因生产事故停工 4 天，生产 26 天。停工期间支付给生产工人工资及福利共 15 000 元，责任人应赔款 5 000 元。

(1) 生产耗费。

借：生产成本——A——直接材料   78 000
               ——直接人工   30 000
    制造费用   20 000
    贷：原材料等   128 000

(2) 停工期间支付生产工人工资。

借：停工损失   15 000
    贷：应付职工薪酬   15 000

(3) 责任人赔款 5 000 元。

借：其他应收款   5 000
    贷：停工损失   5 000

(4) 结转停工损失。

借：其他应收款   5 000
    生产成本——A——停工损失   5 000
    贷：停工损失   10 000

(5) 结转完工产品成本。

借：库存商品——A   133 000
    贷：生产成本——A——直接材料   78 000
               ——直接人工   30 000
               ——制造费用   20 000
               ——停工损失   5 000

第9章 生产费用的归集与产品成本基本计算方法

企业应采用一定的方法在完工产品和在产品之间分配生产费用。根据企业生产的特点和成本管理的不同，选择适合的成本计算方法，才能正确地计算产品成本。一般来说，产品成本基本计算方法有三种：品种法、分批法和分步法。

9.1 完工产品和在产品分配费用的方法

完工产品和在产品之间分配费用的方法包括：不计算在产品成本法、按年初数固定计算在产品成本法、在产品按所耗直接材料费用计价法、约当产量比例法、在产品按完工产品计算法、在产品按定额成本计价法和定额比例法等。

月初在产品费用、本月生产费用、本月完工产品费用和月末在产品费用之间的关系，可用下列公式表示：

月初在产品费用＋本月生产费用＝本月完工产品费用＋月末在产品费用

公式左边两项是已知数，右边两项是未知数，公式左边两项费用之和，需要采用一定的分配方法在本月完工产品与月末在产品的费用分配。

9.1.1 不计算在产品成本法

不计算在产品成本法很简单，就是不计算月末在产品成本，全部生产费用都作为完工产品成本。这种方法适用于月末在产品数量很小的情况。

月末在产品成品＝0

本月完工产品成本＝本月发生的产品生产费用

9.1.2 在产品按年初固定成本计价法

月末在产品成本按年初数固定成本计算，本月发生的生产费用就是本月完工产品成本。年终根据实际盘点的在产品数量，重新调整计算确定在产品成本。这种方法适用于月末在产品数量较小，或者月末在产品数量虽大但各月末在产品数量变动不大的情况，是否考虑各月末在产品成本的差额影响不大。

【例 9-1】鑫旺有限公司生产甲产品，每月末在产品的数量较少，不计算在产品成本。本月发生生产费用 140 000 元，其中，原材料 100 000 元，人工费用 30 000 元，制造费用 10 000 元。本月完工产品 400 件，月末在产品 10 件。

计算甲产品完工产品的总成本和单位成本，见表 9-1。

表 9-1 完工产品成本费用

摘要	直接材料	直接人工	制造费用	合计
本月生产费用合计	100 000	30 000	10 000	140 000
本月完工产品成本	100 000	30 000	10 000	140 000
完工产品单位成本	250	75	25	350

完工产品总成本＝140 000（元）

本月完工产品单位成本＝140 000÷400＝350（元）

9.1.3 在产品按所耗直接材料费用计价法

月末在产品成本只计算耗用的直接材料费用，人工费用和制造费用等加工成本全部计入完工产品成本。这种方法适用于月末在产品数量较大，各月末之间变化也较大，同时直接材料费用在成本中所占比重较大的产品。

【例 9-2】雅昌有限公司生产甲产品，该产品直接材料费用在产品成本中所占比重较大，完工产品与在产品之间的费用分配采用在产品按所耗直接材料费用计价法。甲产品月初在产品直接材料费用（即月初在产品费用）为 80 000 元；本月发生直接材料费用 300 000 元，直接人工费用 120 000 元，制造费用 89 000 元；完工产品 2 000 件，月末在产品 500 件。该种产品的直接材料费用是生产开始时一次投入的，直接材料费用按完工产品和在产品的数量比例分配。

分配计算如下：

（1）直接材料费用分配率 $=\dfrac{80\,000+300\,000}{2\,000+500}=152$

（2）完工产品直接材料费用＝2 000×152＝304 000（元）

（3）月末在产品直接材料费用（月末在产品费用）＝500×152＝76 000（元）

（4）完工产品成本＝304 000＋120 000＋89 000＝513 000（元）

或 ＝80 000＋300 000＋120 000＋89 000－76 000

＝513 000（元）

9.1.4 约当产量比例法

约当产量法，指月末将在产品数量按完工程度折合为完工数量，称为在产品约当产量，然后按照完工产品数量和月末在产品约当产量的比例，分配生产费用，计算完工产品和月末在产品的成本。

计算公式如下：

在产品约当产量＝月末在产品数量×完工（投料）程度

各项费用分配率 $=\dfrac{月初在产品费用＋本月发生费用}{完工产品数量＋月末产品约当数量}$

完工产品费用＝完工产品数量×各项费用分配率

月末在产品费用＝月末在产品约当产量×各项费用分配率

加工费用完工程度的确认：

（1）产品在各个工序的在产品数量相差不多，且单位产品在各工序的加工量也相差不多时，可将全部在产品的完工程度估计为 50%。

（2）产品在各工序的在产品数量相差较大，且单位产品在各工序的加工量也相差较大时，应分工序确定各工序在产品的完工程度。

计算公式如下：

某工序在产品的完工程度 $=\dfrac{前面各工序工时定额之和＋本工序工时定额 50\%}{单位产品工时定额}$

1. 直接材料费用的分配

直接材料完工程度的确认：

（1）如果直接材料在生产开工时一次投入，则完工程度为100%，即月末在产品的约当产量就等于月末在产品数量。

【例9-3】某种产品需经两道工序制成，直接材料消耗定额为800千克，其中，第一道工序直接材料消耗定额为600千克，第二道工序直接材料消耗定额为200千克。月末在产品数量：第一道工序为1 000件，第二道工序为600件，完工产品为500件，月初在产品和本月发生的原材料费用共计280 000元。

计算过程和结果，见表9-2。

$$第一道工序完工率=\frac{600\times50\%}{800}\times100\%=37.5\%$$

$$第二道工序完工率=\frac{600+200\times50\%}{800}\times100\%=87.5\%$$

表9-2　采用约当产量法分配产品成本　　　　　　　　　　　　　　　单位：件

工序	本工序直接材料消耗定额	完工率（投料率）	在产品约当产量	完工产品	合计
1	600千克	37.5%	1 000×37.5%=375	—	—
2	200千克	87.5%	600×87.5%=525	—	—
合计	800千克	—	900	500	1 400

直接材料分配率＝280 000÷1 400＝200

完工产品分配直接材料费用＝500×200＝100 000（元）

月末在产品分配直接材料费用＝900×200＝180 000（元）

（2）如果直接材料分工序陆续投入，且投料程度与加工进度不一致，则应分工序确定各工序在产品的完工程度。

$$某工序在产品的完工程度=\frac{前面各工序材料定额之和+本工序材料定额50\%}{单位产品材料定额}$$

【例9-4】采用【例9-3】中某产品在各工序的直接材料消耗定额，但直接材料在各工序开始时一次投入。计算过程和结果，见表9-3。

$$第一道工序完工率=\frac{600}{800}\times100\%=75\%$$

$$第二道工序完工率=\frac{600+200}{800}\times100\%=100\%$$

表9-3　直接材料消耗定额　　　　　　　　　　　　　　　　　　　　单位：件

工序	本工序直接材料消耗定额	完工率（投料率）	在产品约当产量	完工产品	合计
1	600千克	75%	1 000×75%=750	—	—
2	200千克	100%	600×100%=600	—	—
合计	800千克	—	1 350	500	1 850

直接材料费用分配率＝280 000÷1 850＝151.35

完工产品分配材料费用＝500×151.35＝75 675（元）

月末在产品分配直接材料费用＝1 350×151.35＝204 322.5（元）

2. 费用具体分配方法

约当产量比例也可以分配直接人工、制造费用。

【例 9-5】易瑞制造厂生产一种产品，本月完工 900 件，月末在产品 600 件，月初在产品和本月合计：直接材料费用为 30 000 元，直接人工费用为 22 680 元，制造费用为 15 120元。直接材料是在生产开始时一次投入，分配各项加工费用、计算约当产量所依据的完工率均为 60%。直接材料费用按照完工产品和月末在产品数量比例分配，各项加工费用按照完工产品数量和月末在产品约当产量的比例分配。

分配计算如下：

(1) 计算月末在产品约当产量。

月末在产品约当产量＝600×60%＝360（件）

(2) 直接材料费用分配。

直接材料费用分配率＝$\frac{30\ 000}{900+600}$＝20

完工产品直接材料费用＝900×20＝18 000（元）

在产品直接材料费用＝600×20＝12 000（元）

(3) 直接人工费用分配。

直接人工费用分配率＝$\frac{22\ 680}{900+360}$＝18

完工产品直接人工费用＝900×18＝16 200（元）

在产品直接人工费用＝360×18＝6 480（元）

(4) 制造费用分配。

制造费用分配率＝$\frac{15\ 120}{900+360}$＝12

完工产品制造费用＝900×12＝10 800（元）

在产品制造费用＝360×12＝4 320（元）

(5) 计算完工产品和在产品成本。

完工产品成本＝18 000＋16 200＋10 800＝45 000（元）

在产品成本＝12 000＋6 480＋4 320＝22 800（元）

9.1.5 在产品按完工产品成本计算法

采用在产品按完工产品成本计算法时，在产品应视同完工产品分配费用。这种方法适用于月末在产品已经接近完工、只是尚未包装或尚未验收入库的产品。因为这种情况下的在产品成本已经接近完工产品成本，为了简化产品成本计算工作，在产品可以视同完工产品，按两者的数量比例分配原材料费用和各项加工费用。将月末在产品视同完工产品，按完工产品与在产品的数量来分配费用。

在产品按完工产品成本计算法适用于月末在产品已经接近完工，或者已经加工完毕但尚未验收或包装入库的情况。

【例9-6】2×21年4月30日，鑫阳有限公司甲产品在产品费用为：原材料42 000元，人工费用25 000元，制造费用18 000元，合计85 000元；5月生产费用为：原材料费用340 000元，人工费用90 000元，制造费用40 000元，合计470 000元；5月完工产品19 800件，月末在产品200件。5月末在产品都已完工，尚未验收入库。

分配各项费用计算见表9-4。

表9-4　在产品按完工产品成本计算法分配各项费用　　　　　　　　　　单位：元

项目	直接材料	直接人工	制造费用	合计
月初在产品成本	42 000	25 000	18 000	85 000
本月生产费用	340 000	90 000	40 000	470 000
生产费用累计	382 000	115 000	58 000	555 000
费用分配率	19.10	5.75	2.9	27.75
完工产品成本（19 800件）	378 180	113 850	57 420	549 450
月末在产品成本（200件）	3 820	1 150	580	5 550

9.1.6　在产品按定额成本计价法

根据在产品数量以及事先确定的在产品成本定额，计算月末在产品的定额成本，将其从总成本中扣除，就可以直接计算出本月完工产品的成本，而实际生产成本与定额成本的差异全部计入当月完工产品成本。

采用这种分配方法时，月末在产品成本按定额成本计算，该种产品的全部生产费用（如果有月初在产品，包括月初在产品费用）减去按定额成本计算的月末在产品成本，余额作为完工产品成本；每月生产费用脱离定额的节约差异或超支差异全部计入当月完工产品成本。

【例9-7】洪山有限公司生产甲、乙两种产品，该公司采用在产品按定额成本计价的方法分配完工产品与月末在产品费用。甲产品月末在产品500件，单件原材料费用定额为100元（原材料在生产开始时一次投入），在产品定额机器工时（简称"机时"）300小时，定额人工工时900小时；乙产品月末在产品400件，单件原材料费用定额为390元（原材料在生产开始时一次投入），在产品定额机器工时200小时，定额人工工时600小时。

甲产品直接材料定额费用＝500×100＝50 000（元）

甲产品直接燃料和动力费用＝300×4＝1 200（元）

甲产品直接人工费用＝900×30＝27 000（元）

甲产品制造费用＝900×5＝4 500（元）

合计：82 700元

乙产品直接材料定额费用＝400×390＝156 000（元）

乙产品直接燃料和动力费用＝200×4＝800（元）

乙产品直接人工费用＝600×30＝18 000（元）

乙产品制造费用＝600×5＝3 000（元）

合计：177 800 元

根据以上计算资料，编制月末在产品定额成本表单，见表9-5。

表9-5　月末在产品定额成本计算表

2×21年1月

产品名称	在产品数量（件）	直接材料定额费用（元）	定额工时		直接燃料和动力（每机时4元）	直接人工（每工时30元）	制造费用（每工时5元）	定额成本合计（元）
			机器工时	人工工时				
甲产品	500	50 000	300	900	1 200	27 000	4 500	82 700
乙产品	400	156 000	200	600	800	18 000	3 000	177 800
合计	—	206 000	—	—	2 000	45 000	7 500	260 500

9.1.7　定额比例法

采用定额比例法时，产品的生产费用在完工产品与月末在产品之间按照两者的定额消耗量或定额费用比例分配。其中，原材料费用，按原材料的定额消耗量或定额费用比例分配。工资及福利费等直接人工费用，可以按各该定额费用的比例分配。制造费用可以按定额工时比例分配。该法适用于各项消耗定额或费用定额比较准确、稳定，但月末在产品数量变动较大的产品。

产品生产费用按照完工产品和月末在产品的定额消耗量或定额费用的比例进行分配，计算完工产品成本和月末在产品成本。

公式一：

$$消耗量分配率＝\frac{月初在产品实际消耗量＋本月实际消耗量}{完工产品定额消耗量＋月末在产品定额消耗量}$$

某种完工产品实际消耗量＝某种完工产品定额消耗量×消耗量分配率

$$完工产品费用＝\begin{matrix}完工产品\\实际消耗量\end{matrix}×\begin{matrix}原材料单价（或单位工时的直接\\人工费用、单位工时的制造费用）\end{matrix}$$

月末在产品实际消耗量＝月末在产品定额消耗量×消耗量分配率

$$月末在产品费用＝\begin{matrix}月末在产品\\实际消耗量\end{matrix}×\begin{matrix}原材料单价（或单位工时的直接\\人工费用、单位工时的制造费用）\end{matrix}$$

公式一适用在产品消耗原材料品种不多的情况，但是，在各产品所耗原材料的品种较多的情况下，采用这种分配方法工作量较大。为了简化核算工作，也可以采用下列公式计算分配。

公式二：

$$直接材料费用分配率＝\frac{月初在产品实际直接材料费用＋本月实际直接材料费用}{完工产品定额直接材料费用＋月末在产品定额直接材料费用}$$

$$\begin{matrix}完工产品实际\\直接材料费用\end{matrix}＝\begin{matrix}完工产品定额\\直接材料费用\end{matrix}×\begin{matrix}直接材料费\\用分配率\end{matrix}$$

$$月末在产品\\实际材料费用 = \frac{月末在产品定额}{直接材料费用} \times \frac{直接材料费}{用分配率}$$

$$= \frac{月初在产品实际}{直接材料费用} + \frac{本月实际直}{接材料费用} - \frac{完工产品实际}{直接材料费用}$$

【**例 9-8**】商村制造厂采用定额比例法分配产品费用，原材料按定额费用比例分配，其他费用按定额工时比例分配。完工产品直接材料定额为 30 元/件，工时定额为 10 时/件，月末在产品直接材料成本定额为 20 元/件，工时定额为 6 时/件；月末完工产品 800 件，月末在产品 200 件。月初在产品成本和本月发生的实际费用见表 9-6。

表 9-6　月初与本月产品成本表

2×21 年 4 月 30 日　　　　　　　　　　　　单位：元

摘要	直接材料	直接人工	制造费用	合计
月初在产品成本	78 000	24 000	13 000	115 000
本月生产费用	250 000	80 000	55 000	385 000

根据以上资料，按定额比例法分配完工产品和月末在产品成本，见表 9-7。

表 9-7　本月完工产品与在产品分配费用

2×21 年 4 月 30 日　　　　　　　　　　　　单位：元

摘要		直接材料	直接人工	制造费用	合计
月初在产品成本		78 000	24 000	13 000	115 000
本月生产费用		250 000	80 000	55 000	385 000
生产费用累计		328 000	104 000	68 000	500 000
分配率		11.71	11.3	7.39	—
完工产品成本（800 件）	定额	24 000	8 000	8 000	—
	实际成本	281 040	90 400	59 120	430 560
月末在产品成本（200 件）	定额	4 000	1 200	1 200	—
	实际成本	46 960	13 600	8 880	69 440
完工产品单位成本		351.30	113	73.90	538.20

1. 计算直接材料费用

$$直接材料费用分配率 = \frac{月初在产品实际直接材料费用 + 本月实际直接材料费用}{完工产品定额直接材料费用 + 月末在产品定额直接材料费用}$$

$$= (78\ 000 + 250\ 000) \div (24\ 000 + 4\ 000)$$

$$= 11.71$$

完工产品定额直接材料费用 = 30×800 = 24 000（元）

月末在产品定额直接材料费用 = 20×200 = 4 000（元）

根据公式：

$$完工产品实际直接材料费用 = \frac{完工产品定额}{直接材料费用} \times \frac{直接材料费}{用分配率}$$

完工产品直接材料实际成本＝24 000×11.71＝281 040（元）

在产品直接材料实际成本＝328 000－281 040＝46 960（元）

完工产品直接材料单位成本＝281 040÷800＝351.30（元）

2. 计算人工费用

计算人工费用计算公式如下：

$$人工费用分配率＝\frac{月初在产品实际人工费用＋本月实际人工费用}{完工产品定额工时＋月末在产品定额工时}$$

人工费用分配率＝104 000÷9 200＝11.30

完工产品定额工时＝10×800＝8 000（小时）

在产品定额工时＝6×200＝1 200（小时）

完工产品实际人工费用＝完工产品定额工时×人工费用分配率

＝8 000×11.30

＝90 400（元）

月末在产品实际人工费用＝月初在产品直接人工费用＋本月生产直接人工费用－完工产品直接人工费用

＝24 000＋80 000－90 400

＝13 600（元）

3. 计算制造费用

制造费用计算公式如下：

$$制造费用分配率＝\frac{月初在产品实际制造费用＋本月实际制造费用}{完工产品定额工时＋月末在产品定额工时}$$

＝68 000÷9 200

＝7.39

完工产品实际制造费用＝完工产品定额工时×制造费用分配率

＝8 000×7.39

＝59 120（元）

月末在产品实际制造费用

＝68 000－59 120

＝8 880（元）

完工产品单位成本＝（281 040＋90 400＋59 120）÷800＝538.20（元）

9.1.8 完工产品成本的结转

企业生产产品发生的各项生产费用，已在各种产品之间进行分配。计算的完工产品成本，从"基本生产成本"总账科目及所属明细账的贷方转出，记入"库存商品"等科目借方，"基本生产成本"科目月末借方余额表示基本生产月末在产品的成本。

【例9-9】根据表9-8，结转甲产品、乙产品成本。

表9-8　产成品成本汇总表

2×21年4月
单位：元

产品名称	直接材料	直接燃料和动力	直接人工	制造费用	废品损失	合计
甲产品	433 600	98 400	55 200	38 000	29 000	654 200
乙产品	348 000	79 400	42 700	24 000	32 490	526 590
合计	781 600	177 800	97 900	62 000	61 490	1 180 790

需要注意的是，废品损失也计入产成品成本中。

根据完工验收入库产成品交库及产成品成本汇总表等，编制会计分录如下：

借：库存商品　　　　　　　　　　　　　　　　　　1 180 790

　　贷：基本生产成本——甲产品　　　　　　　　　　　654 200

　　　　　　　　　　——乙产品　　　　　　　　　　　526 590

9.2　品种法

品种法是以产品品种作为成本计算对象的计算产品成本的方法。该法适用于大量大批的单步骤生产、管理上不要求分步骤计算成本的多步骤生产以及企业内部的辅助生产部门的成本计算。

9.2.1　品种法计算特点及流程

1. 特点

费用在完工产品和在产品之间的分配特点：

(1) 单步骤生产中，费用不必在完工产品和在产品之间进行分配；

(2) 多步骤生产中，费用需要在完工产品和在产品之间进行分配。

2. 流程

品种法计算流程，如图9-1所示。

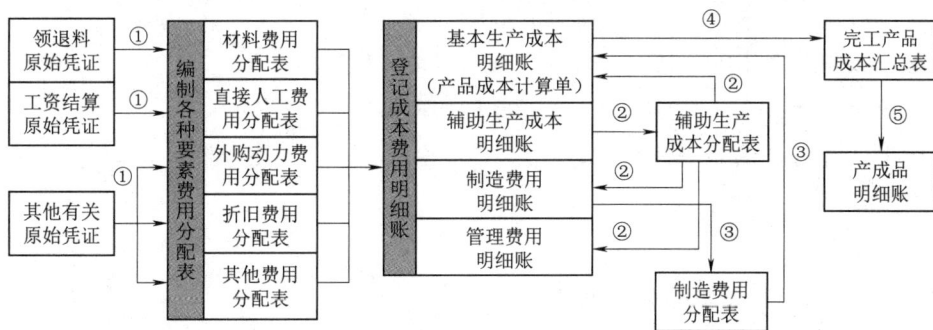

图9-1　品种法计算流程

3. 品种法账户设置

财务人员应设"基本生产成本"和"辅助生产成本"总账，"基本生产成本"账户分产品设置生产成本明细账，"辅助生产成本"账户根据企业的特点，可设供电车间、蒸汽车间、动力车间、机修车间等明细账。

辅助生产车间不单独设置"制造费用"明细账，辅助车间发生的间接费用直接计入"辅助生产成本"所属的明细账。

生产成本明细账开设"直接材料""直接人工"和"制造费用"三个成本项目。

9.2.2 品种法的成本计算

1. 单品种计算法

如果企业生产的产品是单一品种，可直接根据有关原始凭证及费用汇总表登记生产成本明细账，编制产品成本计算单即可计算该产品的总成本和单位成本。单步骤生产，月末无在产品，不计算在产品成本，全部为完工产品成本。

【例9-10】大丰制造厂为单步骤生产企业，只生产一种甲产品，月初、月末在产品比较稳定，计算甲产品成本时可不予考虑。2×21年4月，甲产品共计发生生产费用800万元，完工10 000件，有关生产成本明细账，见表9-9。

表9-9　生产成本明细账

甲产品　　　　　　　　　　　　　2×21年4月　　　　　　　　　　　　单位：元

直接材料	直接人工	制造费用	合计
4 000 000	3 000 000	1 000 000	8 000 000

根据表9-9　编制甲产品成本计算单，见表9-10。

表9-10　生产成本计算表　　　　　　　　　　　　　　　　　　单位：元

项目	总成本（元）	单位成本（元/件）
直接材料	4 000 000	400
直接人工	3 000 000	300
制造费用	1 000 000	100
合计	8 000 000	800

直接材料单位成本＝4 000 000÷10 000＝400（元/件）

直接人工单位成本＝3 000 000÷10 000＝300（元/件）

制造费用单位成本＝1 000 000÷10 000＝100（元/件）

根据上述资料，编制会计分录。

借：生产成本　　　　　　　　　　　　　　　　　　　7 000 000

　　制造费用　　　　　　　　　　　　　　　　　　　1 000 000

　　贷：原材料/应付职工薪酬等　　　　　　　　　　　　8 000 000

2. 多品种计算法

如果企业同时生产两种或两种以上的产品，应按照品种法成本核算的一般程序设置生产成本明细账，将直接费用直接计入该产品生产成本明细账中，将间接费用按照恰当的分配方法编制各种费用分配表分配各种要素费用。不需要分步骤计算产品生产成本的多步骤生产，月末有在产品，要计算在产品成本和完工产品成本。

【例 9-11】恒昌制造有限公司为单步骤生产企业，设有一个基本生产车间，生产甲、乙两种产品。根据生产特点和管理要求，确定采用品种法计算产品成本，该企业还设有动力和电力两个辅助生产车间。根据生产特点和管理要求，甲、乙两种产品采用品种法计算产品成本。该公司 2×21 年 4 月的成本资料如下。

1. 产品产量资料，见表 9-11

表 9-11 产品产量表

2×21 年 4 月 单位：吨

产品名称	月初在产品	本月投入	本月完工产品	月末在产品
甲产品	400	1 000	900	600
乙产品	300	700	600	300

甲产品实际生产工时 8 000 小时，乙产品实际生产工时 2 000 小时。甲、乙两种产品的原材料都在生产开始时一次投入，加工费发生比较均衡。月末在产品完工程度为 50%，完工产品和在产品按约当产量比例法分配，辅助生产费用按计划成本分配。

2. 本月发生的生产费用

（1）本月发出材料汇总表，见表 9-12。

表 9-12 发出材料汇总表 单位：元

领料部门和用途	原材料	辅助材料	合计
基本生产车间			
甲产品耗用	120 000	—	120 000
乙产品耗用	100 000	—	100 000
两种产品共同耗用	—	8 000	8 000
合计	220 000	8 000	228 000
基本生产车间管理部门耗用	—	6 000	6 000
动力车间耗用	2 000	1 000	3 000
供电车间耗用	4 000	1 000	5 000
厂部管理部门耗用	—	500	500
合计	226 000	16 500	242 500

（2）本月职工薪酬结算汇总表，见表 9-13。

表 9-13 职工薪酬汇总表

2×21 年 4 月 单位：元

人员类别	应付职工薪酬
基本生产车间	
产品生产工人	200 000
车间管理人员	150 000
动力车间	80 000

人员类别	应付职工薪酬
供电车间	50 000
厂部管理人员	60 000
合计	540 000

（3）本月应计提固定资产折旧费 30 000 元，其中：基本生产车间 20 000 元，动力车间 3 000 元，供电车间 6 000 元，厂部 1 000 元。

（4）本月应分摊财产保险费 8 000 元，其中：基本生产车间 6 000 元，动力车间 1 000 元，供电车间 600 元，厂部管理部门 400 元。

（5）本月以银行存款支付的费用为 40 000 元，其中：基本生产车间办公费 2 000 元，水费 18 000 元；动力车间水费 10 000 元；供电车间办公费 3 000 元；厂部管理部门办公费 5 000 元，水费 2 000 元。

3. 编制各项要素费用分配表

（1）分配材料费用，甲产品、乙产品共同负担材料按当月投入产品数量比例分配，见表 9-14。

其中：甲产品共同负担材料费用＝8 000×［1 000÷（1 000＋700）］＝4 720（元）

乙产品共同负担材料费用＝8 000×［700÷（1 000＋700）］＝3 280（元）

表 9-14 材料费用分配表

2×21 年 4 月　　　　　　　　　　　　　　　　　　　　单位：元

应借科目			直接计入	分配金额（分配率）	合计
总账科目	明细科目	成本项目			
基本生产成本	甲产品	直接材料	120 000	4 720	124 720
	乙产品	直接材料	100 000	3 280	103 280
	小计		220 000	8 000	228 000
辅助生产成本	动力车间	直接材料	3 000	—	3 000
	供电车间	直接材料	5 000	—	5 000
	小计		8 000		8 000
制造费用	基本生产车间	直接材料	6 000		6 000
管理费用	修理费	直接材料	500		500
合计			—		242 500

根据表 9-14，编制会计分录。

借：基本生产成本　　　　　　　　　　　　　　　　　　228 000

　　生产成本——辅助生产成本　　　　　　　　　　　　　8 000

　　制造费用——基本生产车间　　　　　　　　　　　　　6 000

　　管理费用　　　　　　　　　　　　　　　　　　　　　　500

　　贷：原材料　　　　　　　　　　　　　　　　　　　　　　　242 500

（2）按甲产品、乙产品实际生产工时比例分配薪酬费用，见表9-15。

表9-15　职工薪酬费用分配表

2×21年4月　　　　　　　　　　　　　　　　单位：元

应借科目		成本项目	生产工人工资		管理人员工资	合计
总账科目	明细科目		生产工时	分配金额（分配率20）		
基本生产成本	甲产品	直接人工	8 000	160 000		160 000
	乙产品	直接人工	2 000	40 000		40 000
	小计		10 000	200 000		200 000
辅助生产成本	动力车间		—	80 000		80 000
	供电车间		—	50 000		50 000
	小计			130 000		130 000
制造费用	基本生产车间	直接人工	—		150 000	150 000
管理费用		直接人工	—		60 000	60 000
合计			—	330 000	210 000	540 000

根据表9-15，编制会计分录。

借：基本生产成本	200 000
生产成本——辅助生产成本	130 000
制造费用	150 000
管理费用	60 000
贷：应付职工薪酬	540 000

（3）分配固定资产折旧费用，见表9-16。

表9-16　固定资产折旧费用分配表

2×21年4月　　　　　　　　　　　　　　　　单位：元

车间、部门	会计科目	明细科目	分配金额
基本生产车间	制造费用	基本生产车间	20 000
动力车间	辅助生产成本	动力车间	3 000
供电车间	辅助生产成本	供电车间	6 000
厂部管理部门	管理费用	—	1 000
合计			30 000

根据表9-16，编制会计分录。

借：制造费用	20 000
生产成本——辅助生产成本	9 000
管理费用	1 000
贷：累计折旧	30 000

(4) 分配财产保险费，见表9-17。

表9-17　财产保险分配表

2×21年4月　　　　　　　　　　　　　　单位：元

车间、部门	会计科目	明细科目	分配金额
基本生产车间	制造费用	基本生产车间	6 000
动力车间	辅助生产成本	动力车间	1 000
供电车间	辅助生产成本	供电车间	600
厂部管理部门	管理费用	—	400
合计			8 000

根据表9-17，编制会计分录如下：

借：制造费用　　　　　　　　　　　　　　6 000
　　生产成本——辅助生产成本　　　　　　1 600
　　管理费用　　　　　　　　　　　　　　400
　　贷：预付账款　　　　　　　　　　　　8 000

(5) 其他费用分配，见表9-18。

表9-18　其他费用分配表

2×21年4月　　　　　　　　　　　　　　单位：元

车间、部门	会计科目	明细科目	分配金额
基本生产车间	制造费用	基本生产车间	20 000
动力车间	辅助生产成本	动力车间	10 000
供电车间	辅助生产成本	供电车间	3 000
厂部管理部门	管理费用	—	7 000
合计			40 000

根据表9-18，编制会计分录如下。

借：制造费用　　　　　　　　　　　　　　20 000
　　生产成本——辅助生产成本　(10 000+3 000) 13 000
　　管理费用　　　　　　　　　　　　　　7 000
　　贷：银行存款　　　　　　　　　　　　40 000

根据以上资料，计算辅助生产费用，见表11-11。

动力车间辅助生产费用=3 000+80 000+3 000+1 000+10 000=97 000（元）

供电车间辅助生产费用=5 000+50 000+6 000+600+3 000=64 600（元）

按计划成本分配辅助生产费用，见表9-19，编制会计分录。

表 9-19　辅助生产费用分配表

（按计划成本分配法）　　　　　　　　　　　　　　　　　　　　数量单位：度、小时

单位：恒昌制造有限公司　　　　　　2×21 年 4 月　　　　　　金额单位：元

辅助生产车间名称			动力车间	供电车间	合计
待分配辅助生产费用			97 000	64 600	161 600
供应劳务数量			5 000	20 000	—
计划单位成本			19.4	3.23	—
辅助生产车间耗用	动力车间	耗用量	—	2 500	
		分配金额	—	8 075	8 075
	供电车间	耗用量	500	—	
		分配金额	9 700	—	9 700
	分配金额小计		9 700	8 075	17 775
基本生产耗用（记入"制造费用"）	耗用量		3 800	15 000	
	分配金额		73 720	48 450	122 170
行政部门耗用（记入"管理费用"）	耗用量		700	2 500	
	分配金额		13 580	8 075	21 655
分配金额合计			97 000	64 600	161 600

借：辅助生产成本——动力　　　　　　　　　　　 8 075

　　　　　　　　——供电　　　　　　　　　　　 9 700

　　制造费用　　　　　　　　　　　　　　　　122 170

　　管理费用　　　　　　　　　　　　　　　　 21 655

　　贷：辅助生产成本——动力车间　　　　　　　　　　　 97 000

　　　　　　　　——供电车间　　　　　　　　　　　 64 600

基本生产车间制造费用，见表 9-20。

表 9-20　基本生产车间制造费用分配

2×21 年 4 月　　　　　　　　　　　　　　　　　　单位：元

应借科目		实际生产工时（小时）	分配率	分配金额
总账科目	明细科目			
基本生产成本	甲产品	8 000	0.8	259 336
	乙产品	2 000		64 834
合计		10 000	—	324 170

制造费用合计＝6 000＋150 000＋20 000＋6 000＋20 000＋122 170＝324 170（元）

其中：甲产品应分配的制造费用＝324 170×8 000÷10 000＝259 336（元）

　　　乙产品应分配的制造费用＝324 170×2 000÷10 000＝64 834（元）

根据表 9-10 至表 9-20，编制产品成品计算单，见表 9-21、表 9-22。

表 9-21　产品成本计算单

产品名称：甲产品　　　　　　　　　2×21 年 4 月　　　　　　　　　单位：元

月	日		摘要	产量（件）	直接材料	直接人工	制造费用	合计
3	31		在产品费用	400	34 000	30 000	31 000	95 000
4	30		根据表 11-6	—	124 720	—	—	124 720
4	30		根据表 11-7	—	—	160 000	—	160 000
4	30		根据表 11-12	—	—	—	259 336	259 336
4	30		本月生产费用小计	—	124 720	160 000	259 336	544 056
4	30		生产费用累计	—	158 720	190 000	290 336	639 056
4	30		本月投入	1 000	—	—	—	—
4	30	产成品成本	单位成本	900	105.81	158.33	241.95	506. 09
4	30		总成本	—	95 229	142 497	217 755	455 481
4	30		月末在产品数量	600	—	—	—	—
4	30		月末在产品约当量	300	63 486	47 499	72 585	183 570

完工产品数量按月末在产品约当产量和产成品数量计算，即：

完工产品（甲产品）＝900＋600×50％＝1 200（件）

直接材料单位成本＝（34 000＋124 720）÷（900＋600）＝105.81（元）

直接人工单位成本＝（30 000＋160 000）÷（900＋600×50％）＝158.33（元）

制造费用单位成本＝（31 000＋259 336）÷（900＋600×50％）＝241.95（元）

月末直接材料成本＝600×105.81＝63 486（元）

月末直接人工成本＝300×158.33＝47 499（元）

月末制造费用成本＝300×241.95＝72 585（元）

表 9-22　产品成本计算单

产品名称：乙产品　　　　　　　　　2×21 年 4 月　　　　　　　　　单位：元

月	日		摘要	产量（件）	直接材料	直接人工	制造费用	合计
3	31		在产品费用	300	38 500	15 000	14 000	67 500
4	30		根据表 11-6	—	103 280	—	—	103 280
4	30		根据表 11-7	—	—	40 000	—	40 000
4	30		根据表 11-12	—	—	—	64 834	64 834
4	30		本月生产费用小计	—	103 280	40 000	64 834	208 114
4	30		生产费用累计	—	141 780	55 000	78 834	275 614
4	30		本月投入	700	—	—	—	—
4	30	产成品成本	单位成本	600	157.53	73.33	105.112	—
4	30		总成本	—	94 518	43 998	63 067.2	201 583.2
4	30		月末在产品数量	300	—	—	—	—
4	30		月末在产品约当量	150	47 259	10 999.5	15 766.80	74 025.30

完工产品数量按月末在产品约当产量和产成品数量计算如下：

即完工产品数量＝600＋300×50％＝750（件）

直接材料单位成本＝（38 500＋103 280）÷900＝157.53（元）

直接人工单位成本＝（15 000＋40 000）÷750＝73.33（元）

制造费用单位成本＝（14 000＋64 834）÷750＝105.11（元）

根据表 9-21、表 9-22 编制会计分录。

借：库存商品——甲产品   455 481

         ——乙产品   201 583.20

   贷：基本生产成本——甲产品   455 481

             ——乙产品   201 583.20

9.3 分批法

分批法是按照产品批别归集生产费用、计算产品成本的一种方法，适用于单件、小批生产的企业，以及管理上不要求分步骤计算成本的多步骤生产。如重型机器制造、船舶制造，精密工具仪器制造，以及服装、印刷工业等。因此分批法也叫订单法。

1. 成本计算对象为产品批别或工作令号

产品批别一般根据客户的订单确定，但产品的批别与订单并不完全相同。根据客户的要求和生产组织的需要，一张订单可分成多个批别组织生产，几张相同产品的订单也可合为一批组织生产。

2. 成本计算期不固定

一般来说，与各批产品的生产周期一致，与会计报告期不一致。

3. 一般不需要进行完工产品与在产品成本的分配

（1）单件生产，月末不需要进行完工产品与在产品成本的分配。

（2）小批生产，若批内产品都能同时完工，月末不需要进行完工产品与在产品成本的分配。

（3）小批生产，若批内产品跨月陆续完工，则月末部分产品已完工，部分尚未完工，需要进行完工产品与在产品成本的分配。

分配方法如下：

> 若批内产品跨月陆续完工的情况较多，月末批内完工产品的数量占全部批量的比重较大，则生产费用在完工产品与在产品成本之间的分配，应相应采用定额比例法或约当产量法或在产品按定额成本计价法等方法。
>
> 若批内产品跨月陆续完工的情况不多，可采用简便的分配方法。即按计划单位成本、定额单位成本或最近一期相同产品的实际单位成本计算完工产品成本。但在该批产品全部完工时，应计算该批产品的实际总成本和实际单位成本；而对已经转账的完工产品成本，不作账目调整。

【例 9-12】简科仪器有限公司按照购货单位的要求，小批生产甲产品和乙产品，采用分批法计算产品成本。该公司 4 月投产甲产品 100 件，批号 101，4 月份全部完工；4 月投产乙产品 50 件，批号为 201，当月完工 40 件，并已交货，还有 10 件尚未完工。101 批和 201 批产品成本计算单，见表 9-23、表 9-24。

表 9-23　产品成本计算单

批号 101　　　　　　　　　　　产品名称：甲产品　　　　　　　　日期：4 月 5 日
委托单位：　　　　　　　　　　　批量 100 件　　　　　　　　　完工日期：4 月 30 日

项目	直接材料成本	直接人工成本	制造费用	合计
上月末成本余额	56 000	9 600	12 000	77 600
本月发生生产成本				
根据材料成本分配表	130 000	—	—	130 000
根据工资成本分配表	—	10 400	—	10 400
根据制造费用分配表	—	—	64 000	64 000
合计	186 000	20 000	76 000	282 000
结转产成品 100 件成本	186 000	20 000	76 000	282 000
单位成本	1 860	200	760	2 820

表 9-24　产品成本计算单

批号 201　　　　　　　　　　　产品名称：乙产品　　　　　　　　日期：4 月 5 日
委托单位：　　　　　　　　　　　批量 50 件　　　　　　　　　完工日期：4 月 20 日

项目	直接材料成本	直接人工成本	制造费用	合计
本月发生生产成本	—	—	—	—
根据材料成本分配表	98 000	—	—	98 000
根据工资成本分配表	—	54 000	—	54 000
根据制造费用分配表	—	—	45 000	45 000
合计	98 000	54 000	45 000	197 000
结转产成品 40 件成本	78 400	48 000	40 000	166 400
单位成本	1 960	1 200	1 000	4 160
月末在产品成本	19 600	6 000	5 000	30 600

（1）乙产品材料成本按完工产品产量和在产品数量作为比例进行分配。

完工产品应负担的材料成本＝98 000÷（40＋10）×40＝78 400（元）

在产品应负担的材料成本＝98 000÷（40＋10）×10＝19 600（元）

（2）其他生产成本按约当产量比例进行分配。

计算 201 批乙产品在产品约当产量，见表 9-25。

表 9-25　乙产品约当产量计算表

工序	完工程度	在产品（件）			完工产品（件）	产量合计（件）
	①	②	③＝①×②		④	⑤＝③＋④
1	15%	2	0.3		—	—
2	25%	2	0.5		—	—
3	70%	6	4.2		—	—
合计	—	10	5		40	45

（3）直接人工成本按约当产量法分配：

完工产品应负担的直接人工成本＝54 000÷（40＋5）×40＝48 000（元）

在产品应负担的直接人工成本＝54 000÷（40＋5）×5＝6 000（元）

（4）制造费用按约当产量法分配：

完工产品应负担的制造费用＝45 000÷（40＋5）×40＝40 000（元）

在产品应负担的制造费用＝45 000÷（40＋5）×5＝5 000（元）

9.4　分步法

分步法是以产品的生产步骤作为成本计算对象，归集生产费用，计算产品成本的一种方法。

分步法主要适用于大量、大批的多步骤生产，并且管理上要求分步骤计算产品成本的企业，如纺织、冶金、造纸等大量大批多步骤生产类型的企业。

主要特点：

（1）成本计算对象为各种产品及其所经过的生产步骤；

（2）产品成本明细账应按照每种产品的各个生产步骤开设；

（3）实际工作中，成本计算各步骤与实际的生产步骤并非完全一致；

（4）成本计算定期于每月月末进行，成本计算期与会计报告期一致，与产品的生产周期不一致；

（5）一般需要进行生产费用在完工产品与在产品之间的分配；

（6）各步骤之间结转成本。

分步法成本计算方法可分为两种：逐步结转分步法和平行结转分步法。

9.4.1　逐步结转分步法

逐步结转分步法是为了分步计算半成品成本而采用的一种分步法，也称计算半成品成本分步法。它是按照产品加工的顺序，逐步计算并结转半成品成本，直到最后加工步骤完成才能计算产成品成本的一种方法。

这个过程如图 9-2 所示。

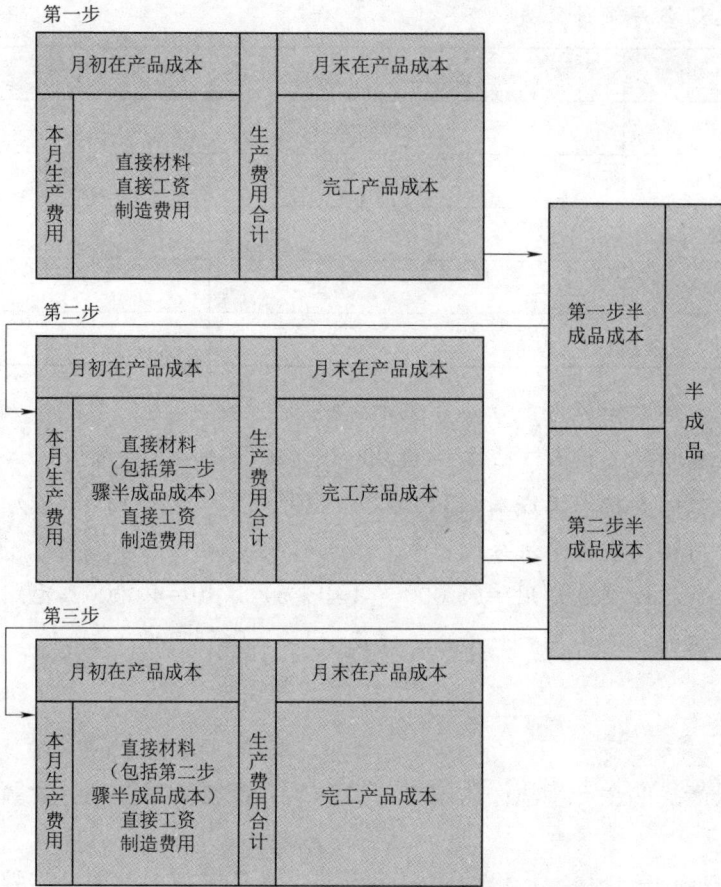

图 9-2　成本计算的过程

综上可知，逐步结转分步法实际上就是品种法的多次连续应用，即在采用品种法计算上一步骤的半成品成本以后，按照下一步骤的耗用数量转入下一步骤成本；下一步骤再一次采用品种法归集所耗半成品的费用和本步骤其他费用，计算其半成品成本；如此逐步结转，直至最后一个步骤算出产成品成本。

【例 9-13】原光有限公司生产甲产品分为三个生产步骤，第一步骤加工的半成品直接交第二步骤加工，再交第三步骤加工成产成品。各步骤的在产品均按约当产量法计算（第一步骤按生产进度陆续投料），相关资料见表 9-26。

表 9-26　产量记录　　　　　　　　　　　　　　　　　　　　　　　　　　　单位：件

产量记录（件）	第一步骤	第二步骤	第三步骤
本月投入	100	50	30
本月完工	60	40	90
月末在产品	50	20	10
完工率	50%	60%	50%

本月发生费用情况，见表9-27。

表9-27　本月发生费用　　　　　　　　　　　　　　　　　　　　　　　　　单位：元

成本项目	第一步骤	第二步骤	第三步骤
直接材料	24 000		
直接人工	8 000	9 360	19 000
制造费用	5 000	5 720	9 500
合计	37 000	15 080	28 500

（1）第一步骤费用计算。

原材料费用分配率

＝24 000÷（60＋50×50％）＝282.35（元/件）

直接人工分配率

＝8 000÷（60＋50×50％）＝94.12（元/件）

制造费用分配率

＝5 000÷（60＋50×50％）＝58.82（元/件）

完工产品原材料费用＝282.35×60＝16 941（元）

完工产品人工费用＝94.12×60＝5 647.20（元）

完工产品制造费用＝58.82×60＝3 529.20（元）

根据上述资料，见表9-28。

表9-28　第一步骤分配表　　　　　　　　　　　　　　　　　　　　　　　　单位：元

摘要	直接材料	直接人工	制造费用	合计
月初在产品成本				
本月发生费用	24 000	8 000	5 000	37 000
合计	24 000	8 000	5 000	37 000
完工转出	16 941	5 647.20	3 529.20	26 117.40
月末在产品成本	7 059	2 352.80	1 470.80	10 882.60

第一步骤生产成本＝16 941＋5 647.20＋3 529.20＝26 117.40（元）

借：生产成本——基本生产成本——第二步骤　　　　　　26 117.40

　　贷：生产成本——基本生产成本——第一步骤　　　　　　26 117.40

（2）第二步骤费用计算。

半成品分配率＝26 117.4÷（40＋20）＝435.29（元/件）

直接人工分配率＝9 360÷（40＋20×60％）＝180（元/件）

制造费用分配率＝5 720÷（40＋20×60％）＝110（元/件）

完工产品原材料费用＝40×435.29＝17 411.60（元）

完工产品人工费用＝40×180＝7 200（元）

完工产品制造费用＝40×110＝4 400（元）

根据上述资料，见表9-29。

表9-29　第二步骤分配表　　　　　　　　　　　　　　　　　　　　　　单位：元

摘要	半成品	直接人工	制造费用	合计
月初在产品成本	—	—	—	—
本月发生费用	26 117.40	9 360	5 720	41 197.40
合计	26 117.40	9 360	5 720	41 197.40
完工转出	17 411.60	7 200	4 400	29 011.60
月末在产品成本	8 705.80	2 160	1 320	12 185.80

借：生产成本——基本生产成本——第三步骤　　　　　　　29 011.60

　　贷：生产成本——基本生产成本——第二步骤　　　　　29 011.60

（3）第三步骤费用计算。

半成品分配率＝29 011.60÷（90＋10）＝290.12（元/件）

直接人工分配率＝19 000÷（90＋10×50%）＝200（元/件）

制造费用分配率＝9 500÷（90＋10×50%）＝100（元/件）

完工产品原材料费用＝90×290.12＝26 110.80（元）

完工产品人工费用＝90×200＝18 000（元）

完工产品制造费用＝90×100＝9 000（元）

根据上述资料，见表9-30。

表9-30　第三步骤分配表　　　　　　　　　　　　　　　　　　　　　　单位：元

摘要	半成品	直接人工	制造费用	合计
月初在产品成本	—	—	—	—
本月发生费用	29 011.60	19 000	9 500	57 511.60
合计	29 011.60	19 000	9 500	57 511.60
完工转出	26 110.80	18 000	9 000	53 110.80
月末在产品成本	2 900.80	1 000	500	4 400.80

借：库存商品　　　　　　　　　　　　　　　　　　　53 110.80

　　贷：生产成本——基本生产成本——第三步骤　　　　53 110.80

9.4.2　平行结转分步法

在计算各步骤成本时，不计算各步骤所产半成品成本，也不计算各步骤所耗上一步骤半成品成本，而只计算本步骤发生的各项其他成本，以及这些成本中应计入产成品的份额，将相同产品的各步骤成本明细账中的这些份额平行结转、汇总，即可计算出该种产品的产成品成本。

与逐步结转分步法相比，平行结转分步法有其自身的特点，主要表现在：

(1) 各生产步骤不计算半成品成本，只计算本步骤所发生的生产费用；

(2) 各步骤之间也不结转半成品成本，只是在企业的产成品入库时，从"基本生产成本"科目的贷方转入"库存商品"科目的借方；

(3) 每一生产步骤的生产费用也要在其完工产品与月末在产品之间进行分配。

> 需要注意的是，这里的在产品是指尚未产成的全部在产品和半成品，包括：尚在本步骤加工中的在产品，即狭义在产品；本步骤已完工转入半成品库的半成品；已从半成品库转到以后各步骤进一步加工、尚未最后产成的产品。

平行结转分步法下，成本计算对象是各生产步骤和最终完工产品。在这种方法下，各生产步骤的半成品均不作为成本计算对象，各步骤的成本计算都是为了算出最终产品的成本。平行结转分步法适用于多步骤复杂生产，总体来说，假若不要求提供各步骤半成品成本，前举的运用逐步结转分步法的企业都可运用平行结转分步法。平行结转分步法具体运用于下列企业：半成品无独立经济意义或虽有半成品但不要求单独计算半成品成本的企业，以及一般不计算零配件成本的装配式复杂生产企业。

平行结转分步法的基本计算程序如下所示：

✓　按产品和加工步骤设置成本明细账，各步骤成本明细账分别成本项目归集本步骤发生的生产费用（但不包括耗用上一步骤半成品的成本）

✓　月末将各步骤归集的生产费用在产品与广义在产品之间进行分配，计算各步骤费用中应计入产成品成本的份额

✓　将各步骤费用中应计入产成品成本的份额按成本项目平行结转，汇总计算产成品的总成本计单位成本

分步骤计算本步骤的广义在产品和广义半成品成本是平行结转分步法的突出特点，各步骤生产费用分配和广义半成品成本平行计入最终产品成本的过程可用图 11-3 所示。

第一步

月初广义在产品成本		月末广义在产品成本
本月生产费用	直接材料 直接工资 制造费用	生产费用合计	广义半成品成本 （计入最终完工产品成本的份额）

→ 第一步骤计入份额

第二步

月初广义在产品成本		月末广义在产品成本
本月生产费用	直接材料 直接工资 制造费用	生产费用合计	广义半成品成本 （计入最终完工产品成本的份额）

→ 第二步骤计入份额

第三步

月初广义在产品成本		月末广义在产品成本
本月生产费用	直接材料 直接工资 制造费用	生产费用合计	广义半成品成本 （计入最终完工产品成本的份额）

→ 第三步骤计入份额

→ 完工产品成本

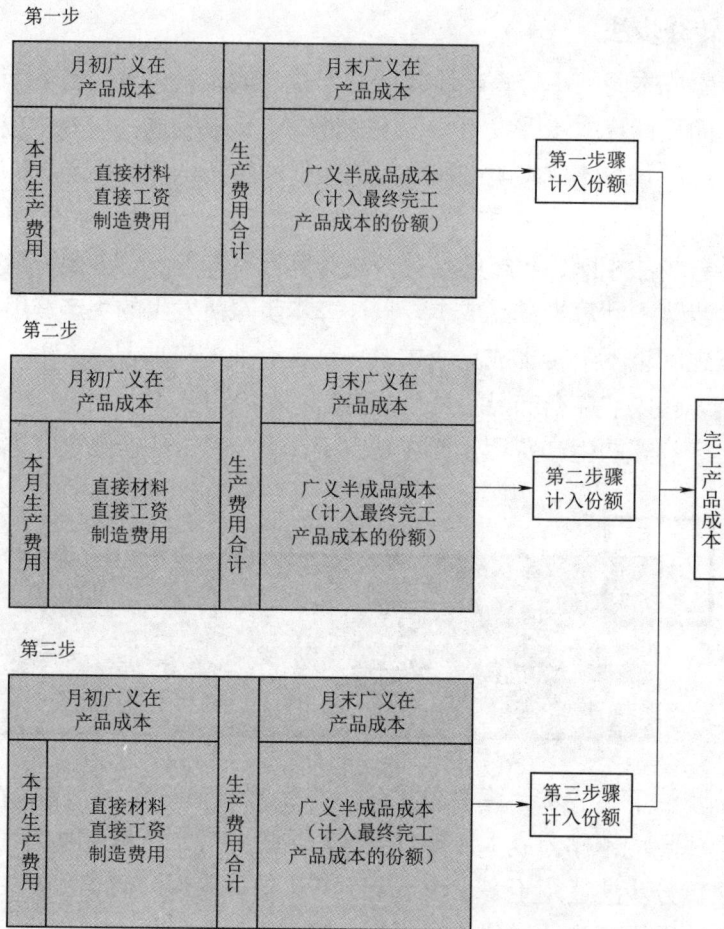

图 9-3　平行结转分步法的计算步骤

在平行结转分步法中，计算某步骤广义在产品的约当产量时，实际上计算的是"约当该步骤完工产品"的数量，由于后面步骤的狭义在产品耗用的是该步骤的完工产品，所以，计算该步骤的广义在产品的约当产量时，对于后面步骤的狭义在产品的数量，不用计算以其所在步骤的完工程度。简单地说，就是每一步计算的并不是本步骤完工产品的成本，而是计算每一步骤的生产费用在最终产品成本中的份额。计算公式如下：

某步骤月末（广义）在产品约当产量＝该步骤月末狭义在产品数量×在产品完工程度＋∑以后各步骤月末狭义在产品数量×每件狭义在产品耗用的该步骤的完工半成品的数量

【例9-14】原生有限公司甲产品的生产在三个生产车间内进行，原材料在生产开始时一次性投入，由三个车间连续加工，采用平行结转分步法计算产品成本。生产费用在产成品和在产品之间用约当产量比例法分配，各步骤加工中在产品完工率为50%。2×21年5月相关资料见表9-31至表9-33。

表 9-31 5 月产量资料

车间	一车间	二车间	三车间
月初加工中的产品	20	30	40
本月投产或上一车间转来	80	50	80
本月完工	60	50	100
月末加工中在产品	40	30	20

表 9-32 5 月初在产品成本资料

车间	一车间	二车间	三车间
直接材料	6 000		
燃料及动力	500	400	300
直接人工	2 000	1 000	800
制造费用	1 500	1 200	1 050
合计	10 000	2 600	2 150

表 9-33 5 月发生费用资料

车间	一车间	二车间	三车间
直接材料	28 000		
燃料及动力	1 800	1 200	2 400
直接人工	5 000	5 000	4 000
制造费用	3 200	2 800	3 000
合计	38 000	9 000	9 400

（1）第一车间成本计算。

在产品约当产量＝40×50%＋30＋20＝70（件）

①原材料费用分配率＝（6 000＋28 000）÷[100＋（40＋30＋20）]＝178.95

应计入产成品成本中的份额＝178.95×100＝17 895（元）

月末在产品原材料费用＝6 000＋28 000－17 895＝16 105（元）

②燃料及动力费用分配率＝（500＋1 800）÷（100＋70）＝13.53

应计入产成品成本中的份额＝13.53×100＝1 353（元）

月末在产品燃料及动力费用＝500＋1 800－1 353＝947（元）

③直接人工分配率＝（2 000＋5 000）÷（100＋70）＝41.18

应计入产成品成本中的份额＝41.18×100＝4 118（元）

月末在产品直接人工费用＝2 000＋5 000－4 118＝2 882（元）

④制造费用分配率＝（1 500＋3 200）÷（100＋70）＝27.65

应计入产成品成本中的份额＝27.65×100＝2 765（元）

月末在产品制造费用＝1 500＋3 200－2 765＝1 935（元）

根据上述计算结果，编制一车间产品成本计算单，见表 9-34。

表 9-34　一车间成本计算单

一车间：甲产品　　　　　　　　　　　　2×21 年 4 月　　　　　　　　　　　单位：元

成本项目	直接材料	燃料及动力	直接人工	制造费用	合计
月初在产品成本	6 000	500	2 000	1 500	10 000
本月发生费用	28 000	1 800	5 000	3 200	38 000
合计	34 000	2 300	7 000	4 700	48 000
产成品成本中本车间份额	17 895	1 353	4 118	2 765	26 131
月末在产品成本	16 105	947	2 882	1 935	21 869

（2）第二车间成本计算。

在产品约当产量 $=30\times50\%+20=35$（件）

①燃料及动力费用分配率 $=$（400＋1 200）÷（100＋35）＝11.85

应计入产成品成本中的份额＝11.85×100＝1 185（元）

月末在产品燃料及动力费用＝400＋1 200－1 185＝415（元）

②直接人工分配率 $=$（1 000＋5 000）÷（100＋35）＝44.44

应计入产成品成本中的份额＝44.44×100＝4 444（元）

月末在产品直接人工费用＝1 000＋5 000－4 444＝1 556（元）

③制造费用分配率 $=$（1 200＋2 800）÷（100＋35）＝29. 63

应计入产成品成本中的份额＝29.63×100＝2 963（元）

月末在产品制造费用＝1 200＋2 800－2 963＝1 037（元）

根据上述计算结果，编制二车间产品成本计算单，见表 9-35。

表 9-35　产品成本计算单

二车间：甲产品　　　　　　　　　　　　2×21 年 4 月　　　　　　　　　　　单位：元

成本项目	直接材料	燃料及动力	直接人工	制造费用	合计
月初在产品成本		400	1 000	1 200	2 600
本月发生费用		1 200	5 000	2 800	9 000
合计		1 600	6 000	4 000	11 600
产成品成本中本车间份额		1 185	4 444	2 963	8 592
月末在产品成本		415	1 556	1 037	3 008

（3）第三车间成本计算。

在产品约当产量 $=100\times50\%=50$（件）

①燃料及动力费用分配率 $=$（300＋2 400）÷（100＋50）＝18

应计入产成品成本中的份额＝18×100＝1 800（元）

月末在产品燃料及动力费用＝18×50＝900（元）

②直接人工分配率 $=$（800＋4 000）÷（100＋50）＝32

应计入产成品成本中的份额＝32×100＝3 200（元）

月末在产品直接人工费用＝32×50＝1 600（元）

③制造费用分配率＝（1 050＋3 000）÷（100＋50）＝27

应计入产成品成本中的份额＝27×100＝2 700（元）

月末在产品制造费用＝27×50＝1 350（元）

根据上述计算结果，编制三车间产品成本计算单，见表9-36。

表9-36 三车间产品成本计算单

三车间：甲产品　　　　　　　　　2×21年4月　　　　　　　　　单位：元

成本项目	直接材料	燃料及动力	直接人工	制造费用	合计
月初在产品成本	—	300	800	1 050	2 150
本月发生费用	—	2 400	4 000	3 000	9 400
合计	—	2 700	4 800	4 050	11 550
产成品成本中本车间份额	—	1 800	3 200	2 700	7 700
月末在产品成本	—	900	1 600	1 350	3 850

根据上述计算结果，编制三车间产品成本计算单，见表9-37。

表9-37 产品成本汇总计算表

产品名称：甲产品　　　　　　　　　　　　　　　单位：元；产量：100件

成本项目	直接材料	燃料及动力	直接人工	制造费用	合计
一车间	17 895	1 353	4 118	2 765	26 131
二车间	—	1 185	4 444	2 963	8 592
三车间	—	1 800	3 200	2 700	7 700
产成品总成本	17 895	4 338	11 762	8 428	42 423
产成品单位成本	178.95	43.38	117.62	84.28	424.23

产成品入库的账务处理：

借：库存商品——甲产品　　　　　　　　　　　42 423

　　贷：生产成本——基本生产成本——一车间　　　　　26 131

　　　　　　　　　　　　　　　——二车间　　　　　　　8 592

　　　　　　　　　　　　　　　——三车间　　　　　　　7 700

第10章 成本报表编制与分析

成本报表属内部报表，由企业自行设计和填制。成本报表是根据产品成本和期间费用的核算资料以及其他有关资料编制的，用以反映和监督企业一定时期产品成本和期间费用水平及其构成情况的报告文件。

10.1 成本报表分类与方法

成本报表基本分为两类：一是反映产品成本情况的报表；二是反映各种费用支出的报表。另外，除定期编制前两类报表外，还可以编制以下报表：①对成本耗费的主要指标还可以按旬、按周、按日甚至按班编制；②将成本会计指标、统计指标和经济技术指标结合起来，编制技术经济指标对成本影响的报表；③编制未来时期能否完成成本计划的分析报告。

工业企业通常编制以下成本报表："产品成本表""产品生产成本及主营业务成本表""主要产品单位成本表""制造费用明细表""管理费用明细表""销售费用明细表"及各种责任成本报表等。

会计数据是成本报表资料来源的主要渠道，包括会计账簿（总分类账、明细分类账、备查账簿等）、会计凭证、以前年度的会计文件、其他数据主要指企业的统计、计划资料及业务核算资料。产品生产成本表是反映企业在报告期内生产的全部产品总成本的报表。该表一般分为两种：一种按成本项目反映；另一种按产品种类反映。两种报表各有不同的结构、作用和编制方法。

10.1.1 主要产品单位成本报表的编制与分析

主要产品单位成本表，是反映企业一定时期内主要产品生产成本水平、变动情况及构成情况的成本报表。

1. 结构

按成本项目反映产品单位成本的上年实际平均、本年计划、本月实际、本年累计实际数额。该表是产品成本表的补充说明。

2. 作用

通过该表，可以反映出主要产品单位成本的变动，并可分析产品成本变动的原因。

填列方法，见表 10-1。

表 10-1　填列方法

项目	填列方法
"上年实际平均"栏	根据上期报表中各成本项目的"本年累计实际平均"栏数字填列
"本年计划"栏	根据年度成本计划中各产品分成本项目的计划数填列
"本月实际"栏	根据各产品的成本计算单填列
"本年累计实际平均"栏	根据年度内各产品成本计算单分别计算填列

【例 10-1】某企业乙产品单位成本表的格式和内容，详见表 10-2。

表 10-2　主要产品单位成分表

本月计划产量：18 件

本月实际产量：20 件

产品名称：乙产品　　　　　　　　　　　　　　　　本年累计计划产量：200 件

产品规格：××　　　　　　　　　　　　　　　　　本年累计实际产量：300 件

2×21 年 5 月

成本项目	历史先进水平 2×19 年	上年实际平均	本年计划	本月实际	本年累计实际平均
直接材料（元）	543 530	520 000	510 000	51 500	520 000
燃料及动力（元）	187 000	176 000	191 000	18 000	188 000
直接人工（元）	312 000	320 000	318 000	21 000	315 000
制造费用（元）	210 000	220 000	218 000	19 800	209 000
产品单位成本（元）	542	434	490	445	456

10.1.2　按成本项目反映的产品生产成本报表的编制

按成本项目反映的产品生产成本表的费用和成本，可按上年实际数、本年计划数、本月实际数和本年累计实际数，分栏反映。

1. 填列方法

（1）上年实际数应根据上年 12 月份本表的本年累计实际数填列。

（2）本年计划数应根据成本计划有关资料填列。

（3）本年累计实际数应根据本月实际数，加上上月份本表的本年累计实际数计算填列。

（4）按成本项目反映的本月各种生产费用数，根据各种产品成本明细账所记本月生产费用合计数，按照成本项目分别汇总填列。

（5）期初、期末在产品、自制半成品的余额，根据各种产品成本明细账的期初、期末在产品成本和各种自制半成品明细账的期初、期末余额分别汇总填列。

（6）产品生产成本合计数根据表中的生产费用合计数，加上或减去在产品、自制半成品的期初、期末余额求得。

产品生产成本合计＝生产费用合计＋在产品、自制半成品的期初余额－在产品、自制半成品的期末余额

2. 直接材料项目的分析

影响单位成本中材料费用的基本因素，为单位产品材料耗用量和材料单价。计算公式如下：

材料耗用量变动的影响＝（实际单位耗用量－计划单位耗用量）×计划单价

材料单价变动的影响＝（实际单价－计划单价）×实际单位耗用量

影响单位成本中材料费用的基本因素，为单位产品材料耗用量和材料单价。

【例 10-2】IAG 公司 2×21 年 1 月原材料资料，见表 10-3。

表 10-3　直接材料相关资料　　　　　　　　　　　　　　　　　　单位：元

材料名称	单位耗用量		单价	
	本年计划	本年实际	本年计划	本年实际
甲	5.9	5.3	9	13
乙	6.2	6.0	11	14

（1）A 材料变动的影响。

甲材料耗用量变动的影响

＝（实际单位耗用量－计划单位耗用量）×计划单价

＝（5.3－5.9）×9＝－5.4（元）

甲材料单价变动的影响＝（实际单价－计划单价）×实际单位耗用量

＝（13－9）×5.3＝21.2（元）

（2）乙材料变动的影响。

乙材料耗用量变动的影响＝（实际单位耗用量－计划单位耗用量）×计划单价

＝（6.0－6.2）×11＝－2.2（元）

乙材料单价变动的影响＝（实际单价－计划单价）×实际单位耗用量

＝（14－11）×6＝18（元）

根据计算，比较材料成本变化，见表 10-4。

表 10-4　材料成本实际与计划对比　　　　　　　　　　　　　　　单位：元

材料名称	单位耗用量		单价		单位成本		本年实际比本年计划		
	本年计划	本年实际	本年计划	本年实际	本年计划	本年实际	降低额	量差	价差
	1	2	3	4	5＝1×3	6＝2×4	7＝5－6	8＝(1－2)×3	9＝(3－4)×2
甲	5.9	5.3	9	13	53.1	68.9	－15.8	5.4	－21.2
乙	6.2	6.0	11	14	68.2	84	－15.8	2.2	－18
合计	—	—	—	—	121.3	152.9	－31.6	7.6	－39.2

3. 直接人工项目的分析

【例 10-3】根据表 10-4 的资料，计算直接人工变动的影响数，见表 10-5。

表 10-5　甲产品单位直接人工成本分配表

2×21 年 1 月　　　　　　　　　　　　　　单位：元

项目	本年计划	本年实际	降低额	工时消耗变动影响	小时工资额变动影响
单位产品工时（小时）	12	14	−2	—	—
小时工资额	18	16	2	—	—
单位产品直接人工成本	216	224	−8	36	−28

单位产品直接人工成本＝（实际工时−计划工时）×计划小时工资额

＝（14−12）×18＝36（元）

小时工资额变动的影响

＝（实际小时工资额−计划小时工资额）×实际工时

＝（16−18）×14＝−28（元）

4. 制造费用项目的分析

企业生产单位的制造费用是以分配的方式计入产品成本的，其分配标准通常是工时消耗量（或其他分配标准）。影响产品成本中制造费用的基本因素，为单位产品工时消耗量（或其他分配标准）和小时费用分配率（或其他分配率）。

单位产品制造费用成本＝单位产品工时×小时制造费用分配率

工时消耗变动的影响＝（实际单位工时−计划单位工时）×计划小时费用分配率

费用分配率变动影响＝（实际小时费用分配率−计划小时费用分配率）×实际工时

【例 10-4】甲产品单位制造费用分配表见表 10-6。

表 10-6　甲产品单位制造费用分配表

2×21 年 5 月

项目	本年计划	本年实际	降低额	工时消耗变动影响	小时工资额变动影响
单位产品工时消耗量	25	23	2	—	—
小时工资分配率	3.8	4.0	−0.2	—	—
单位产品制造费用	95	92	3	−7.6	4.6

工时消耗量变动的影响

＝（23−25）×3.8＝−7.6（元）

小时工资额变动的影响

＝（4−3.8）×23＝4.6（元）

按成本项目汇总反映工业企业在报告期内发生的全部生产费用以及产品生产成本合计数的报表。该表一般由生产费用和产品生产成本两部分构成，见表 10-7。

表 10-7　产品生产成本表（按成本项目反映）

××工厂　　　　　　　　　　　　　　　　　2×21 年 5 月　　　　　　　　　　　　　　单位：元

项目	上年实际	本年计划	本月实际	本年累计实际
直接材料费用	32 100	45 000	4 200	44 000
直接人工费用	12 270	10 800	3 800	10 080
制造费用	8 900	9 900	3 600	9 800
生产费用合计	53 270	65 700	11 600	63 880
加：在产品、自制半成品期初余额	5 900	4 400	800	4 600
减：在产品、自制半成品期末余额	6 800	7 200	600	7 000
产品生产成本合计	52 370	62 900	11 800	61 480

10.1.3　全部商品产品成本计划完成情况分析

全部商品产品成本计划完成情况分析就是将全部产品的实际成本同计划成本进行比较，并分别考查可比产品成本和不可比产品成本的超支和节约情况，以了解全部产品成本计划完成情况，并为进一步进行成本分析提供线索。

可比产品的降低额和降低率，可按下列公式计算后填列。

可比产品成本降低额＝按上年实际平均单位成本计算的可比产品总成本－本年可比产品实际总成本

可比产品成本降低率＝可比产品成本降低额÷按上年实际平均单位成本计算的可比产品总成本×100%

产品计划成本降低额和降低率，可按下列公式计算求得：

产品计划成本降低额＝按本年计划单位成本计算的本年累计总成本－上年实际总成本

产品计划成本降低率＝产品计划成本降低额÷按本年计划单位成本计算的本年累计总成本×100%

全部商品产品成本计划完成情况分析项目填列方法，见表 10-8。

表 10-8　填列方法

项目	填列方法
"实际产量"下"本月、本年累计实际产量"栏	根据成本计算单及有关资料填列本月和从年初起至本月末止的合格品数量
"上年实际平均"栏	根据上期报表中各成本项目的"本年累计实际平均"栏数字填列
"本年计划"栏	根据年度成本计划中各产品分成本项目的计划数填列
"本月实际"栏	根据各产品的成本计算单填列
"本年累计实际平均"栏	根据年度内各产品成本计算单分别计算填列
"产品单位成本"中的各栏	根据各成本项目中的相同栏目的金额之和填列

【例 10-5】根据产品生产成本表编制全部产品成本分析表，见表 10-9。

补充资料：假设商品产值 940 683 元，本年计划降低额为 1 500 元，本年计划降低率1.7%，本年计划产值成本率为 15 元/百元。

表 10-9　产品生产成本表编制全部产品成本分析表　　　　　　　　　　　　　　单位：元

产品名称	计量单位	实际产量		单位成本				本月总成本			本年累计总成本		
		本月	本年累计	上年实际平均	本年计划	本月实际	本年累计实际平均	按上年实际平均单位成本计算	按本年计划单位成本计算	本月实际	按上年实际平均单位成本计算	按本年计划单位成本计算	本年实际
		①	②	③	④	⑤=⑨÷①	⑥=⑫÷②	⑦=①×③	⑧=①×④	⑨	⑩=②×③	⑪=②×④	⑫
可比产品合计								8 780	9 348	8 238	93 200	99 120	91 660
甲	件	50	500	100	108	90	95	5 000	5 400	4 500	50 000	54 000	47 500
乙	件	42	480	90	94	89	92	3 780	3 948	3 738	43 200	45 120	44 160
不可比产品合计								176	2 040			1 972	21 222
甲	件	12	130		10	100	99	120	1 200			1 300	1 400
乙	件	8	96		7	105	87	56	840			672	780
全部产品合计								9 524	10 278			101 092	112 882

根据上述资料，分析下列数据。

① 可比产品成本降低额

$$= \begin{matrix} \text{可比产品按上年实际平均} \\ \text{单位成本计算的总成本} \end{matrix} - \begin{matrix} \text{可比产品本年} \\ \text{累计实际总成本} \end{matrix}$$

=93 200-91 660=1 540（元）

② 可比产品成本降低率

$$= \text{可比产品成本降低额} \div \begin{matrix} \text{可比产品按上年实际平均} \\ \text{单位成本计算的总成本} \end{matrix} \times 100\%$$

=1540÷93 200

=1.65%

③ 假设商品产值为 940 683 元，则：

产值成本率（元/百元）=产品总成本÷商品产值×100%

=112 882÷940 683=12%

可比产品成本降低计划的完成情况，见表 10-10。

表 10-10　可比产品成本降低计划完成情况分析表

可比产品	总成本		计划完成情况	
	按上年实际平均单位成本计算	本期实际	降低额	降低率（%）
甲	50 000	47 500	2 500	5%
乙	43 200	44 160	−960	−2.22%
合计	93 200	91 660	1 540	1.65%

在取得以上分析资料的基础上，按照下面的步骤进行分析。

可比产品成本降低额 1 540 元（本年计划降低额为 1 600 元）

可比产品成本降低率 1.65%，本年计划降低率 1.7%。

产值成本率 12 元/百元（本年计划产值成本率为 15 元/百元）

（1）确定分析对象，以可比产品成本实际降低额、降低率指标与计划降低额、降低率指标进行对比，确定实际脱离计划的差异。

计划降低额 1 600 元，计划降低率 1.7%。

实际降低额 1 540 元，实际降低率 1.65%。

实际脱离计划差异：

降低额＝1 540−1 600 ＝ −60（元）

降低率＝1.65%−1.7%＝ −0.05%

（2）从以上算式可以看出，可比产品成本降低额计划没有完成，实际比计划少降低−60 元，或−0.05%。

10.1.4　按产品种类反映的产品生产成本报表的编制

1. 结构

按产品种类汇总反映企业在报告期内生产的全部产品的单位成本和总成本的报表。按可比产品（指以前年度或上年度曾经生产过的产品）和不可比产品（指以前年度或上年度未正常生产过的产品）分别反映其实际产量、单位成本、本年总成本与本年累计总成本。

2. 作用

（1）可以了解企业全部产品成本计划的执行情况。

（2）可以分析和考核可比产品成本降低任务的完成情况。

既要从总体出发，分析全部商品产品成本计划完成的总括情况，也要分析每种产品成本计划的完成情况。既可以对全部商品产品成本计划的完成情况有总括了解，也为进一步分析指明方向和重点。

【例 10-6】根据表 10-9 的资料编制分析表，见表 10-11。

表 10-11　本年累计全部产品成本计划完成情况分析表　　　　　　　　　　单位：元

产品名称	计划总成本	实际总成本	实际比计划升降额	实际比计划升降率（%）
1. 可比产品 其中：甲	99 100	91 660	−7 440	−7.51%
	54 000	47 500	−6 500	−12.04%
乙	45 120	44 160	−960	−2.13%
2. 不可比产品 其中：甲	1 972	2 180	208	10.55%
	1 300	1 400	100	7.69%
乙	672	780	108	16.07%
合计	101 072	93 840	−7 232	−7.16%

本年累计全部产品成本实际计划升降额＝实际总成本−计划总成本
＝93 840−101 072＝−7 232

$$全年累计全部产品成本计划完成率＝\frac{\sum（各种产品实际单位成本实际产量）}{\sum（各种产品计划单位成本实际产量）}\times100\%$$
$$＝\frac{93\ 840}{101\ 072}\times100\%＝92.84\%$$

成本升降率＝92.84%−100%＝−7.16%

上述计算表明，本年全部产品累计实际总成本比计划总成本节约 7 232 元，降低 7.16%。其中可比产品实际比计划节约 7 440 元，主要是甲产品节约 6 500 元，乙产品节约 960 元；不可比产品成本实际比计划超支 208 元，需进一步分析甲产品超支的原因。

【例 10-7】根据表 10-12 资料，计算企业本年可比产品成本降低数值，见表 10-12。

表 10-12　可比产品成本降低计划表　　　　　　　　　　单位：元

可比产品	全年计划产量	单位成本		总成本		计划降低指标	
		上年实际平均	本年计划	按上年实际平均单位成本计算	按本年计划单位成本计算	降低额	降低率（%）
甲产品	520	120	130	62 400	67 600	−5 200	−8.33
乙产品	400	90	95	36 000	38 000	−2 000	−5.56
合计	920	—	—	98 400	105 600	−7 200	−7.32

可比产品成本计划降低额＝98 400−105 600＝−7 200（元）
可比产品成本计划降低率＝−7 200÷98 400＝−7.32%

从本年实际单位成本与上年实际、本年计划比较发现，本年实际单位成本较上年有所降低，也完成了本年计划。

10.2 管理费用明细表的编制与分析

管理费用明细表是反映企业管理部门在一定时期内为组织和管理生产所发生的费用总额及预算执行情况的报表。

10.2.1 管理费用明细表的结构

管理费用明细表及销售费用明细表的格式与制造费用明细表的格式基本相同，都是按费用项目分别"本期计划数""上年实际数""本期实际数"数进行反映，以期达到反映资金耗费及费用任务完成情况的目的。

10.2.2 管理费用明细表的编制

管理费用明细表一般按其费用项目，分别反映该费用项目的上年实际数、本年计划数、本月实际数和本年累计实际数。利用该表，可以分析各费用项目的构成及其增减变动情况，考核管理费用计划的执行情况，见表10-13。

表 10-13 管理费用明细表的填列

费用项目	应按管理费用明细账所列示的项目填列
上年同期实际数	根据上年编制的管理费用明细表与上年同期数栏的数字填列
本年计划数	根据本年管理费用预算资料填列
本月实际数	根据管理费用明细账中各费用项目本月发生额填列
本年累计实际数	根据管理费用明细账中各费用项目本年累计发生额填列

管理费用明细表是反映企业在报告期内发生的管理费用及其构成情况的报表，该表一般按照费用项目分别反映各项目的计划数、上年同期实际数、本月实际数和本年累计实际数，其格式见表10-14。

表 10-14 管理费用明细表

2×21年1月31日 单位：元

费用项目	本年计划数	上年同期实际数	本月实际数	本年累计实际数
职工薪酬	280 000	22 000	21 000	290 000
折旧费	52 000	5 180	4 890	52 000
快递费	15 800	2 400	2 500	16 100
办公费	24 000	1 980	1 900	21 000
差旅费	31 600	2 580	2 600	30 800
业务招待费	27 600	1 980	2 000	26 700
合计	431 000	—	—	436 600

根据表10-14，编制管理费用增减变动表，见表10-15。

表 10-15　管理费用增减变动表

2×21 年 1 月 31 日　　　　　　　　　　　　　　　　单位：元

项目	本年计划数	本年累计实际数	增减金额	增减%	计划构成%	实际构成%
职工薪酬	280 000	290 000	10 000	3.57%	64.97%	66.42%
折旧费	52 000	52 000	0	0	12.06%	11.91%
快递费	15 800	16 100	300	1.90%	3.67%	3.69%
办公费	24 000	21 000	−3 000	−1.25%	5.57%	4.81%
差旅费	31 600	30 800	−800	−2.53%	7.33%	7.05%
业务招待费	27 600	26 700	−900	−3.26%	6.40%	6.12%
合计	431 000	436 600	5 600	1.30%	100	100

从表 10-15 可以看出，公司本年管理费用比计划超支 5 600 元，超支幅度达 1.30%，该公司管理费用计划执行力度应加大。

10.3　销售费用明细表的编制与分析

销售费用明细表，是反映企业在报告期内发生的产品销售费用及其构成情况的报表。该表一般按照销售费用项目分别反映各费用项目的本年计划数、上年实际数、本月计划数、本年实际数和本年累计实际数。

销售费用明细表各个项目的填列方法，见表 10-16。

表 10-16　销售费用明细表的编制

费用项目	应按销售费用明细账所列示的项目填列
本年计划数	应根据本年初销售费用计划数填列
上年同期实际数	应根据上年同期销售费用明细表的本月实际数填列
本月实际数	应根据各销售费用明细账本月各项目发生额分别汇总填列
本年累计实际数	应根据各销售费用明细账本年末累计数汇总填列

【例 10-8】德龙有限公司 2×21 年 12 月的产品销售费用明细表，见表 10-17。

表 10-17　产品销售费用明细表

2×21 年 12 月　　　　　　　　　　　　　　　　单位：元

费用项目	本年计划数	上年同期实际数	本月实际数	本年累计实际数
职工薪酬	320 000	3 100	3 000	340 000
广告费	48 000	4 280	4 320	52 000
快递费	13 200	2 800	2 600	13 500
办公费	22 000	1 880	1 800	23 000
差旅费	34 500	3 180	3 000	35 500
业务招待费	28 200	2 240	2 300	29 200
合计	465 900	—	—	493 200

根据表 10-17，编制销售费用增减变动表，见表 10-18。

表 10-18 销售费用增减变动表

2×21 年 12 月 31 日   单位：元

项目	本年计划数	本年累计实际数	增减金额	增减（%）	计划构成（%）	实际构成（%）
职工薪酬	320 000	340 000	20 000	6.25%	68.68%	68.94%
折旧费	48 000	52 000	4 000	8.33%	10.30%	10.54%
快递费	13 200	13 500	300	2.27%	2.83%	2.74%
办公费	22 000	23 000	1 000	4.55%	4.72%	4.66%
差旅费	34 500	35 500	1 000	2.90%	7.42%	7.20%
业务招待费	28 200	29 200	1 000	3.55%	6.05%	5.92%
合计	465 900	493 200	27 300	5.86%	100	100

从表 7-19 可以看出，公司本年销售费用比计划超支 27 300 元，超支幅度达 5.86%，表明公司销售费用计划执行情况需要矫正。

10.4 财务费用明细表的编制与分析

财务费用明细表一般按其费用项目，分别反映该费用项目的上年实际数、本年计划数、本月计划数、本月实际数、本年累计实际数等。利用该表，可以分析各费用项目的构成及其增减变动情况，考核财务费用计划的执行情况。

1. 结构

财务费用明细表应根据财务费用明细账、本年计划、上年年报等资料编制。表中各项目的填列方法见表 10-19。

表 10-19 财务费用明细表的填列

费用项目	应按财务费用明细账所列示的项目填列
上年实际数	应根据上年本表实际数填列
本年计划数	应根据本年初财务费用计划数填列
本月计划数	应根据本月初或本年初制定的本月计划数填列
本月实际数	应根据财务费用明细账本月各项目发生额分别汇总填列
本年累计实际数	应根据各财务费用明细账本年累计数汇总填列

2. 财务费用明细表的分析

财务费用明细表分析，是以财务费用明细表为依据，通过编制财务费用分析表，将财务费用预算与实际进行对比，分析财务费用的构成和各费用项目的增减变动情况，确定预算与实际产生差异的原因。

财务费用明细表反映企业行政部门为筹集生产经营所需资金而发生的各项费用，分别计算每项费用占财务费用总额的比重，可以了解和分析财务费用的构成情况；将"本年累计实际数"与"本年计划数"对比，可以分析和考核计划的执行情况及其结果；将

"本年累计实际数"与"上年实际数"对比，可以计算和分析财务费用的增减变动及其原因；将"本月实际数"与"本年累计实际数"比较，可以反映本月费用消耗对本年累计费用总额的影响。正确地分析财务费用变动的原因，又可以为进一步提出节支措施，预测和编制以后各期的财务费用计划提依据。

【例 10-9】安达公司 2×21 年 12 月的财务费用明细表，根据资料编制财务费用明细分析表，见表 10-20。

表 10-20　财务费用明细表

2×21 年 12 月　　　　　　　　　　　　　　　　　　单位：元

项目	本年计划数	本月实际数	本年累计实际数
利息支出（减利息收入）	43 200	4 400	44 200
汇兑损失（减汇兑收益）	12 900	1 000	13 000
金融机构手续费	8 900	1 200	9 400
其他筹资费用	7 540	530	7 780
合计	72 540	7 130	74 380

根据表 10-20，编制财务费用明细分析表，见表 10-21。

表 10-21　财务费用明细分析表

2×21 年 12 月　　　　　　　　　　　　　　　　　　单位：元

项目	本年计划数	本年累计实际数	增减金额	增减%	计划构成%	实际构成%
利息支出（减利息收入）	43 200	44 200	1 000	2.31%	59.55%	59.42%
汇兑损失（减汇兑收益）	12 900	13 000	100	0.78%	17.78%	17.48%
金融机构手续费	8 900	9 400	500	5.62%	12.27%	12.64%
其他筹资费用	7 540	7 780	240	3.18%	10.40%	10.46%
合计	72 540	74 380	1 840	2.54%	100	100

从表 10-21 中可以看出，本年度财务费用比预算增加 2.54%，预算执行情况不理想。但从各项目来看，利息支出无论是总额还是构成都有所增加。公司在资金周转的有关环节上没有做好管理。

10.5　制造费用明细表的编制与分析

制造费用明细表是反映企业生产单位一定时期内为组织和管理生产所发生费用总额和各明细项目数额的报表。

1. 结构

制造费用明细表按费用项目分别以"上年同期实际数""本年计划数""本年累计实际数"进行反映。

制造费用明细表可分车间按月进行编制。表中"本期计划数"按当期计划资料分项

目填列。"上年同期实际数"栏，根据上年同期该报表的"本年累计实际"栏的对应项目填列。"本年累计实际数"栏可根据"制造费用"科目所属明细资料累计填列。

2. 制造费用项目的分析

企业生产单位的制造费用是以分配的方式计入产品成本的，其分配标准通常是工时消耗量（或其他分配标准）。影响产品成本中制造费用的基本因素，为单位产品工时消耗量（或其他分配标准）和小时费用分配率（或其他分配率）。

【例 10-10】根据下列资料，编制制造费用明细分析表，并进行分析，见表 10-22。

表 10-22　制造费用明细表

2×21 年 12 月

项目	上年同期实际数	本年计划数	本年累计实际数
人工费	98 000	97 000	101 000
折旧费	68 900	57 600	69 800
修理费	56 200	57 100	58 900
办公费	29 000	28 000	28 900
水电费	31 200	32 200	32 800
机物料消耗	26 400	27 400	27 600
劳动保护费	33 700	34 890	35 200
差旅费	28 300	27 100	27 900
租赁费	43 200	44 890	44 900
保险费	28 900	29 700	29 200
合计	355 600	435 880	456 200

人工费本年计划数与本年累计实际数增减金额＝101 000－97 000＝4 000（元）

增减百分比＝4 000÷97 000×100％＝4.12％

人工费计划数构成比率＝97 000÷435 880×100％＝22.25％

人工费实际数构成比率＝101 000÷456 200×100％＝22.14％

其他项目按上述方法依次计算，得出结果，见表 10-23。

表 10-23　制造费用明细分析表

2×21 年 12 月　　　　　　　　　　　　　　　　　单位：元

项目	本年计划数	本年累计实际数	增减金额	增减％	计划构成％	实际构成％
人工费	97 000	101 000	4 000	4.12％	22.25％	22.14％
折旧费	57 600	69 800	12 200	21.18％	13.21％	15.30％
修理费	57 100	58 900	1 800	3.15％	13.10％	12.91％
办公费	28 000	28 900	900	3.21％	6.42％	6.33％
水电费	32 200	32 800	600	1.86％	7.39％	7.19％

续上表

项目	本年 计划数	本年累计 实际数	增减 金额	增减%	计划构成%	实际构成%
机物料消耗	27 400	27 600	200	0.73%	6.29%	6.05%
劳动保护费	34 890	35 200	310	0.89%	8.0%	7.72%
差旅费	27 100	27 900	800	2.95%	6.22%	6.12%
租赁费	44 890	44 900	10	0.02%	10.30%	9.84%
保险费	29 700	29 200	−500	−1.68%	6.81%	6.40%
合计	435 880	456 200	20 320	4.66%	100%	100%

从上表可以看出，公司本年制造费用比计划增加−20 320 元，超出幅度达 4.66%，表明公司制造费用计划执行情况很差。通过对比分析各费用项目，就能够清楚各个费用项目预算执行情况以及问题主要出自哪些项目，着重在这些项目采取有效的措施。

10.6 成本预测的方法

成本预测按产品的不同分类可分为可比产品成本预测和不可比产品成本预测。可比产品是指以往年度正常生产过的产品；不可比产品是指企业以往年度没有正式生产过的产品。

10.6.1 可比产品成本预测

可比产品过去的成本资料比较健全，常用的成本预测方法有高低点法、加权平均法、回归分析法和因素分析法，在此重点讲解因素分析法。因素变动预测法是通过对影响成本的工、料、费等各项因素的具体分析，预测计划期成本水平的方法。

【例 10-11】某公司的甲产品 2×20 年 1 至 9 月份实际产量为 2 000 件，实际总成本为 880 000 元，预计 10 至 12 月份产量为 500 件，总成本为 120 000 元，则甲产品 2×21 年预计平均单位成本为：

＝（880 000＋120 000）÷（2 000＋500）＝400（元）

假定该产品 2×21 年度预计平均单位产品成本和总成本的分项资料，见表 10-24。

表 10-24 公司甲产品 2×21 年 1 至 9 月成本资料

项目	单位成本/元	总成本/元
甲材料	230	460 000
燃料和动力	10	20 000
工资和福利费	150	300 000
制造费用	50	100 000
合计	440	880 000

假定材料、燃料和动力、工资和福利费为变动费用，制造费用全为固定费用，并假定 2×21 年影响产品的主要因素及影响程度为：产量增加 8%；材料成本降低 2%，材料消耗降低 1%；燃料和动力消耗量降低 1.5%；工资和福利费增加 10%；制造费用增加 4%。

现用因素分析法预测 2×21 年该产品的年总成本和单位成本。

仅考虑产量预测期材料费用：$460\,000 \times (1+8\%) = 496\,800$（元）

由于材料成本降低 2%，材料费用节约额：$496\,800 \times (-2\%) = -9\,936$（元）

由于材料消耗降低 1%，材料费用节约额：$496\,800 \times (-1\%) = -4\,968$（元）

预测期产品材料费用 $= 496\,800 - 9\,936 - 4\,968 = 481\,896$（元）

预测期燃料和动力费用 $= 20\,000 \times (1+8\%) \times (1-1.5\%) = 21\,276$（元）

预测期工资和福利费用 $= 300\,000 \times (1+10\%) = 330\,000$（元）

预测期制造费用 $= 100\,000 \times (1+4\%) = 104\,000$（元）

所以，预测期（2×21 年）产品的总成本为：

$= 481\,896 + 21\,276 + 330\,000 + 104\,000 = 937\,172$（元）

单位成本为 $= 937\,172 \div [2\,500 \times (1+8\%)] = 347.10$（元）

10.6.2　不可比产品成本费用的预测

不可比产品的成本费用预测的方法主要有以下几种。

（1）目标成本法。

目标成本法是日本制造业创立的成本管理方法，目标成本法以给定的竞争价格为基础决定产品的成本，以保证实现预期的利润。即首先确定客户会为产品、服务付多少钱，然后再回过头来设计能够产生期望利润水平的产品、服务和运营流程。

（2）技术测定法。

技术测定法是根据先进合理的生产技术、操作工艺、合理的劳动组织和正常的生产条件，对施工过程中的具体活动进行实地观察，详细记录施工的工人和机械的工作时间消耗、完成产品的数量及有关影响因素，将记录的结果加以整理，客观分析各种因素对产品的工作时间消耗的影响，据此进行取舍，以获得各个项目的时间消耗资料，从而制定劳动定额的方法。

（3）售价比例法。

售价比例法是利用产品成本与产品售价之间的相对稳定的比例关系来测算产品成本的一种方法，是在企业不具备采用技术测定法和目标成本测定条件的情况下采用的一种方法。它依据所生产产品的总售价，参照其他企业生产的同类商品售价成本率，来预测本企业产品成本的一种方法。

（4）类比分析法。

类比分析法是指比照其他单位的同类产品，结合单位自身的生产技术条件和水平、市场供求、原材料来源渠道等情况，测算产品成本的一种方法。这种方法工作量小，较为简便，但预测结果不准确。

10.7　成本决策方法

成本决策是指依据掌握的各种决策成本及相关的数据，对各种备选方案进行分析比较，从中选出最佳方案的过程。成本决策与成本预测紧密相连，它以成本预测为基础，是成本管理不可缺少的一项重要职能。

成本决策所采用的专门方法，因决策的具体内容和掌握资料的不同而各有不同。但其最常用的专门方法有差量分析法、总额分析法、相关成本分析法三种：

10.7.1 差量分析法

在决策分析中，差量是指不同备选方案之间的差异，差量又分差量收入、差量成本和差量利润。差量分析是指在充分分析不同备选方案差量收入、差量成本和差量利润的基础上，从中选择最优方案的方法。

差量分析的一般步骤为四步：计算备选方案的差量收入；计算备选方案的差量成本；计算备选方案的差量利润；最后比较最优方案，选择最优方案。

差量分析法的两类因素是差量收入和差量成本。差量收入是一个备选方案的预期收入与另一个备选方案的预期收入的差额。差量成本是一个备选方案的预期成本与另一个备选方案的预期成本的差额。如果差量收入大于差量成本，即差量损益为正数，则前一个方案是较优的；反之，如差量收入小于差量成本，即差量损益为负数，则后一个方案是较优的。

【例10-12】随州电器有限公司面临生产哪一种产品的决策，生产甲产品的单位变动成本为180元，预计销售量为2 800件，预计销售单价为300元；生产乙产品的单位变动成本为190元，预计销售量为1 400件，预计销售单价为240元。生产甲乙产品的固定成本相同。则生产甲产品与生产乙产品的差量损益计算如下：

差量收入＝（300×2 800）－（240×1 400）＝840 000－336 000＝504 000（元）

差量成本＝（180×2 800）－（190×1 400）＝504 000－266 000＝238 000（元）

差量损益＝504 000－238 000＝266 000（元），说明生产甲产品比生产乙产品可多获利润266 000元，生产甲产品对企业是有利的。

10.7.2 总额分析法

总额分析法以利润作为最终的评价指标，按照销售收入－变动成本－固定成本的模式计算利润，由此决定方案取舍的一种决策方法。之所以称为总额分析法，是因为决策中涉及的收入和成本是指各方案的总收入和总成本。这里的总成本通常不考虑它们与决策的关系，不需要区分相关成本与无关成本。这种方法一般通过编制总额分析表进行决策。

10.7.3 相关成本分析法

相关成本分析法是在各个备选方案收入相同的前提下只分析每个备选方案相关成本指标，也就是计算每个方案的增量成本、专属成本和机会成本等之和，即为相关成本的方法。在收入相同的前提下，相关成本最低的方案必然是利润最高的方案，所以，应选择相关成本最低的方案。采用相关成本分析法必须是在各备选方案业务量确定的条件下，如果各备选方案的业务量不确定，则不能采用相关成本分析法。

【例10-13】太安公司每年需用T型铜零件23 000件，可以由本企业生产，也可以向市场购买。如果由本企业自己制造，单位成本为80元。其中，单位固定制造费用为22

元，而且需租入一台专用设备，每月发生租金 3 200 元。如果外购，每个零件的进货单价为 121 元。要求进行决策分析，见表 10-25。

表 10-25　某企业 T 型铜零件相关成本分析表　　　　　　　　　　　　　　　单位：元

项目	方案	
	自制	外购
增量成本	23 000×（80−22）＝1 334 000	23 000×121＝2 783 000
专属成本	3 200×12＝38 400	
相关成本合计	1 372 400	2 783 000

从表中可以看出，采用自制方案制造 T 型铜零件的相关成本为 1 372 400 元，而外购的相关成本为 2 783 000 元。自制成本较低，所以应选择自制方案。

◀第三篇

财报分析

企业的财报是对其财务状况、经营成果和现金流量的高度概括总结。

第11章 什么是财务报表

《企业会计准则第30号——财务报表列报》中规定：财务报表至少应当包括资产负债表、利润表、现金流量表、所有者权益变动表和附注。财务报表格式分别按一般企业、商业银行、保险公司、证券公司等企业类型予以规定。

11.1 财务报表之间的钩稽关系

四大财务报表钩稽关系，如图11-1所示。

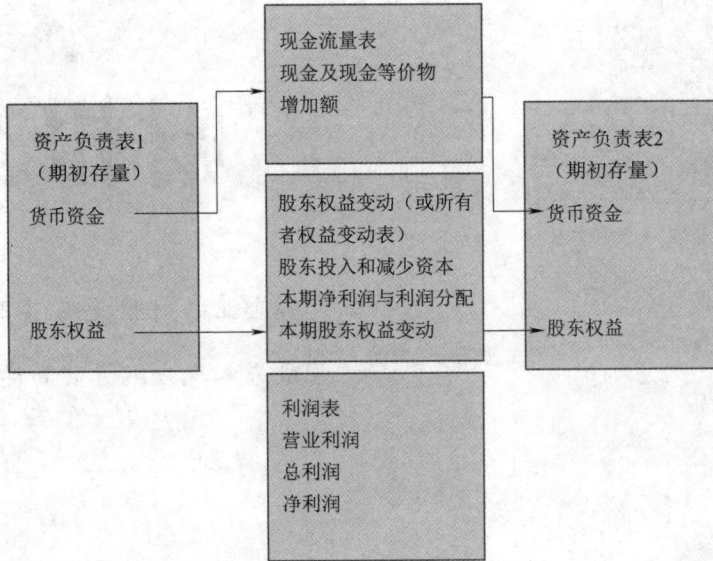

图 11-1 四大报表基本关系

11.1.1 财务报表之间的等式关系

报表项目之间的钩稽关系如下：

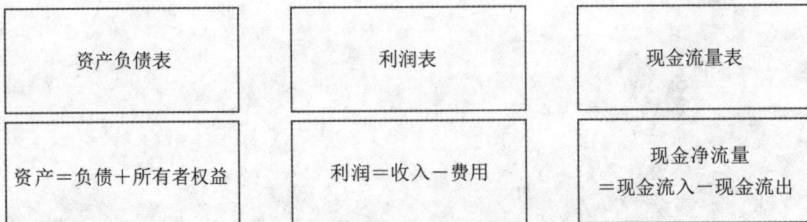

除了上述基本等式关系外，四大报表中还有以下关系等式。

1. 资产负债表与利润及利润分配表的关系

资产负债表与利润表及利润分配表的关系用公式表示如下：

（1）资产负债表中的未分配利润＝利润表及利润分配表中的未分配利润

（2）期末未分配利润＝期初未分配利润＋本年净利润（利润表数）－提取盈余公积－对所有者（或股东）分配－未分配利润转增资本（或股本）

2. 资产负债表与现金流量表的关系

资产负债表与现金流量表的关系用公式表示如下：

（1）资产负债表中现金及其等价物期末余额与期初余额之差＝现金流量表中现金及其等价物净增加

（2）资产负债表中除现金及其等价物之外的其他各项流动资产和流动负债的增加（减少）＝现金流量表中各相关项目的减少（增加）额

（3）现金流量表中"现金及现金等价物净增加额"项目计算公式（不考虑现金等价物情况下）：

现金的期末余额＝资产负债表"货币资金"期末余额

现金的期初余额＝资产负债表"货币资金"期初余额

现金及现金等价物的净增加额＝现金的期末余额－现金的期初余额

3. 所有者权益变动表与资产负债表、利润表的钩稽关系

所有者权益变动表中既有"时点"数，又包含"时期"数，是连接资产负债表和利润表的纽带。其钩稽关系为：

（1）期末实收资产（或股本）＝期初实收资本（或股本）＋资本公积、盈余公积转增资本（或股本）＋未分配利润转增资本（或股本）

（2）期末资本公积＝期初资本公积－资本公积转增资本（或股本）

（3）期末盈余公积＝期初盈余公积－盈余公积弥补亏损－盈余公积转资本（或股本）＋本期提取盈余公积

一般来说，企业营业执照中的"注册资产""验资报告"中实际投入资金与资产负债表中"实收资本"之间数额相等。但企业增加或减少实收资本时，在注册资本20%的范围内可以不进行工商变更登记，此时，注册资本可能不等于实收资本。

11.1.2　财报使用者

对股东来说，透过报表了解企业的成长能力和发展前景等；对债务人来说，可以核实企业偿债的能力；对企业经营者来说，企业运营的最终目标就是盈利，编制会计报表可以直接反映企业一段时间的经营成果。根据报表反映的财务状况，及时调整经营策略；对税务部门来说，可通过财务报表掌握企业的收入情况。

1. 股东

股东最关心的是企业的赢利状况，有些股东在投资以后不一定参与经营，但他们必须要知道企业的财务状况。一般来说，股东最关注的是企业的利润表。通过利润表，可

以看出收入、销售毛利润、净利润，进而分析企业的销售毛利率、净利率等。若是上市公司的话，可以计算每股收益、市净率等指标。通过这些数据，决定是否增加投资或减资等决策。图 11-2 为某公司 2×17 至 2×19 年盈利指标。

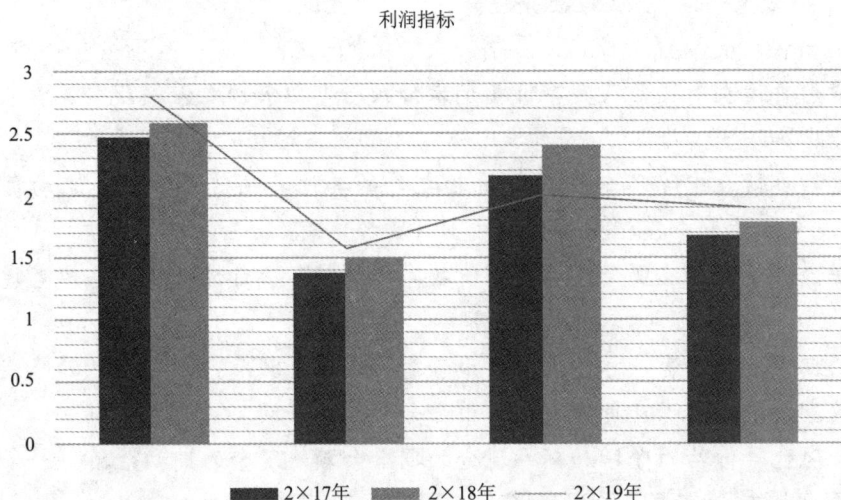

利润指标

图 11-2　几种反映盈利能力的指标

2. 债权人

资产负债表是给债权人看的。债权人看的是企业生产规模以及生产能力，他们需要知道的是这家企业是否具有偿债的能力。通过分析财务报表，了解企业的短期与长期偿债能力。

短期偿债能力可通过分析流动比率、速动比率、现金比率来进行。

长期偿债能力的指标有资产负债率、产权比率、权益乘数等。

3. 管理者

对于企业管理者来说，他们重视的是企业的绩效。管理者可从利润表中看到营业收入、毛利率、利润总额、净利润及每股收益；从资产负债表中可看出存货、资产负债率、借款等情况；从现金流量表中看到现金流入与流出、新增债务带来的现金；从所有者权益变动表中看到是否有员工和股东分红。综合来看，会计报表可以反映企业的赢利能力、偿债能力、营运能力、成长能力的好坏。

4. 税务部门

根据《纳税人财务会计报表报送管理办法》（国税发〔2005〕20 号）规定，执行《企业会计制度》《企业会计准则》《小企业会计准则》《政府会计准则制度》的纳税人，财务会计报表应报送资产负债表、利润表、现金流量表；执行其他会计制度的纳税人，财务会计报表应报送资产负债表、利润表。按月预缴企业所得税的纳税人，月度终了后 15 日内报送月度资产负债表、利润表；其他纳税人，于季度终了后 15 日内报送季度资产负债表、利润表。

为什么税务部门需要企业报送会计报表呢，主要是为了核实纳税申报表的真实性、合法性。纳税申报表是以财务报表为主要依据填报的，由于税会差异的影响，税务报表会做适当的调整。所以，报送纳税报表的时候一定要同时报送财务报表，因为税务机关要核对会计报表与纳税申报表，从而判断所填报数据的真实性。

11.2　审计报告

根据美国注册会计师协会发布的《审计准则说明书》中，将审计意见分为无保留意见、有保留意见，否定意见和拒绝表示意见四种情况。

11.2.1　审计报告的类型

按照审计报告格式，分为标准审计报告和非标准审计报告（包括一般审计报告和特殊审计报告）。

1. 标准审计报告

如果认为财务报表符合下列所有条件，注册会计师应当出具无保留意见的审计报告：

（1）财务报表已经按照适用的会计准则和相关会计制度的规定编制，在所有重大方面公允反映了被审计单位的财务状况、经营成果和现金流量。

（2）注册会计师已经按照《中国注册会计师审计准则》的规定计划和实施审计工作，在审计过程中未受到限制。

2. 非标准审计报告

非标准审计报告包括无保留意见＋强调事项段报告、保留意见报告、否定意见报告、无法表示意见报告。

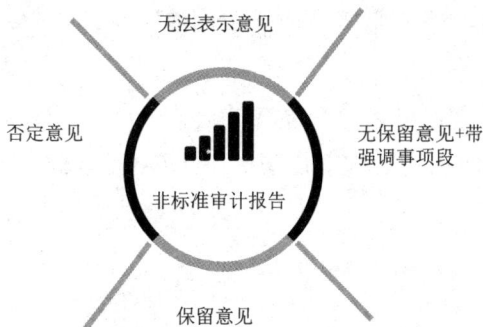

（1）无保留意见＋带强调事项段：审计师认为被审计者的财务报表符合相关会计准则的要求并在所有重大方面公允反映了被审计者的财务状况、经营成果和现金流量，但是存在需要说明的事项，如对持续经营能力产生重大疑虑及重大不确定事项等。

强调事项段的含义	审计报告的强调事项段是指注册会计师在审计意见段之后增加的对重大事项予以强调的段落
强调段应当同时符合的条件	1. 可能对财务报表产生重大影响，但被审计单位进行了恰当的会计处理，且在财务报表中做出充分披露； 2. 不影响注册会计师发现的审计意见

（2）保留意见。财务报表整体是公允的，但会计政策的选用、会计估计的作出或财

务报表的披露不符合适用的会计准则和相关会计制度的规定，虽影响重大，但不至于出具否定意见的审计报告。导致的原因为注册会计师与管理层在被审计单位会计政策的选用、会计估计的作出或财务报表的披露方面存在分歧。

（3）否定意见。认为财务报表没有按照适用的会计准则和相关会计制度的规定编制，未能在所有重大方面公允反映被审计单位的财务状况、经营成果和现金流量。因审计范围受到限制，不能获取充分、适当的审计证据，虽影响重大，但不至于出具无法表示意见的审计报告。

（4）无法表示意见：说明审计师的审计范围受到了限制，且其可能产生的影响是重大而广泛的，审计师不能获取充分的审计证据。

11.2.2 需要年度审计报告的企业

哪些企业需要提交审计报告呢？一般来说，一人有限公司、独资有限公司、财税公司都要做审计报告的。

企业提交的审计报告可以是针对企业财务会计报告的审计报告，也可以是针对企业年度资产负债表和利润表的审计报告。

（1）一人有限责任公司（即自然人独资企业或私营有限责任公司）；

（2）外商投资企业；

（3）上市公司；

（4）从事金融、证券、期货的公司；

（5）长期欠债或亏损的企业；

（6）从事保险、创业投资、验资、评估、担保、房地产经纪、出入境中介、外派劳务中介、企业登记代理的公司；

（7）注册资本实行分期付款未完全缴齐的公司；

（8）3年内有虚报注册资本、虚假出资、抽逃出资违法行为的公司。

第12章 资产项目

资产是企业重要的资源，一个企业经营规模、经营品质的好坏都可以从资产负债表左侧资产项目的数据中评判。

12.1 经营资产

经营资产是相对于金融资产来说的，从会计的角度看，经营性资产包括货币资金，应收、预付账款，存货，固定资产和无形资产等。

12.1.1 资产负债表中"货币资金"与现金流量表中"现金"

货币资金是企业运营的血脉，保险柜里的现金，包括人民币现金和外币现金；企业存在银行里的人民币存款和外币存款；以及外埠存款、银行汇票存款、银行本票存款、信用证保证金等都属于货币资金。这些就是资产负债表中货币资金的数额。

资产负债表中的"货币资金"是现金流量表中的"现金"吗？表12-1是陕西坚瑞沃能股份有限公司货币资金和期末现金及现金等价物的数额。

表12-1 货币资金和期末现金及现金等价物的数额

编制单位：陕西坚瑞沃能股份有限公司　　2×19年12月31日　　　　　　　　　单位：元

项目	2×19年12月31日
流动资产：	
货币资金	529 186 593.30

合并现金流量表

单位：元

项目	2×19年度
六、期末现金及现金等价物余额	510 076 707.20

2×19年两张报表现金之差=529 186 593.30-510 076 707.20=19 109 886.10（元）

为什么会有差额呢，原来现金流量表中的"现金"包括现金及现金等价物，根据《企业会计准则第31号——现金流量表》规定，现金及现金等价物包括库存现金、银行存款、其他货币资金、存放中央银行可随时支取的备付金、存放同业款项、拆放同业款项、同业间买入返售证券，以及企业持有的期限短（一般指从购买日起三个月内到期）、流动性强、易于转换为已知金额现金、价值变动风险很小的投资。

一般审计报告附注都会披露货币资金的构成，同时会告知受限资金的情况，而《企业会计准则第 31 号——现金流量表》也要求在附注中披露现金和现金等价物的构成及其在资产负债表中的相应金额，以及企业持有但不能由母公司或集团内其他子公司使用的大额现金和现金等价物金额。表 12-2 是上市公司坚瑞沃能的货币资金明细。

表 12-2　货币资金明细

单位：元

项目	期末余额	期初余额
库存现金	12 075.00	1 000 262.43
银行存款	529 174 518.30	108 123 066.34
其他货币资金	—	368 771 350.05
合计	477 894 678.8	529 186 593.30
其中：存放在境外的款项总额	10 472 632.40	21 561.87
因抵押、质押或冻结等对使用有限制的款项总额	19 109 886.10	447 558 874.95

两张表现金差额 19 109 886.10 元，正是"抵押、质押或冻结等对使用有限制的款项总额"。根据对现金的定义，这部分资金是不能计算到"现金及现金等价物"中的。

那么货币资金里，不属于现金及现金等价物的、不反映在现金流量表里的"使用受到限制的货币资金"，存放于央行的法定准备金和不能随时支取的定期存款，被冻结、质押或期限超过三个月的货币资金，不能算在现金及现金等价物里。如被司法机关冻结的存款；被质押的存款；根据借款合同约定的某账户中必须保持的最低存款余额；公司信用卡账户存款；为了开具银行本票、银行汇票、银行承兑汇票、信用证而存入银行的保证金；保险公司的资本金存款以及超过三个月的定期存款。具体说明见表 12-3。

表 12-3　不属于现金及现金等价物的货币资金明细

项目	年末余额	年初余额
银行承兑汇票保证金	—	359.697.337.78
履约保证金	—	3.512.568.52
其他保证金	—	5 424 363.13
银行冻结账户资金	19 109 886.10	78.924 605.52
合计	19 109 886.10	447 558 874.95

一部分大型企业，还有金融行业的企业、证券行业的企业以及保险公司等，会将现金及现金等价物的范围扩大到"交易性金融资产"，甚至"买入返售金融资产"科目，这样这些企业的现金及现金等价物的范围所包括的科目就超出了资产负债表中的货币资金的范围。

由于以上原因，货币资金余额和期末现金及现金等价物余额产生差异也就不难理解了。

12.1.2 货币资金需求量的测算

通常经济效益较好的企业，账面上都有充裕的现金。那么保留多少资金保证企业日常运转，财务部需要根据企业的经营状况预测资金需求量。资金需求量预测的方法有因素分析法、销售百分比法以及资金习性预测法。

1. 因素分析法

因素分析法又称分析调整法，是以有关项目基期年度的平均资金需要量为基础，根据预测年度的生产经营任务和资金周转加速的要求，进行分析调整，来预测资金需要量的一种方法。这种方法通常用于品种繁多、规格复杂、资金用量较小的项目。计算公式如下：

资金需求量＝（基期资金平均占用额－不合理资金占用额）×（1±预测期销售增减率）×（1±预测期资金周转速度变动率）

【提示1】在单价不变的情形下，销售增长表现为销量的增长，需要企业筹集更多资金外购原材料、设备以增加产量实现销量的增长，因此，销售增长需要依靠资金需要量增长作为支撑，所以预测期销售增长时，用"＋"号；反之用"－"号。

【提示2】资金周转速度越快，资金的利用效率越高，相对节约资金的投入，所以预测期资金周转速度加快，用"－"号；反之用"＋"号。

这种方法我们在全面预算中讲过，在此就不展开论述。

2. 销售百分比法

销售百分比法，是将反映生产经营规模的销售因素与反映资金占用的资产因素联系起来，根据销售与资产之间的数量比例关系，预计企业的外部筹资需要量。

销售百分比法首先假设某些资产与销售额存在稳定的百分比关系，根据销售与资产的比例关系预计资产额，并根据资产额预计相应的负债和所有者权益，进而确定筹资需要量。

（1）三步计算法，如图 12-1 所示。

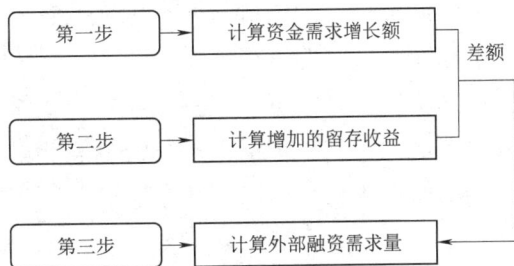

图 12-1 三步计算法

（2）资产和负债项目的计算。

①确定随销售额而变动的资产和负债项目。

经营性资产（敏感性资产）与经营性负债（敏感性负债）的差额通常与销售额保持稳定的比例关系。

> 经营性资产项目包括库存现金、应收账款、存货等项目。经营性负债项目包括应付票据、应付账款等项目，不包括短期借款、短期融资券、长期负债等筹资性负债。

②确定有关项目与销售额的稳定比例关系。

③确定需要增加的筹资数量。

预计由于销售增长而需要的资金需求增长额，扣除利润留存后，即为所需要的外部筹资额。

（3）计算公式。

①资金需求增长额。

资金需求增长额＝增加的敏感性资产－增加的敏感性负债

其中：

$$增加的敏感性资产＝\frac{基期敏感性资产}{基期销售额}×（预测期销售额－基期销售额）$$

$$增加的敏感性负债＝\frac{基期敏感性负债}{基期销售额}×（预测期销售额－基期销售额）$$

②增加的留存收益。

增加的留存收益＝预测期销售收入×销售净利率×利润留存率

＝预测期销售收入×销售净利率×（1－股利支付率）

③外部融资需求量。

外部融资需求量＝资金需求增长额－增加的留存收益

＝（增加的敏感性资产－增加的敏感性负债）－增加的留存收益

3. 资金习性预测法

资金习性预测法，是指根据资金习性预测未来资金需要量的一种方法。所谓资金习性，是指资金的变动同产销量变动之间的依存关系。

资金习性预测法一般根据历史上企业资金占用总额与产销量之间的关系，把资金分为不变和变动两部分，然后结合预计的销售量来预测资金需要量。

按照资金同产销量之间的依存关系，可以把资金区分为不变资金、变动资金和半变动资金。

（1）不变资金，指在一定的产销量范围内，不受产销量变动的影响而保持固定不变的那部分资金。如为维持经营活动而占用的最低数额的现金；原材料的保险储备，必要的成品储备，厂房、机器设备等固定资产占用的资金。

（2）变动资金是指随产销量的变动而同比例变动的那部分资金。如直接构成产品实体的原材料、外购件等占用的资金；在最低储备以外的现金、存货、应收账款等也具有变动资金的性质。

（3）半变动资金，指虽然受产销量变化的影响，但不成同比例变动的资金。

计算公式如下：

设产销量为自变量 x，资金占用为因变量 y，它们之间关系可用下式表示：

$$y=a+bx$$

式中，a 为不变资金；b 为单位产销量所需变动资金。

只要求出 a 和 b，并知道预测期的产销量，就可以用上述公式测算资金需求情况。a 和 b 可用高低点法或回归直线法求出。

12.2 应收款项的管理

应收款项在财务报表上有这几项：应收票据、应收账款、预付账款，见表 12-4。其他应收款我们在下一节中介绍。

表 12-4　应收款项的内容

项目	2×20 年 3 月 31 日	2×19 年 12 月 31 日
流动资产：		
货币资金	211 882 906.58	555 042 722.91
结算备付金		
拆出资金		
交易性金融资产		
衍生金融资产		
应收票据	26 384 123.50	25 986 457.7
应收账款	362 314 298.40	371 404 013.40
应收款项融资		
预付款项	436 423 766.41	437 657 481.17
应收保费		
应收分保账款		
应收分保合同准备金		
其他应收款	3 335 288 763.54	3 300 616 688.52
其中：应收利息	10 805 827.61	8.645 411.00
应收股利		

12.2.1 为什么会产生应收账款

应收账款是企业经营规模的一种体现，应收账款在生产经营中的作用，主要有以下两方面。

1. 增加销售

在激烈的市场竞争中，通过提供赊销可有效地促进销售。因为，企业提供赊销不仅向顾客提供了商品，也在一定时间内向顾客提供了购买该商品的资金，顾客将从赊销中得到好处。所以，赊销会带来企业销售收入和利润的增加，特别是在企业销售新产品、开拓新市场时，赊销更具有重要的意义。

提供赊销所增加的产品一般不增加固定成本，因此，赊销所增加的收益等于增加的销量与单位边际贡献，计算公式如下：

$$增加的收益＝增加的销售量×单位边际贡献$$

需要注意的是，赊销增加的是销售收入和利润，而不是现金流，体现在利润表中。应收账款是一把双刃剑，应收账款不是越多越好。应收账款越多，产生坏账的可能性就越大。企业应采用合适的政策，减少坏账的产生。

2. 减少存货

企业持有一定产品存货会占用资金，产生仓储费用、管理费用等；而赊销则可避免这些成本的产生。所以，无论是季节性生产企业，还是非季节性生产企业，当企业的产品存货较多时，一般会采用优惠的信用条件进行赊销，将存货转化为应收账款，减少产成品存货。

12.2.2 应收账款的管理目标

应收账款是企业的一项资金投放，是为了扩大销售和盈利而进行的投资。投资肯定会发生成本，这就需要在应收账款信用政策所增加的盈利和这种政策的成本之间作出权衡。只有当应收账款所增加的盈利超过所增加的成本时，才应当实施应收账款赊销。如果应收账款赊销有着良好的盈利前景，就应当放宽信用条件增加赊销量。

信用标准是指信用申请者获得企业提供信用所必须达到的最低信用水平，通常以预期的坏账损失率作为判别标准。

1. 信用的定性分析

信用的定性分析是指对申请人"质"的方面的分析。常用的信用定性分析法是 5C 信用评价系统，其主要考虑以下五个要素。

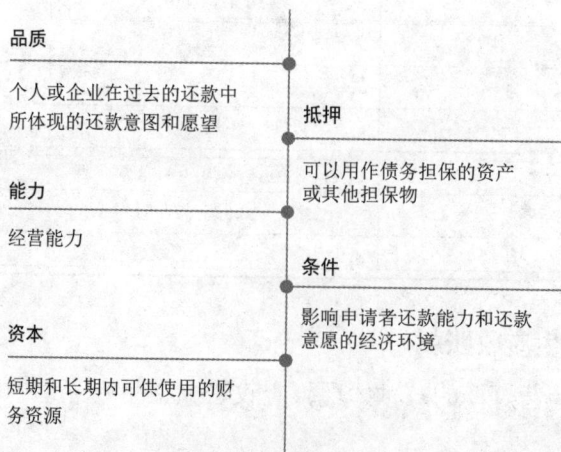

品质
个人或企业在过去的还款中所体现的还款意图和愿望

能力
经营能力

资本
短期和长期内可供使用的财务资源

抵押
可以用作债务担保的资产或其他担保物

条件
影响申请者还款能力和还款意愿的经济环境

通过 5C 信用评价系统，企业要按信用等级分类，如分成 A、B、C、D、E 等，对于不同级别的企业，分别管理。对于信用级别为 A、B 的企业，因为信用较好，可以给予优惠的回款政策；对于信用等级为 C 的企业要慎重，考查这个企业经营状况、市场地位等；对于信用为 D、E 的企业，赊销的风险就非常大了。

除了上述按企业信用分析外，还可以按照应收账款金额大小，采用 ABC 分析法进行科学管理。

ABC 分析法是现代经济管理中广泛应用的一种"抓重点、照顾一般"的管理方法，又称重点管理法。它是将企业的所有欠款客户按其金额的多少进行分类排队，然后分别采用不同的收账策略的一种方法，一方面可以加快应收账款收回，另一方面能将收账费用与预期收益联系起来。

2. 信用条件

信用条件是销货企业要求赊购客户支付货款的条件，由信用期间、折扣期限和现金折扣三个要素组成。

(1) 信用期间。

延长信用期，会使销售额增加，产生有利影响；与此同时，应收账款、收账费用和坏账损失增加，会产生不利影响。当前者大于后者时，可以延长信用期，否则不宜延长。如果缩短信用期，情况与此相反。

(2) 折扣条件。

折扣条件包括现金折扣和折扣期两个方面。现金折扣是企业对顾客在商品价格上的扣减。企业采用什么程度的现金折扣，要与信用期间结合起来考虑。计算时考虑的成本和费用，主要有应收账款的机会成本、收账费用、坏账损失和现金折扣成本。

例如，某企业预测 2×21 年的销售额为 2 000 万元，现金折扣条件为"1/10，n/30"，估计有 60% 的客户会享受现金折扣，则意味着折扣期为 10 天，信用期为 30 天，在折扣期内付款能享受 1% 的折扣，所以，现金折扣成本 = 2 000×60%×1% = 12 (万元)。

3. 收账政策

收账政策是指信用条件被违反时，企业采取的收账策略。企业如果采取较积极的收账政策，可能会减少应收账款投资，减少坏账损失，但要增加收账成本。如果采用较消极的收账政策，则可能会增加应收账款投资，增加坏账损失，但会减少收账费用。企业需要做出适当的权衡。

12.2.3 应收账款的监控

应收账款从周转天数、账龄分析表、应收账款余额进行监控。

1. 应收账款周转天数

应收账款周转天数或平均收账期是衡量应收账款管理状况的一种方法。应收账款周转天数的计算方法为：将期末在外的应收账款除以该期间的平均日赊销额。应收账款周转天数提供了一个简单的指标，将企业当前的应收账款周转天数与规定的信用期限、历史趋势以及行业正常水平进行比较可以反映企业整体的收款效率。然而，应收账款周转天数可能会被销售量的变动趋势和销售的剧烈波动以及季节性销售所破坏。

2. 账龄分析表

账龄分析表将应收账款划分为未到信用期的应收账款和以 30 天为间隔的逾期应收账款，这是衡量应收账款管理状况的另外一种方法。企业既可以按照应收账款总额进行账龄分析，也可以分顾客进行账龄分析。账龄分析可以确定逾期应收账款，随着逾期时间的增加，应收账款收回的可能性变小。

账龄分析表比计算应收账款周转天数更能揭示应收账款变化趋势，因为账龄分析表给出了应收账款分布的模式，而不仅仅是一个平均数。应收账款周转天数有可能与信用期限相一致，但是有一些账户可能拖欠很严重。因此，应收账款周转天数不能明确地表现出账款拖欠情况。当各月之间的销售额变化很大时，账龄分析表和应收账款周转天数都可能发出类似的错误信号。

3. 应收账款账户余额的模式

账龄分析表可以用于建立应收账款余额的模式，这是重要的现金流预测工具。应收账款余额的模式反映一定期间（如一个月）的赊销额在发生赊销的当月月末及随后的各月仍未偿还的百分比。企业收款的历史决定了其正常的应收账款余额的模式。企业管理部门通过将当前的模式和过去的模式进行对比来评价应收账款余额模式的任何变化。企业还可以运用应收账款账户余额的模式来进行应收账款金额水平的计划，衡量应收账款的收账效率以及预测未来的现金流。

然而，在实现世界中，有一定比例的应收账款会逾期或者会发生坏账。对应收账款账户余额的模式稍作调整可以反映这些项目。

12.2.4 应收账款的日常管理

应收账款的日常管理包括调查、评估客户信用，收账日常管理、应收账款保理等。

1. 调查客户信用

(1) 直接调查（当面采访、询问、观看等方式获取信用资料）。

(2) 间接调查（资料来自：财务报表、信用评估机构、银行、其他途径）。

2. 评估客户信用

企业一般采用"5C"系统来评价，并对客户信用进行等级划分。

3. 收账的日常管理

一般说来，收账的花费越大，收账措施越有力，可收回的账款应越多，坏账损失也就越小。因此制定收账政策，要在收账费用和所减少的坏账损失之间作出权衡。

4. 应收账款保理

保理业务有不同的操作方式，因而有多种类型。按照风险承担方式，保理可以分为如下几种：

(1) 有追索权的保理和无追索权的保理。

如果按照保理商是否有追索权来划分，保理可以分为有追索权的保理和无追索权的保理。如果保理商对毫无争议的已核准的应收账款提供坏账担保，则称为无追索权保理，此时保理商必须为每个买方客户确定赊销额，以区分已核准与未核准应收账款，此类保理业务较常见。另一类是有追索权保理，此时保理商不负责审核买方资信，不确定赊销额度，也不提供坏账担保，仅提供贸易融资、账户管理及债款回收等服务。如果出现坏账，无论其原因如何，保理商都有权向供货商追索预付款。

（2）明保理和暗保理。

按保理商是否将保理业务通知买方来划分，保理可以分为明保理和暗保理。暗保理即供货商为了避免让对方知道自己因流动资金不足而转让应收账款，并不将保理商的参与通知给买方，货款到期时仍由供货商出面催款，再向保理商偿还预付款。

（3）折扣保理和到期保理。

如果保理商提供预付款融资，则为融资保理，又称为折扣保理。因为供货商将发票交给保理商时，只要在信用销售额度内的已核准应收账款，保理商立即支付不超过发票金额80%的现款，余额待收妥后结清，如果保理商不提供预付账款融资，而是在赊销到期时才支付，则为到期保理，届时不管货款是否收到，保理商都必须支付货款。

5. 保理业务在企业应收账款管理中的作用

保理业务是一种集融资、结算、账务管理和风险担保于一体的综合性服务业务，对于销售企业来说，它能使供应企业免除应收账款管理的麻烦，提高企业的竞争力。

（1）获取融资上的好处。

从理论上来说，企业可以通过自有资金和银行贷款来保证资金顺利地运转，但是对于那些规模小，销售业务少的公司来说，向银行贷款将会受到很大限制，然而自身的原始积累不能支撑企业高速发展，通过保理业务进行融资可能是企业最为明智的选择。保理商通过管理企业应收账款，预先付给企业的资金来支持企业的发展。

（2）完善销售渠道。

推行保理业务是市场分工思想的运用，面对市场的激烈竞争，企业可以把应收账款让与专门的保理商进行管理，使企业从应收账款的管理之中解脱出来，但是企业并没有完全脱离销售，而是利用保理商的专业知识、专业技能和信息，建立企业的客户体系，完善企业的销售渠道，提高企业的销售能力。

（3）提高收款的能力和收款的及时性。

由于专业的保理公司对销售企业应收账款的管理，销售企业可以免去对应收账款管理上的一大负担，同时，保理公司具备专业技术人员和业务运行机制，它会详细地对客户的信用状况进行调查，建立一套有效的收款政策，及时收回账款。

6. 企业对应收账款进行保理的程序

（1）选择保理的种类。

在推行保理业务过程中，对于销售商来说，首先应根据自身企业的经营情况、筹资能力和承担风险的能力，选择不同的保理业务将应收账款让于他人管理。无追索权的保理适合销售企业对买方的信誉不是很了解，或者是面对信誉较差的客户，但是，保理商也会就保理业务的风险来收取保理费用，所以企业应充分考虑成本和收益；相反，有追索权保理对销售企业来说风险转移的力度不明显，但是，成本相对较低。

折扣保理比较适合于资金不是很宽余、资金周转速度快的企业。为了保证企业资金充分供应，实现企业的快速发展，将应收账款实行折扣保理，可以提前获得现金，以投入新一轮的生产。这种保理与应收账款的贴现相似，唯一不同的是应收账款的贴现到期不能收回账款，销售企业必须承担应有的风险。然而，保理则可以把风险转移给保理商，分散企业的风险。可是，这种保理的所付出的代价相当的高，也需企业权衡风险和收益，使风险和收益相匹配。对应的到期保理只承担不能收回应收账款的风险，不提前融资。在选择这两种保理业务时，主要考虑企业的筹资能力。

（2）签订合适的保理合同。

选择好保理业务的种类之后，接下来的是如何签订保理合同，使得销售企业在委托应收账款管理和应收账款融资方面得到应有的保证。

首先，应该明确保理合同的内容。债权应该具有可让与性，销售商应该确定应收账款能够转让，否则即使签订了合同，到时也很难执行，对销售企业不利。为了保证保理业务能够在客户拒付时收回账款，销售企业和保理商在合同之中必须注明应收账款的支付方式和期限。一般支付方式有两种：一是到期日方式，二是收款日方式。到期日方式有保理商与卖方约定自发票日、债权让与日或自发票提交保理商日等，保理商向卖方支付价款。收款日方式即在买方债务人向保理商支付货款后，保理商再向卖方支付债权价款，或自应收账款到期日一定期限后，买方未付款时，保理商担保付款等。

其次，为保理合同提供公正，能够更好地保证当事人的权利。公证人可以为银行与买卖双方签订保理合同，提供法律咨询，规范保理业务市场。作为保理商的银行也未必能够全面了解保理合同的各方面内容。因此，应通过公证来保障合同的有效性。

最后是签订合同，转让应收账款的债权。此时，销售企业可以比较放心地把应收账款让与保理商管理，减少销售人员的后顾之忧，使销售部门能够集中精力做好销售和服务工作。

12.2.5 坏账准备

企业往来账款包括应收应付款项。资产负债表上应收账款金额不是原值，而是减去坏账准备后的净值。

应收账款计提坏账准备分类披露，某企业应收账款详细说明见表12-5。

表 12-5　应收账款计提坏账准备分类表

2×20 年 4 月　　　　　　　　　　　　　　　　　　单位：元

| 类别 | 期末余额 | | | | 账面价值 |
| | 账面余额 | | 坏账准备 | | |
	金额	比例	金额	计提比例	
其中： 按组合计提坏账准备的应收账款	564 631 631.41	100.00%	301 184 612.65	53.34%	263 184 612.65
其中：					
组合 1：按账龄计提坏账准备的应收账	59 254 794.18	10.49%	24 092 622.57	40.66%	35 162 171. 61
组合 2：单独测试未发生减值的金额重大的应收账款	505 376 837.23	89.51%	277 091 990.08	54.83%	228 284 847.15
合计	564 631 631.41	100.00%	301 184 612.65	53.34%	263 447 018.76

　　坏账准备是应收账款的抵减科目，应收账款借方表示增加，贷方表示减少。而坏账准备借方表示减少，贷方表示增加。企业生产经营存在着各种风险，采用商业信用赊销商品也不可避免发生坏账损失，即出现货款长期被拖欠甚至收不回来而给企业造成损失的情况。对此，可以采用两种检测方法。①关注计提坏账准备的比例。低于 5% 有潜在亏损挂账之嫌；高于 40% 以上又不说明原因，可能有人为加大企业当期费用、调节当期利润的企图。②进行债务构成分析、一是债务人区域构成分析；二是债务人所有制构成分析；三是债权经手人构成分析。

　　根据《企业会计制度》规定，企业只能采用备抵法核算坏账损失，计提坏账准备的方法由企业自行确定，并按照规定报有关各方备案。坏账准备计提方法一经确定，不得随意变更。估计坏账损失有四种方法：即余额百分比法、账龄分析法、销货百分比法和个别认定法，企业可自行选择。《企业会计制度》没有具体规定企业计提坏账准备的比例。这说明企业是有很大的灵活性。所以，我们在看上市公司财报时，关于坏账的计提比例从 0 到 100%，就是由于企业有很大的灵活性造成的。坏账准备的提取对利润的影响很大，这体现在利润表中，资产减值损失项目作为减项存在，见表 12-6。

表 12-6　"资产减值损失"项目位于利润表的位置

利润表

会企 02 表

编制单位：　　　　　　　　　　　　　　　　____年____月　　　　　　　　　　　单位：元

项目	本期金额	上期金额
一、营业收入		
减：营业成本		
税金及附加		
销售费用		
管理费用		
研发费用		
财务费用		
其中：利息费用		
利息收入		
加：其他收益		
投资收益（损失以"－"号填列）		
其中：对联营企业和合营企业的投资收益		
以摊余成本计量的金融资产终止确认收益（损失以"－"号填列）		
净敞口套期收益（损失以"－"号填列）		
公允价值变动收益（损失以"－"号填列）		
信用减值损失（损失以"－"号填列）		
资产减值损失（损失以"－"号填列）		
资产处置收益（损失以"－"号填列）		
二、营业利润（亏损以"－"号填列）		

一般来说，5 年以上的坏账需要 100％计提，4 年的坏账需要 80％计提，3 年的坏账需要 50％的计提，2 年的坏账需要 30％的计提，1 年的坏账需要 10％的计提，1 年以内的坏账需要 5％的计提。

12.2.6　合理利用商业信用

商业信用是指企业在商品或劳务交易中，以延期付款或预收货款方式进行购销活动而形成的借贷关系，是企业之间的直接信用行为，也是企业短期资金的重要来源。商业信用产生于企业生产经营的商品、劳务交易之中。是一种"自动性筹资"。商业信用包括应付账款、应付票据、预收账款、应计未计款等。

应收票据、预收款项、应收账款这是企业的核心资产。我们用这个三项目考查企业回款能力。甲企业资产负债表部分项目数据，见表 12-7。

表 12-7　甲企业资产负债表（简表）　　　　　　　　　　　　　　　单位：万元

报表项目	期末	期初	报表项目	期末	期初
应收账款	154 000	189 400	预收账款	12 500	9 800
应收票据	325 000	309 000			
合计	479 000	498 400	合计	12 500	9 800
减少	−19 400		增加	2 700	

从这张表可以看出，期末债权比年初减少 19 400 万元，在赊销方面，以应收票据为主。债权中应收票据为银行承兑汇票，回款质量没问题。

预收方面，购买单位对于紧俏商品往往乐于采用这种方式购货；销货方对于生产周期长，造价较高的商品，往往采用预收货款方式销货，以缓和本企业资金占用过多的矛盾。

预收款增加 2 700 万元，为企业贡献了现金流。

乙企业付款管理情况，见表 12-8。

表 12-8　资产负债表（简表）　　　　　　　　　　　　　　　单位：万元

报表项目	期末	报表项目	期末
预付账款	15 400	应付票据	0
存货	54 900	应付账款	0
合计	70 300	合计	0

从表 14-8 看，最应该争取账期的应付票据和应付账款是 0，虽然对上游企业有利，但对本公司是不利的，预付账款比预收账款多，说明企业未取得上游企业的支持，反而要预先支付货款，才能取得采购权。总之，这是一家无论在上游，还是在下游都比较弱的企业。

当然，分析一个企业，仅凭这几个数据还不能完全体现企业的真实情形，需要全面谨慎分析。

12.3　其他应收款

其他应收款一般说来金额都不大，主要核算备用金，应收的各种赔款、罚款，应收的出租包装物租金，应向职工收取的各种垫付款项，存出保证金，租入包装物支付的押金，其他各种应收、暂付款项。

但有些企业的"其他应收款"往往数额惊人，且长期挂账，引起投资者和审计人员的关注。许多公司高额的"其他应收款"占比达到总资产的10%以上。早在2001年，中国上市公司就进行了大规模清理欠款的工作，大部分欠款都是大股东挪用资金的造成的，而且大部分以"其他应收款"的名义进入会计账目。

比如腾邦国际，2020年第一季度，其他应收款占总资产的53.98%，占应收款账920.55%，见表12-9。

表12-9　应收款项占总资产比重　　　　　　　　　　　　　　　　单位：万元

项目	金额	比重
其他应收款	3 335 288 763.54	53.98%
应收账款	362 314 298.40	5.86%
总资产	6 178 443 600.38	—

其他应收款金额居高不下，应引起企业管理者的高度重视，建立责任机制，积极消除对企业长期发展不利的因素。对于投资者来说，需要弄清其他应收款明细，并判断对企业内部资金占用情况。

其他应收款也计提坏账准备，但备用金、借款、投标保证金和质量保证金这些款项，企业认为可以收回或备用，一般不计提坏账准备。其他款项可以计提坏账准备。

其他应收款按款项性质分类情况，见表12-10。

表12-10　其他应收款类别　　　　　　　　　　　　　　　　　　单位：元

款项性质	期末账面余额	期初账面余额
往来款	66 095 567.80	79 909 704.21
应收置出纺织资产包款	327 246 055.92	332 676 055.92
垫付的社保	15 365.57	22 798.35
预付股权收购款	20 867 815.00	20 867 815.00
员工业务借款	391 727.11	996 082.16
押金	2 247 320.32	2 536 088.32
合计	416 863 851.72	437 008 543.96

按欠款方归集的期末余额前5名的其他应收款情况。

图12-11是凯瑞德控股股份有限公司2017年度财务报告，可以看出其他应收款分类与欠款前5名的企业。

表 12-11 其他应收款明细   单位：元

单位名称	款项的性质	期末余额	账龄	占其他应收款期末余额合计数的比例	坏账准备期末余额
山东德棉集团有限公司	应收置出纺织资产包款	327 246 055.92	1～2 年	78.50%	16 362.302.80
深圳市沃存科技有限公司	往来款	20 000 000.00	1 年以内	4.80%	1 000 000.00
北京网数通网络技术有限公司	预付股权收购款、往来款	18 567 815.00	1～2 年、3～4 年	4.45%	1 643.390.75
上海百欣纺织品印花有限公司	往来款	9 400 000.00	3～4 年	2.25%	
北京瑞通通信工程有限公司	往来款	9 709 615.67	1 年以内、1～2 年	2.33%	917 725.75
合计		384 923 486.59	—	92.33%	19 923 419.30

其他应收款基本是子公司或关联方公司的欠款。

12.4 存　货

核心资产中有个特别重要的资产：存货。因行业不同，存货所占的比重也是不一样的。比如金融企业、物流企业，以提供劳务为主，基本没有存货，而房地产企业，几乎都是存货，固定资产很少。制造业是典型的存货和固定资产都很多的企业，通过固定资产生产存货。

12.4.1 存货的分类

存货是上市公司流动资产中重要的项目，它的金额通常占流动资产的大部分，一般可达到流动资产金额的 50%～80%，但存货是流动资产中变现能力较差的一种。存货过多，会影响上市公司资金的使用效益和利润的可靠性；存货过少，又会影响公司的销售。因此，为了提高公司效益，满足销货的需要，必须确定一个合理的存货量。

如果一家上市公司和同行相比，其存货占资产的比重要显著高于同行平均水平，很可能销售遇到了问题。

光看存货占资产的比重还不够，关于存货还有一个重要的指标，那就是存货周转率。存货周转率是企业一定时期营业成本（销货成本）与平均存货余额的比率。

上市公司需要在附注中披露存货分类、计价方法、跌价准备计提方法等。

以下是某公司披露存货的内容。

（1）存货的分类。

存货分为原材料、库存商品、低值易耗品等。

（2）取得和发出存货的计价方法。

取得的存货一般按照实际成本计价，通过非货币性资产交换、债务重组和企业合并方式取得的存货按照相关会计准则规。

（3）存货可变现净值的确定依据及存货跌价准备的计提方法。

公司于资产负债表日对存货进行全面清查，按存货成本与可变现净值孰低提取或调整存货跌价准备。

资产负债表日通常按照单个存货项目计提存货跌价准备：对于数量繁多、单价较低的存货，按照存货类别计提存货跌价备

以前减记存货价值的影响因素已经消失，减记的金额予以恢复，并在原已计提的存货跌价准备金额内转回，转回的金额计入当期损益。

（4）存货的盘存制度。

存货的盘存制度为永续盘存制。

（5）低值易耗品的摊销方法。

低值易耗品采用一次摊销法。

12.4.2　存货周转率——衡量存货周转速度

衡量企业存货周转速度有一个公式，即存货周转率。存货周转率（次数）是衡量和评价企业购入存货、投入生产、销售收回等各环节管理效率的综合性指标。

存货周转次数＝销售收入÷存货平均余额

存货平均余额＝（期初存货＋期末存货）÷2

存货周转天数是指存货周转一次（即从取得销售）所需要的时间。计算公式为：

存货周转天数＝计算期天数÷存货周转次数

＝计算期天数×存货平均余额÷销售收入

对于一般制造业来说，存货周转天数越少，企业赢利能力越强。

企业管理者可根据存货周转率和存货周转天数，找出企业存货管理中存在的问题，从而提高存货管理的水平，使存货管理在保证企业生产经营连续性的同时，尽可能少占用企业的经营资金，提高企业资金的使用效率，促进企业管理水平的提高。

存货管理是比较复杂的，包括采购成本、储存成本、缺货成本。企业应提前预测存货使用情况，及时补货，但又不能太多，补货多会增加储存成本；补货不足造成缺货，减少市场份额，影响当期利润。存货管理常用的工具包括 ABC 控制系统、适时制库存控制系统等。

1. ABC 控制系统

ABC 分类管理就是按照一定的标准，将企业的存货划分为 A、B、C 三类，分别实行分品种重点管理、分类别一般控制和按总额灵活掌握的存货管理方法。

分类标准及其管理方法表，见表 12-12。

表 12-12　ABC 控制系统

项目	特征	分类标准		
		价值	品种数量	管理方法
A 类	价值高，品种数量相对较少	50%～70%	10%～15%	重点控制，严格管理
B 类	金额不算多，品种数量相对较多	15%～20%	20%～25%	一般管理
C 类	品种数量繁多，价值金额却很小	10%～35%	60%～70%	

2. 零库存管理

零库存管理并不是指以仓库储存形式的某种或某些物品的储存数量真正为零，而是通过实施特定的库存控制策略，实现库存量的最小化。

零库存管理有两点：一是库存货物的数量趋于零或等于零；二是库存设施、设备的数量及库存劳动耗费同时趋于零或等于零。若达到这两点要求，企业应做到以下几点：

（1）企业事先和供应商协调好（稳定而标准的生产程序及与供应商的诚信）。

（2）只有当制造企业在生产过程中需要原料或零件时，供应商才会将原料或零件送来（零采购库存）。

（3）每当产品生产出来就被客户拉走（零成品库存）。

3. 看板管理系统

1953 年，日本丰田公司的副总裁大野耐一综合单件生产和批量生产的特点和优点，创造了一种在多品种小批量混合生产条件下高质量、低消耗的生产方式即准时生产（Just In Time，简称 JIT）。

在实现 JIT 生产中最重要的管理工具是看板，在生产流水线上，前一道工序使用零部件后，将附在零部件箱子上的卡片，也就是订货单或"看板"取下，然后定时将该纸片返送回后一道工序。看板管理就是对各工序的生产活动对零部件使用进行控制管理。通过看板管理，将库存减到最少，甚至接近为零，从而大大降低了成本，实现了较高的生产率。从本质上看，看板管理就是借助一张装在透明塑料袋内的卡片，实施成本信息控制。

12.5　企业的重资产与轻资产

什么是重资产？固定资产和无形资产属于经济学上的重资产，大多数机械制造企业属于重资产企业，重资产企业是指以较大的资金投入，获得较少的利润回报，利润率较低。产品更新后需要更新生产线，资产折旧率高。

轻资产相对于重资产而言，指以较少的资金投入，获得较大的利润回报，利润率较高。

轻资产又称轻资产运营模式，是指企业紧紧抓住自己的核心业务，而将非核心业务外包出去。

重资产的企业在资本、技术方面投入非常大，需要有雄厚的财力、物力与人力，运营模式不易被模仿，缺点也是很明显的：一是占用大量的资金，机会成本耗费大，购置设备需要预付资金，设备运抵后安装调试也是个耗时的事情，因此资金被长期占用，失去其他投资机会；二是形成大量固定成本——折旧和摊销费用，一旦转产，或者资源使用不足导致大量损失的风险。

12.5.1　重资产与轻资产划分标准

轻资产与重资产在资产结构上的划分并没有一个很明确的数值衡量标准，如果一定要有一个明确的数值衡量，学术界主要从固定资产比率和固定资产占销售收入比重两方面衡量。

其计算公式为：

$$固定资产比率＝固定资产÷资产总额×100\%$$

固定资产比率大于 50% 的为标准重资产，介于 30%～50% 的为轻资产，小于 30% 为标准轻资产。

以固定资产占销售收入的比重而言，比重小于 20% 即属于轻资产范畴。

另外，从边际投资收益率指标比较轻重资产，例如 A 公司要增加 1 元的净利润，则需要再花费 10 元投入运营或购买固定资产，其边际投资收益率为 10%，而 B 公司增加 1 元净利润只需要再花费 1 元投入运营或购买固定资产，其边际投资收益率为 100%，那么可以说 A 是重资产公司，B 为轻资产公司。

需要注意的是，轻资产和重资产的划分主要取决于商业模式而不是所处的行业。制鞋行业中有些企业集设计、生产、物流、销售一体化，这就是明显的重资产商业模式。现在有些品牌公司一般都把生产、物流、分销这些重资产剥离出去，专注于核心的研发设计、品牌经营和市场推广，这就是轻资产商业模式。

规模经济模式的净资产收益率计算公式：

$$净资产收益率＝（收入－固定成本－变动成本）÷净资产$$

重资产运营企业要通过规模经济建立竞争优势，必须满足两个条件：第一是固定成本（投入）必须在总成本中占有很大的比例，"很大"是相对于企业在其中经营的市场规模而言，这些固定成本可能是厂房等固定资产，也可能是广告等长期经营费用；第二是规模必与某种程度的客户忠诚度相结合，这样才可以把此竞争对手拒之门外。比如华为，研发与生产结合，具有高度的品牌认知度。

12.5.2　未形成资产的项目——在建工程、开发支出

之所以把在建工程、开发支出放在一起，是因为它有共同特征，都是未形成资产的项目。

1. 在建工程

根据《企业会计准则》，在建工程主要用来核算未完工的工程支出。比如正在建造中的厂房、安装调试期的设备等。

在建工程有两个特点：一是允许一部分费用项目通过在建工程进行资本化，比如贷款利息，还有一些建设施工过程中发生的零星支出，符合条件的可以一并计入在建工程；二

是和固定资产相比，在建工程最大的特点是未达到使用状态，所以不需要计提折旧。

正是因为有这两个特点，才被某些本已亏损但为美化报表的公司所利用。比如一家上市公司，2015 年至 2018 年净利润一直维持在 5 亿元左右。业务很稳健，但财务报表上在建工程超过 50 亿元，且长年挂账，不结转固定资产，而当年该公司净资产也不过是 80 亿元。2019 年被审出问题，核销在建工程，实际在建工程没有这么大的规模，核实在建工程只有 10 亿元左右。净利润稳定的假象也瞒不住了，从盈利变成了巨亏。

2. 开发支出

根据《企业会计准则第 6 号——无形资产应用指南》规定：企业内部研究开发项目研究阶段的支出，应当于发生时计入当期损益；企业自行研究开发项目的支出，应当区分研究阶段支出与开发阶段支出。

开发阶段的支出，同时满足下列条件的，才能确认为无形资产。

(1) 完成该无形资产以使其能够使用或出售，在技术上具有可行性。

(2) 具有完成该无形资产并使用或出售的意图。企业应该能够说明其开发无形资产的目的。

(3) 无形资产产生经济利益的方式，包括能够证明运用该无形资产生产的产品存在市场或无形资产自身存在市场；无形资产将在内部使用的，应当证明其有用性。

(4) 有足够的技术、财务资源和其他资源支持，以完成该无形资产的开发，并有能力使用或出售该无形资产。

(5) 归属于该无形资产开发阶段的支出，能够可靠地计量。

研发费用如果费用化，就是进入了利润表，从利润里扣除；如果资本化处理，就是进入了资产负债表，增加资产金额，从而提高了当期的利润水平。

根据 Wind 数据库显示，2×19 年，研发支出总额超过 1 亿元的上市公司有 482 家，超过 2 亿元的有 288 家，超过 5 亿元的有 131 家，超过 10 亿元的有 71 家，超过 100 亿元的有 8 家。从研发支出占营业收入比重看，406 家上市公司研发支出占营业收入的比值超过 5%，132 家的比值超过 10%，27 家的比值超过 20%。金山办公、成都先导、博瑞医药、中微公司、安恒信息、宝兰德等多家科创板公司研发支出占比居前。

研发投入增加是公司毛利润增加的主要因素，在以 5G、生物医药为代表的很多新兴行业中，高比例的研发投入，既是产品更新迭代的关键，也是业绩增长的重要保证。

12.6 商 誉

2019 年 1 月底，很多上市公司由于计提了商誉减值准备，不得不大幅下调业绩预期，导致业绩大幅低于之前预期，有些上市公司直接就是亏损，股价自然下跌。那么商誉是什么，为什么要计提商誉减值准备？

12.6.1 商誉不是无形资产

商誉不具有无形资产的特征，在资产负债表中，商誉是和无形资产一块列在资产类项目中的。

2006 年 2 月 15 日，财政部颁布《企业会计准则》，对商誉是这样规定的：将非同一控制下企业合并中购买方在购买日合并成本大于确认的各项可辨认资产、负债以及可辨认净资产的公允价值的差额定义为商誉。

商誉特点是：

> 没有实物形态

> 商誉融入企业整体，因而它不能单独存在，也不能与企业其他各种可辨认资产分开来单独出售

> 难以用一定的方法或公式进行单独的计价，只有在把企业作为一个整体来看待时才能按总额加以确定

> 在企业合并时，可确认商誉的实际价值，但与建立商誉过程中所发生的成本没有直接的联系

按照国际会计惯例，只有外购的商誉才能确认入账，即在企业合并时予以入账。自创商誉不能入账，即使费用的发生与商誉的形成有某种关系，根据会计的稳健性原则，将这些支出均作为费用处理。

12.6.2 商誉的账务处理

目前国际上有以下几种处理商誉的方法：

（1）将商誉确认为一项资产，并在有用年限内摊销、冲减各期的利润。如美国规定，商誉的摊销年限最长不超过 40 年，而我国规定商誉的摊销不得超过 10 年。商誉是可望取得未来收益而发生的支出，按照配比原则，商誉必须摊销，因为商誉的价值总有一天会消失。

（2）商誉在企业收购时，即调整当期的股东权益（盈余公积或资本公积）。

商誉是企业并购重组中出现的，指的是企业收购价格超出重估后被收购企业净资产的部分。简单地说，就是甲公司收购乙公司，乙公司要价 200 万元，但乙公司账面只有 100 万元，那么多出的 100 万元，就是商誉。于是，甲公司花了 200 万元收购了乙公司。商誉所占比重为（200−100）÷200×100%＝50%。不久，甲公司发现乙公司并未增值，相反还减值了。由于商誉本身不会直接产生收益，计入财报的商誉在收购业绩不达标时，就要计提风险减值准备金。

12.6.3 计提商誉减值准备

根据《会计监管风险提示第 8 号——商誉减值》规定，上市公司应当至少在每年年度终了对商誉进行减值测试，并且公司应当在资产负债表日判断是否存在可能发生资产减值的迹象，其中包括"现金流或经营利润持续恶化或明显低于形成商誉时的预期，特别是被收购方未实现承诺的业绩"。

《企业会计准则》规定，企业必须每年检视商誉的经济价值是否已经减损。

商誉占净资产公式如下：

$$净资产＝资产总额－负债总额$$

$$商誉占净资产比例＝商誉÷净资产×100\%$$

表 12-13 为 2×19 年三季报商誉余额占净资产的比例较高的上市公司，由于商誉资产具有很大的不确定性，会给公司带来巨大的风险。

表 12-13 2×19 年第三季度部分上市公司商誉占比情况

证券简称	商誉余额（亿元）	所有者权益合计（亿元）	商誉占比（％）
＊ST中安	9.71	0.54	1 798
长城动漫	2.71	0.22	1 232
紫光学大	15.28	1.65	926
国美通信	4.42	0.99	446
华谊嘉信	3.81	0.92	474
大唐电信	7.60	2.83	268

这些公司商誉如果计提减值准备，可能使上市公司由盈利转亏损，资产负债率攀升，新增借款难度增加，甚至出现流动性危机。

经过 2×19 年对商誉计提减值准备，2×20 年上市公司整体情况尚好。表 12-14 为 2×20 年第一季度各行业商誉占净资产规模 20％以上的行业。

表 12-14 2×20 年第一季度各行业商誉占净资产规模

行业名称	公司家数（个）	商誉规模（亿元）	净资产（亿元）	商誉规模占净资产规模比例（％）	净利润规模（亿元）
珠宝首饰	5	31.68	134.71	23.52	—
电信运营	4	34.96	149.19	23.43	—
软件服务	127	839.02	3 758.28	22.32	—
塑胶制品	26	243.56	1 109.96	21.94	—
旅游酒店	17	182.29	844.05	21.60	—
文教休闲	20	104.34	505.49	20.64	—

12.7 其他流动资产

资产负债表上的其他流动资产，是指除货币资金、应收票据、应收账款、其他应收款、存货等流动资产以外的流动资产。另外，一般企业"待处理流动资产净损益"科目未处理转账，报表时挂在"其他流动资产"项目中。其中不包括长期待摊费用。

根据《企业会计准则第 30 号——财务报表列报》的规定，企业按照税法规定应交纳的企业所得税、增值税等税费，其余额性质在资产负债表进行列示。其中，对于增值税待抵扣金额，根据其流动性，在资产负债表中的"其他流动资产"项目或"其他非流动资产"项目列示。

具体内容如下：

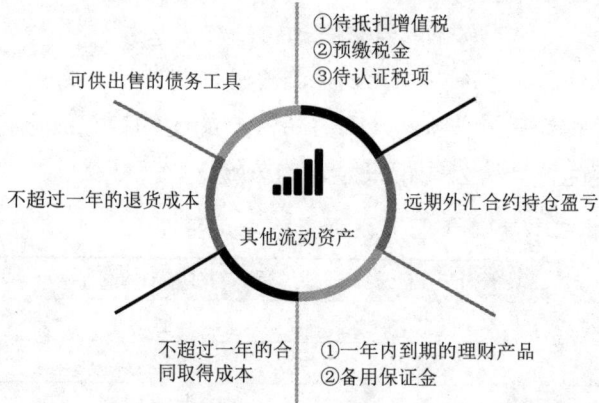

2×18 年度，洋河股份财报中其他流动资产明细，见表 12-15。

表 12-15　洋河股份财报中其他流动资产明细

单位：元

项目	期末余额	期初余额
短期理财产品	16 785 753 510.74	12 823 346 324.01
待抵扣增值税	116 379 452.59	152 076 035.38
待抵扣消费税	21 568 108.81	7 950 860.87
预缴所得税	8 779 276.82	13 002 160.15
合计	16 932 480 348.96	12 996 375 380.41

"其他流动资产"科目比较杂，《企业会计准则》的规定得很明确，按照规定处理就可以。

第 13 章 负债主要项目

企业资金来源之一就是负债，从银行贷款，欠供应商或其他人的钱，通过对负债主要项目分析，有助于了解负债的结构，负债占比等。

13.1 负债主要项目分析指标

本节主要介绍负债项目及主要偿债指标等。

13.1.1 衡量企业短期还债能力的指标——流动比率

银行作为债权人，关注的是资金的安全，银行关心的是借出的钱能否平安归来。一个企业有没有流动性是债权人最关心的。一年或一个营业周期内，企业欠供应商的钱和借银行的钱能不能还上，用什么还？债权人看债务人的资产负债表，看的是否有充实的资产。但账上的钱不一定是用来还账的，企业要维持正常的经营，要付出相应的成本。

流动比率是债权人要计算一个重要指标。

一年或一个营业周期内能变现的，叫作流动资产。流动比率是流动资产与流动负债进行比较的结果，它是分析短期偿债能力的指标。

流动比率表明每1元流动负债有多少流动资产作为保障，流动比率越大，通常短期偿债能力越强。一般认为，生产企业合理的最低流动比率大于1。需要说明的是，流动比率高不意味着短期偿债能力一定很强；计算出来的流动比率，只有和同行业平均流动比率、本企业历史流动比率进行比较，才能知道这个比率是高还是低。

流动资产包括货币资金、交易性金融资产和各种应收、预付款项、存货、一年内到期的非流动资产、其他流动资产。

流动负债主要包括短期借款、应付票据、应付账款、预收账款、应付职工薪酬、应付股利、应交税金、其他暂收应付款项和一年内到期的长期借款等。

计算公式如下：

$$流动比率（相对数）＝流动资产÷流动负债×100\%$$

（1）比率越高，说明企业偿还流动负债的能力越强，流动负债得到保障越大。

（2）过高的流动比率也并非好现象，因为流动比率过高，可能是企业滞留在流动资产上的资金过多，会影响企业的获利能力。

13.1.2 衡量企业长期还债能力的指标：资产负债率、利息保障倍数

衡量企业长期还债能力的两个指标：资产负债率、利息保障倍数（又称已获利息保障倍数）。

1. 资产负债率

向银行借钱是不容易的，尤其是重资产的企业，借钱是一件辛苦的事。比如航空公司买飞机，大家都知道设备落地打八折，并且所有的设备都会受技术的影响而贬值。进口设备还要考虑汇率，汇率是变动的，风险也是很大的。银行要考查企业的资产负债率，资产负债率是企业负债总额与资产总额的比率，也称负债率。它反映企业的资产总额中有多少是通过举债获得的资产。

从积极的角度来看，资产负债率普遍偏低表明公司的财务成本较低，风险较小，偿债能力强，经营较为稳健，对于投资行为的态度比较慎重。但是，也有专业人士认为，资产负债率的普遍偏低说明企业的经营趋于谨慎。从会计的角度来看，资产负债率过低或过高均属不太正常，如果过低则表明企业的经营非常保守或对于自己的行业看淡。一般情况下，欧美国家的资产负债率是 55％左右，日本、韩国则为 75％。

$$资产负债率＝负债总额÷资产总额×100％$$

现在很多企业资产负债率高达 80％以上，风险很高，很难借到钱。

2. 利息保障倍数

利息保障倍数是银行要考查的另一个指标，计算公式如下：

$$利息保障倍数＝（净利润＋所得税＋利息费用）÷利息费用$$
$$＝息税前利润÷利息费用$$

公式中，利息费用包括企业本期发生的全部利息，以及财务费用中的利息和计入固定资产成本的资本化利息。息税前利润是指企业支付利息和缴纳所得税之前的利润，可以用"利润总额加利息费用"来计算。

利息保障倍数不仅反映企业获利能力的大小，而且反映了获利能力对偿还到期债务的保证程度，它既是企业举债经营的前提依据，也是衡量企业长期偿债能力大小的重要标志。要维持正常偿债能力，利息保障倍数至少应大于 1，且比值越高，企业长期偿债能力越强。如果利息保障倍数过低，企业将面临亏损以及偿债的安全性与稳定性下降的风险。

为了考察企业偿付利息能力的稳定性，一般应计算 5 年或 5 年以上的利息保障倍数。保守起见，应选择 5 年中最低的利息保障倍数值作为基本的利息偿付能力指标。

关于该指标的计算，须注意以下几点：

（1）根据利润表对企业偿还债务的能力进行分析，作为利息支付保障的"分子"，只应该包括经常收益。

（2）特别项目（如火灾损失等）、停止经营、会计政策变更的累计影响。

（3）利息费用不仅包括作为当期费用反映的利息费用，还应包括资本化的利息费用。

（4）未收到现金红利的权益收益，可考虑予以扣除。

（5）当存在股权少于 100％但需要合并的子公司时，少数股权收益不应扣除。

13.2 其他应付款

《企业会计准则》对其他应付款的定义十分明确，该科目只核算其他应付单位或个人的零星款项，如应付包装物的租金、存入保证金，或应付合营、联营企业款项，一般来说数额比较小。

13.2.1 其他应付款科目都核算哪些业务

其他应付款是指与企业的主营业务没有直接关系的应付、暂收其他单位或个人的款项，如应付租入固定资产和包装物的租金、存入保证金、应付统筹退休金、职工未按期领取的工资以及应付、暂收其他单位或个人的款项等。

表 13-1 为洋河股份 2×18 年财报中其他应付款明细。

表 13-1 其他应付款明细

a. 按款项性质列示其他应付款。

单位：元

项 目	期末余额	期初余额
经销商尚未结算的折扣	2 298 765 700.00	2 249 550 630.00
经销商保证金	2 929 101 334.21	1 996 000 543.52
经销商风险抵押金	659 646 746.28	618 260 719.07
预提费用	287 765 353.59	473 980 800.72
质保金、履约保证金	188 186 132.55	176 017 865.12
其他	93 836 244.38	106 229 957.51
合计	6 457 301 511.01	5 620 040 515.94

b. 账龄超过 1 年的重要其他应付款。

单位：元

项目	期末余额	未偿还或结转的原因
经销商风险抵押金、经销商保证金	492 600 426.68	经销商风险抵押金、经销商保证金
合计	492 600 426.68	—

财政部发布财会〔2019〕6 号《关于修订印发 2019 年度一般企业财务报表格式的通知》，把应付股利、应付利息项目合并到其他应付款中。

13.2.2 其他应付款的注意事项

其他应付款本是一个不起眼的小科目，名次也是排在应付账款下面的，金额也应不会超过应付账款，但却是税务部门重点排查的科目。

概括地说，其他应付款应注意以下事项：

1. 不可隐匿收入

其他应付款通常应当在一个营业周期内偿还，若企业存在其他应付款长期挂账的现象，就有可能隐匿收入。

有些企业收取的逾期未退的包装物押金，不结转收入。因为按照税法的规定，对逾期未收取的包装物不需再退还的和已收取一年以上的押金，应并入应税货物的销售额，征收增值税等相关税金，收取的押金扣减相关税金后的差额应转入其他业务收入科目核算。

2. 少记收入

有些企业将供货方给予的销售返利、折扣等款项计入其他应付款，造成其他应付款的虚列，达到少缴纳税款的目的。

3. 不冲减成本

有些企业将存货的盘亏等非正常损失直接冲减其他应付款，从而少缴纳增值税。因为按照税法的规定，损失应调减相关成本，同时应将这部分损失所对应的增值税进项税额转出处理。

如果其他应付款金额高于应收账款好多年，这个公司不用查，一定是有不可说的秘密了。

13.3 应交税费

负债有个重要的科目——应交税费，主要核算应该上交的各种税费，主要有增值税、企业所得税、消费税、个人所得税、房产税、城建税及教育费附加等。"应交税费"属于负债项下的会计科目，产生应缴税时计入本科目的贷方，支付税款时计入本科目的借方。期末贷方余额，反映企业尚未交纳的税费；期末如为借方余额，反映企业多交或尚未抵扣的税费。

13.3.1 如何看懂财报中的应交税费科目

财报中没有直接披露企业当年的应缴税费，但通过财报中披露的"应交税费"明细及已缴税费金额，使用下列公式就可以计算出企业整体或一些税种的应纳税额或已缴税额。

本年应纳税额＝应缴税年末余额－应缴税费年初余额＋本年已支付的税额

根据《财政部关于印发〈增值税会计处理规定〉的通知》（财会〔2016〕22 号），"应交税费"科目下的"应交增值税""未交增值税""待抵扣进项税额""待认证进项税额""增值税留抵税额"等明细科目期末借方余额应根据情况，在资产负债表中的"其他流动资产"或"其他非流动资产"项目列示；"应交税费——待转销项税额"等科目期末贷方余额应根据情况，在资产负债表中的"其他流动负债"或"其他非流动负债"项目列示；"应交税费"科目下的"未交增值税""简易计税""转让金融商品应交增值税""代扣代交增值税"等科目期末贷方余额应在资产负债表中的"应交税费"项目列示。

所以，企业的"应交税费"年末一般不能为负数。在财政部会计司发布的《增值税账务处理规定》之前，因对应交税费负数情况没有严格规定，所以有些企业会将留抵税额作为负数在资产负债表中列报。这样就会出现"应交税费"年末为负数的情形。

13.3.2 企业应交税费的披露

"应交税费"的期初、期末余额列示在资产负债表及附注中，"税金及附加"和"所得税费用"的当期金额列示在利润表及附注中，本年已支付的税费额列示在现金流量表中。应交税费明细见表 13-2。

表 13-2 应交税费明细 　　　　　　　　　　　　　　　　　　单位：元

项　　目	期末余额	期初余额
增值税	189 165 872. 30	16 566 945. 18
消费税	718 733 315. 03	301 944 997. 98
企业所得税	2 284 751 258. 08	1 865 510 244. 69
个人所得税	8 034 721. 58	51 144 185. 46
城市维护建设税	16 248 651. 42	16 322 641. 43
教育费附加及地方教育费附加	15 946 560. 04	16 034 117. 97
城镇土地使用税	13 930 499. 24	4 946 210. 32
房产税	5 044. 392. 51	13 262 451. 18
印花税	1 271 183. 78	1 787 929. 52
综合基金	560. 58	5 144. 20

1. 增值税

增值税是价外税，税率目前在 13%、9% 和 6% 等。企业一般按月缴纳，年报是期末余额，基本是 12 月份应交的税额。

小规模纳税人由于财务不健全，采取 3% 征收率计算应纳税额。

2. 企业所得税

企业所得税是对企业所得征收的一种税，一般按季度预缴，次年初汇算清缴，也就是说年报应交税费中的企业所得税并非企业当年发生额。

3. 个人所得税

2018 年 8 月 31 日，关于修改《个人所得税法》的决定经十三届全国人大常委会第五次会议表决通过，起征点确定为每月 5 000 元。新的《个人所得税法》规定：居民个人的综合所得，以每一纳税年度的收入额减除费用 60 000 元以及专项扣除、专项附加扣除和依法确定的其他扣除后的余额，为应纳税所得额。专项附加扣除包括：子女教育、继续教育、大病医疗、住房贷款利息、住房租金、赡养老人等。个人所得税由供职企业代扣代缴。

4. 消费税

消费税主要是对应税消费品征收的一种税，范围主要为烟酒、汽油、小汽车等各项税费。

第14章 股东权益重要项目分析

股东权益包括：股东原始投资和利润积累，上市公司还包括库存股。

衡量资产质量的指标包括股东权益与固定资产比率、股东权益比率、产权比率、权益乘数、利息支付倍数和利息保障倍数。利息保障倍数在前文已介绍，本节不再赘述。

14.1 股东权益与固定资产比率

股东权益与固定资产比率是衡量公司财务结构稳定性的一个指标，它是股东权益除以固定资产总额的比率，用公式表示为：

$$股东权益与固定资产比率＝股东权益总额÷固定资产总额×100\%$$

股东权益又称净资产，是指公司总资产扣除负债所余下的部分，股东权益是股本、资本公积、盈余公积、未分配利润之和，代表了股东对企业的所有权，反映股东在企业资产中享有的经济利益。

固定资产是指企业使用期限超过 1 年的房屋、建筑物、机器、机械、运输工具以及其他与生产、经营有关的设备、器具、工具等。不属于生产经营主要设备的物品，单位价值在 2 000 元以上，并且使用年限超过 2 年的，也应当作为固定资产。

固定资产可以按其经济用途、使用情况、产权归属、实物形态和使用期限进行分类核算：

(1) 按经济用途分为生产经营用和非生产经营用两类；

(2) 按使用情况分为使用中、未使用、不需用三类；

(3) 按产权归属分为自有、接受投资和租入等；

(4) 按实物形态分为房屋及建筑物、机器设备、电子设备、运输设备及其他设备五大类；

(5) 按固定资产最短使用期限分为 3 年、5 年、10 年、20 年等。

股东权益与固定资产比率反映了购买固定资产所需要的资金有多大比例是来自于所有者资本的。

这个比率若小于 1，表示企业购置固定资产所需资金全部来自股东，公司比较稳健。若比率大于 1，表示企业购置固定资产所需资金有一部分来自债权人，公司经营较不稳健。固定资产对股东权益比率除可用以测试企业的偿债能力外，也可显示企业固定资产投资是否适当，企业是否有短期资金长期使用之下所暴露的财务风险。

14.2 股东权益比率

股东权益比率也叫净资产比率，是股东权益总额与资产总额比率。该比率反映企业资产中有多少是所有者投入的。股东权益比率应当适中。如果权益比率过小，表明企业过度负债，容易削弱公司抵御外部冲击的能力；而权益比率过大，意味着企业没有积极地利用财务杠杆作用来扩大经营规模。

股东权益比率计算公式如下：

$$股东权益比率＝股东权益总额÷资产总额×100\%$$

公式中的"股东权益总额"即资产负债表中的所有者权益总额，因为资产总额等于负债总额加股东权益总额，因此，负债比率加股东权益比率等于100%。

股东权益比率反映了企业基本财务结构是否稳定，一般来讲，股东权益比率越大越好，但也需具体问题具体分析。对于股东来讲，通货膨胀加剧时期，企业多借债可以把损失和风险转嫁给债权人；在经济繁荣时期，多借债可以获得额外的利润。在经济衰退时期，较高的股东权益比率可以减少利息负担和财务风险。

以下为某上市公司部分数据。

2×22年德马科技股东权益总额为3.62亿元，资产总额为7.39亿元，计算股东权益比率。

$$2×22年德马科技股东权益比率＝股东权益总额÷资产总额×100\%$$
$$＝3.62÷7.39×100\%$$
$$＝48.99\%$$

14.3 产权比率

产权比率也称负债对所有者权益的比率，指企业负债总额与所有者权益总额的比率。这一比率是衡量企业长期偿债能力的指标之一。

$$产权比率＝负债总额÷所有者权益总额×100\%$$

2×22年德马科技股东权益总额为3.62亿元，负债总额为3.77亿元，计算股东权益比率。

$$2×22年产权比率＝负债总额÷所有者权益总额×100\%$$
$$＝3.77÷3.62×100\%$$
$$＝104.14\%$$

产权比率用来表明债权人提供的资金和由投资人提供的资金比率关系，反映企业基本财务结构是否稳定。一般来说，所有者提供的资本大于借入资本为好。这一指标越低，表明企业的长期偿债能力越强，债权人权益的保障程度越高，承担的风险越小。该指标同时也表明债权人的资本受到所有者权益保障的程度，或者说是企业清算时对债权人利益的保障程度。

从财务风险的角度来看，当然是债务承担得越少越好，也就是产权比率越低越好。但是在企业盈利的情况下，过于保守的举债措施会使企业错过利用财务杠杆获取更大收益的机会。所以在评估产权比率指标是否合适的时候，需要在提高获利能力与增强偿债能力两个方面综合进行，即在保证债务可以顺利清偿的前提下，尽量提高产权比率，充分利用财务杠杆的作用。

14.4 权益乘数

权益乘数又称股本乘数，是指资产总额相当于股东权益的倍数。表示企业的负债程度，权益乘数越大，企业负债程度越高。

$$权益乘数＝资产总额÷股东权益总额×100\%$$

因为资产、负债和股东权益存在等量关系，所以权益乘数还可以被分解为：

$$权益乘数＝（股东权益总额＋负债总额）÷股东权益总额×100\%$$
$$＝1＋产权比率$$
$$＝1÷（1－资产负债率）$$

这两个指标，一个是承担债务，一个是享有资产。

根据权益乘数的公式，在股东权益既定的情况下，债务的减少导致资产总和的减少，权益乘数也越小，可见这两个指标呈现同方向的变化。所以，产权比率提高必然使权益乘数增大，这两个指标值大，说明资产中负债的份额大，负债程度高；反之，说明负债程度低，债权人的权益受保护程度高。

2×22年德马科技资产总额为7.39亿元，负债总额3.77亿元。

$$资产负债率＝负债总额÷资产总额×100\%$$
$$＝3.77÷7.39×100\%$$
$$＝51.01\%$$

$$权益乘数＝1÷（1－51.01\%）$$
$$＝1÷48.99\%$$
$$＝2.04$$

一般来说，资产负债率降低，权益乘数减少。即负债总额在资产总额占比减少时，权益乘数减少。

权益乘数代表公司所有可供运用的总资产是业主权益的几倍。权益乘数越大，代表公司向外融资的财务杠杆倍数也越大，公司将承担较大的风险。但是，若公司营运状况刚好处于向上趋势中，较高的权益乘数反而可以创造更高的公司盈利，透过提高公司的股东权益报酬率，对公司的股票价值也会产生正面激励效果。以下几种情况都能使权益乘数变小。

14.5 利息支付倍数

利息支付倍数，表示息税前利润对利息费用的倍数，反映公司负债经营的财务风险程度。

计算公式：

$$利息支付倍数＝（利润总额＋财务费用）÷财务费用$$

2×22年德马科技利润总额7 310万元，财务费用298万元。

$$利息支付倍数＝（利润总额＋财务费用）÷财务费用$$
$$＝（7 310＋298）÷298$$
$$＝25.53$$

　　一般情况下，该指标值越大，表明公司偿付借款利息的能力越强，负债经营的财务风险就小。由于财务费用包括利息收支、汇兑损益、手续费等项目，且还存在资本化利息，所以在运用该指标分析利息偿付能力时，最好将财务费用调整为真实的利息净支出，这样反映公司的偿付利息能力最准确。

　　利息保障倍数越大，意味着公司可用于偿还利息的资金越多。若利息保障倍数小于1，则表明公司的利润无法覆盖利息，面临着较大的付息、偿债压力。

第15章 收入与费用类项目分析

利润表是反映企业在一定会计期间的经营成果的财务报表。经过一个营业周期，企业经营到底怎么样，需要通过收入、费用来考核，财务人员需要编制一份利润表。

15.1 收入的财务指标

考查收入的财务指标包括营业周期、毛利、毛利率、固定资产利用率、核心利润等。

15.1.1 存货周转天数和应收账款周转天数

什么是营业周期呢，营业周期就是一个企业投入材料、生产产品，然后卖掉产品收回货款的完整过程。

财务管理理论认为，营业周期的长短取决于存货周转天数和应收账款周转天数。

营业周期计算公式：

$$营业周期＝存货周转天数＋应收账款周转天数$$

一般情况下，营业周期短，说明资金周转速度快；营业周期长，说明资金周转速度慢。

【例15-1】某公司财报2×22年第一季度销售收入450亿元，销售成本250亿元，分析该企业以下指标，见表15-1。

表15-1 相关指标 单位：亿元

项目	期末余额	期初余额
存货	240	220
应收账款	120	110
应付账款	0	400

存货周转率＝销售成本÷［（期初存货＋期末存货）÷2］

  ＝250÷［（240＋220）÷2］

  ＝250÷230

  ＝1.09（次）

应收账款周转率＝销售收入÷［（期初应收账款＋期末应收账款）÷2］

  ＝450÷［（120＋110）÷2］

  ＝3.91（次）

应付账款周转率＝销售成本÷［（期初应付账款＋期末应付账款）÷2］

  ＝250÷［（0＋400）÷2］

  ＝1.25（次）

存货周转天数＝360÷1.09＝330.28（天）

应收账款周转天数＝360÷3.91＝92.07（天）

应付账款周转天数＝360÷1.25＝288（天）

根据公式：营业周期＝存货周转天数＋应收账款周转天数

$$=330.28+92.07$$

$$=422.35（天）$$

现金周期＝营业周期－应付账款周转天数

$$=422.35-288$$

$$=134.35（天）$$

从上述计算可知，存货周转期上升，经营周期也要延长；应收账款减少会导致应收账款的周转期缩短，经营周期缩短；提供给顾客的现金折扣增加，会使应收账款的周转期缩短，经营周期缩短；提前付款会使应收账款的周转期缩短，经营周期延长。正常营业周期不能确定的，应当以一年（12 个月）作为正常营业周期。

15.1.2 产品是否有竞争力要看的几个指标

产品是否有竞争力，要看的几个指标：毛利、毛利率、固定资产利用率、核心利润等。

1. 毛利和毛利率

毛利的计算公式如下：

$$毛利＝营业总收入－营业总成本$$

$$毛利率＝毛利÷营业总收入×100\%$$

$$＝（营业收入－营业成本）÷营业收入×100\%$$

计算毛利和毛利率的数据在利润表中可以找到。

【例 15-2】2×22 年洋河股份利润表见表 15-2。

表 15-2 洋河股份利润表（部分）   单位：亿元

项目	本期发生额	上期发生额
一、营业总收入	24.16	19.92
其中：营业收入	24.16	19.92
利息收入	—	—
已赚保费	—	—
手续费及佣金收入	—	—
二、营业总成本	14.35	11.74
营业成本	14.35	11.74
利息支出	—	—
手续费及佣金支出	—	—
退保金	—	—

可以算出：

毛利＝营业总收入－营业总成本

　　＝24.16－14.35

　　＝9.81（亿元）

毛利率＝9.81÷24.16×100%

　　　＝40.60%

2. 固定资产利用率也是衡量竞争力的一个指标

固定资产利用率也叫固定资产周转率，是指企业当年产品销售收入净额与固定资产平均净值的比率，计算公式如下：

固定资产周转率＝营业收入÷平均固定资产净值

　　　　　　＝营业收入÷［（固定资产净值期初数＋固定资产净值期末数）÷2］

【例 15-3】某公司营业收入为 860 万元，相关资料见表 15-3。

表 15-3　固定资产相关数据

日期	2×22 年 3 月 31 日	2×21 年 12 月 31 日
固定资产	300	340

2×20 年 3 月固定资产周转率＝860÷［（300＋340）÷2］

　　　　　　　　　　　＝2.67 次

15.1.3　核心利润

衡量企业竞争力还有一个指标：核心利润。核心利润来源于企业经营产生的毛利，是扣除税金、销售费用、管理费用以及财务费用后的部分。

核心利润＝营业收入－营业成本－税金及附加－销售费用－管理费用－财务费用

毛利高低代表了企业产品的竞争力等，而费用高低则代表了企业费用控制的能力。总体来说，核心利润越高，盈利能力越强，盈利质量越高。

【例 15-4】根据表 15-4，计算核心利润。

表 15-4　利润表　　　　　　　　　　　　　　　　　　　　　　　单位：万元

项目	金额
一、营业收入	2 790
二、营业成本	1 876
减：税金附加	134
销售费用	242
管理费用	129
财务费用	24
其中：利息费用	
利息收入	
资产减值损失	

核心利润＝2 790－1 876－134－242－129－24
　　　＝385（万元）

15.1.4 平均市净率

市净率（Price to Book Ratio）即 P/B，一般来说，市净率较低的股票，平均市净率投资价值较高；相反，则投资价值较低。但在判断投资价值时还要考虑当时的市场环境以及公司经营情况、盈利能力等因素。

【例15-5】某上市公司 2×22 年年报，见表15-5。

表15-5　2×22 年年报（部分）　　　　　　　　　　　　　　　　　单位：亿元

项目	金额
总资产	290
无形资产	54
商誉	20
负债	80
优先股权益	210

该公司总市值为 272 亿元。
其中：
账面价值＝总资产－无形资产－商誉－负债
　　　　＝290－54－20－80＝136（亿元）
平均市净率＝272÷136
　　　　　＝2

> 通过市净率定价法估值时：
> 首先，应根据审核后的净资产计算出发行人的每股净资产的净资产计算出发行人的每股净资产。
> 其次，根据二级市场的平均市净率、发行人的行业情况（同类行业公司股票的市净率）、发行人的经营状况及其净资产收益等拟订估值市净率。
> 最后，依据估值市净率与每股净资产的乘积决定估值。

根据上述市净率（简称 P/B）与净资产收益率（ROE）的关系，我们不难理解为什么那些净资产收益率高的公司市场价格高于账面价值，而那些净资产收益率低的公司市场价格低于账面价值。真正吸引投资者注意的是那些市净率和净资产收益率不匹配的公司，投资者应选择低市净率、高净资产收益率的股票，回避低净资产收益率、高市净率的股票，如图 15-1 所示。

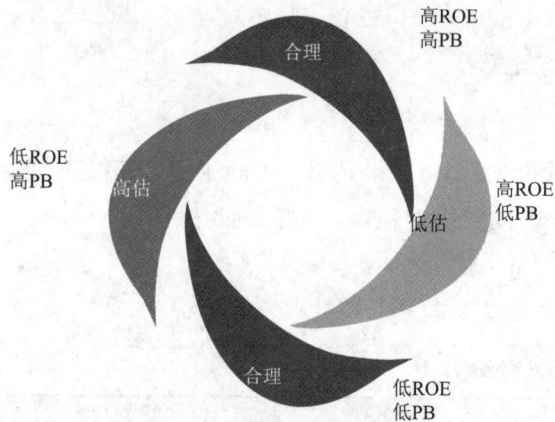

图 15-1　市净率定价法估值

15.2　利润解析

利润表有这么几项：净利润、归属于母公司股东的净利润、扣除非经常性损益后的净利润，见表 15-6。这三者之间是什么关系？

表 15-6　利润表（部分）　　　　　　　　　　　　　　　　　　　　　单位：亿元

项目	2×22 年 12 月 31 日	2×21 年 12 月 31 日	2×20 年 12 月 31 日
净利润	278.5	256.5	165.4
其中：归属于母公司股东的净利润	253.2	212.8	158.7
少数股东损益	1.679	1.118	1.098
扣除非经常性损益后的净利润	255.8	211.7	156.4

15.2.1　什么是净利润

【例 15-6】有一家公司，母公司是上市公司，母公司有两个子公司，还有一个联营企业。
首先要弄明白，母公司与子公司以及联营公司的关系，如图 15-2 所示。

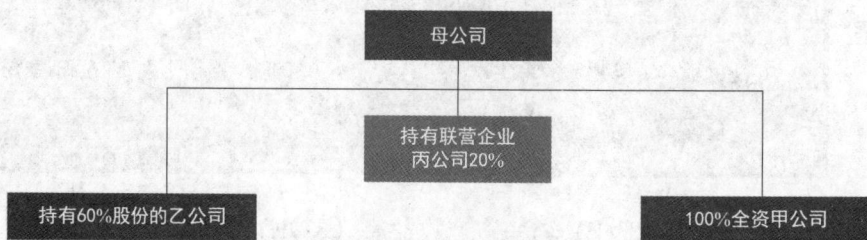

图 15-2　母公司与子公司以及联营公司的关系

根据《企业会计准则第 33 号——合并财务报表》的规定：
①持有被投资方 50% 以上的表决权；

②持有被投资方 50％及以下的表决权，但通过协议等形式能够控制 50％以上表决权，应并入母公司财务报表。

期末，母公司、子公司盈利情况见表 15-7。

表 15-7　母公司、子公司盈利情况

列表	盈利情形（万元）
母公司	9 000
甲公司	1 080
乙公司	1 100
丙公司（联营）	970

净利润＝母公司＋甲公司＋乙公司
　　　　＝9 000＋1 080＋1 100
　　　　＝11 180（万元）

15.2.2　归属于母公司股东的净利润

由于上市公司通过投资、控股但非全资持有的形式，其产生的利润或者亏损，根据股权比例，将不属于上市公司的这部分净利润或净亏损列于少数股东损益。归属于母公司股东的净利润是指上市公司合并报表的净利润扣除少数股东损益后，实际归属于上市公司股东的这部分利润。

【例 15-7】接【例 15-6】，计算归属于母公司股东的净利润
＝母公司＋甲公司×100％＋乙公司×60％＝9 000＋1 080×100％＋1 100×60％
＝9 000＋1 080＋660＝10 740（万元）

与合并报表相差 440 万元（11 180－10 740），原因是乙公司中有 40％的净利润属于乙公司的少数股东的，并不属于上市公司母公司的股东。

15.2.3　扣除非经常性损益的净利润

归属上市公司股东的扣除非经常性损益后的净利润是上市公司合并报表的净利润扣除了少数股东损益以及非经常性损益后的净利润，投资者往往非常关注这个指标。

要想弄懂扣除非经常性损益净利润到底是什么，先弄清楚什么是非经常性损益。非经常性损益是指公司发生的与经营业务无直接关系，以及虽与经营业务相关，但却是不经常发生的，比如政府补贴等。

为了能够真实、公允地反映公司正常盈利能力的各项收入、支出。证监会在《公开发行证券的公司信息披露规范问答第 1 号——非经营性损益》中特别指出，注册会计师应单独对非经常性损益项目予以充分关注，对公司在财务报告附注中所披露的非经营性损益的真实性、准确性与完整性进行核实。

非经常性收益包括以下内容：

(1) 非流动性资产处置损益，包括已计提资产减值准备的冲销部分；

(2) 越权审批，或无正式批准文件，或偶发性的税收返还、减免；

（3）计入当期损益的政府补助，但与公司正常经营业务密切相关，符合国家政策规定，按照一定标准定额或定量持续享受的政府补助除外；

（4）计入当期损益的对非金融企业收取的资金占用费；

（5）企业取得子公司、联营企业及合营企业的投资成本小于取得投资时应享有被投资单位可辨认净资产公允价值产生的收益；

（6）非货币性资产交换损益；

（7）委托他人投资或管理资产的损益；

（8）因不可抗力因素，如遭受自然灾害而计提的各项资产减值准备；

（9）债务重组损益；

（10）企业重组费用，如安置职工的支出、整合费用等；

（11）交易价格显失公允产生的超过公允价值部分的损益；

（12）同一控制下企业合并产生的子公司期初至合并日的当期净损益；

（13）与公司正常经营业务无关的或有事项产生的损益；

（14）除同公司正常经营业务相关的有效套期保值业务外，持有交易性金融资产、交易性金融负债产生的公允价值变动损益，以及处置交易性金融资产、交易性金融负债和可供出售金融资产取得的投资收益；

（15）单独进行减值测试的应收款项减值准备转回；

（16）对外委托贷款取得的损益；

（17）采用公允价值模式进行后续计量的投资性房地产公允价值变动产生的损益；

（18）根据税收、会计等法律、法规的要求，对当期损益进行一次性调整的影响；

（19）受托经营取得的托管费收入；

（20）除上述各项之外的其他营业外收入和支出；

（21）其他符合非经常性损益定义的损益项目。

【例 15-8】接【例 15-6】，计算归属于母公司股东的净利润。

＝母公司＋甲公司×100％＋乙公司×60％

＝9 000＋1 080×100％＋1 100×60％

＝9 000＋1 080＋660＝10 740（万元）

对丙公司的投资收益＝970×20％＝194（万元）

扣除非经常性损益净利润＝10 740－194＝10 546（万元）

15.3　期间费用与营业外收支

管理费用、销售费用和财务费用又统称期间费用，是指企业本期发生的、不能直接或间接归入营业成本，而是直接计入当期损益的各项费用。另外，对于从事采掘行业的企业来说，还包括了勘探费用，但 A 股上市公司中，仅有少量企业有勘探业务，因此有勘探费用的公司事实上不多。因此，期间费用的数据来源应该是：

期间费用＝销售费用＋管理费用＋财务费用＋研发费用＋勘探费用

有一个公式可以计算期间费用占销售收入的比率——期间费用率，其计算公式为：

$$期间费用率＝期间费用÷营业收入×100\%$$

期间费用率越高，对利润的影响就越大。

15.3.1 解析管理费用、销售费用

企业发生的开办费、董事会和行政管理部门在企业的经营管理中发生的或者应由企业统一负担的公司经费（包括行政管理部门职工薪酬、物料消耗、低值易耗品摊销、办公费和差旅费等）、董事会费（包括董事会成员津贴、差旅费等）、聘请中介机构费、咨询费（含顾问费）、诉讼费、业务招待费、技术转让费、矿产资源补偿费、研究费用、排污费以及企业行政管理部门发生的固定资产修理费等。

从以上内容可知，管理费用的庞大。新《企业会计准则》把研发费用从管理费用中剥离，作为一个独立的费用项目，因为很多企业投入研发的费用是很惊人的。表15-8为上市公司德马科技的利润表。

表15-8 利润表（部分）　　　　　　　　　　　　　　　　　　　单位：万元

项目	金额
营业总收入	9 061
营业收入	9 061
营业总成本	9 700
营业成本	6 350
研发费用	1 021
税金及附加	78.41
销售费用	1 067
管理费用	1 131
财务费用	52.20
资产减值损失	—
其他经营收益	—
投资收益	403.2
营业利润	66.43
加：营业外收入	48.23
减：营业外支出	0.99
利润总额	113.7
减：所得税费用	291.4
净利润	−177.7
其中：归属于母公司股东的净利润	−177.7
扣除非经常性损益后的净利润	−559.0

管理费用、研发费用占营业收入比＝（1 131＋1 021）÷9 061×100％＝23.75％

销售费用占营业收入比＝1 067÷9 061×100％＝11.78％

根据表15-8，计算德马科技2×20年第一季度期间费用率。

期间费用率＝期间费用÷营业收入×100％
$$= （1\,131＋1\,021＋1\,067＋52.20）÷9\,061×100％＝41.29％$$
德马科技期间费用占比较高。

15.3.2　财务费用解析

财务费用是公司筹集生产所需资金而发生的费用。按照我国会计制度的规定，公司财务费用科目核算内容包括利息收入、利息支出、汇兑损益和筹资发生的其他费用。

看下面这个公式：

财务费用＝手续费支出＋利息支出＋汇兑损失＋其他－利息收入－汇兑损益

当利息收入及汇兑损益之和大于手续费支出、汇兑损失、利息支出等，那么财务费用的数据是负数，反之，则为正数。

根据表 15-8，计算财务费用占营业收入比率。
$$=52.20÷9\,061×100％$$
$$=0.58％$$

15.3.3　上市公司财务分析为什么需要剔除营业外收支

在股市，投资者在查看上市公司财务报告的时候，大多关注的是利润，往往忽略营业外收入。营业外收入主要包括：非货币性资产交换利得、出售无形资产收益、债务重组利得、企业合并损益、盘盈利得、因债权人原因确实无法支付的应付款项、政府补助、教育费附加返还款、罚款收入、捐赠利得等。

我们可以把公司的主营业务收入和营业外收入占比来考量公司的经营活动变化，作为一个分析指标。为什么要考核这些呢，因为有些公司会得到政府补助，并将其列为公司的营业外收入进入当期损益，对当期利润将产生极大的影响，表 15-9 为德马科技利润表部分数据。

表 15-9　利润表（部分）　　　　　　　　　　　　　　　　　　　单位：万元

利润表	2020-03-21	2019-12-31	2019-06-30	2019-03-31	2018-12-31
营业总收入	9 061	78 920	30 860	9 053	72 170
营业收入	9 061	78 920	30 860	9 053	72 170
营业总成本	9 700	72 840	29 660	9 745	66 600
营业成本	6 350	57 060	22 810	6 413	52 140
研发费用	1 021	4 236	1 753	813.5	3 323
营业税金及附加	78.41	430.7	139.4	68.20	674.3
销售费用	1 067	5 958	5 766	1 257	5 134
管理费用	1 131	4 601	2 171	1 075	4 288
财务费用	52.20	298.3	319.9	117.8	455.5
资产减值损失	—	12.033	−83.59		580.8
其他经营收益					

投资收益	403.2	—	—	91.71	−35.02
营业利润	66.43	4 099	1 754	−364.2	6 544
加：营业外收入	48.23	268.5	264.8	6.347	16.36
减：营业外支出	9 921.58	58.01	23.76	688.27	6.309
利润总额	113.7	7 310	1 995	−358.0	6 554

2×18 年 12 月 31 日至 2×20 年 3 月 31 日季度财报营业外收入数据也体现偶然性。2×19 年 3 月 31 日只有 6.347 万元，2×19 年 12 月 31 日营业外收入为 268.5 万元。

巴菲特分析公司正常盈利能力却首先会剔除营业外收支的影响。

巴菲特在分析利润表时，会特别列示非正常性资产处置收入，国内利润表主要列示为非流动资产处置利得或损失，处置利得计入营业外收入，处置损失则计入营业外支出，并在利润表中营业外支出下单独列示。

巴菲特分析营业外收支的方法很简单，就是分析企业正常盈利能力时剔除营业外收入和支出的影响。

营业外收入减去营业外支出就是营业外收支净额。如果营业外收支净额占利润的比例相当大，比如 30% 甚至更高，就类似于一个人一年的收入相当一部分来自彩票中奖或者家人捐赠，这种短期的利润猛增是偶然的和不可持续的。所以，要剔除这种偶然发生的非经常性损益的影响，重点分析来自日常营业活动的营业利润。巴菲特认为，营业利润更能真实反映公司业绩。那种依靠资产重组、债务重组或者政府补贴而短期取得的盈利暴涨肯定是无法长期持续的。

15.4 税金及附加包括哪些项目

根据《财政部关于印发〈增值税会计处理规定〉的通知》（财会〔2016〕22 号），"营业税金及附加"科目名称调整为"税金及附加"科目，该科目核算企业经营活动发生的消费税、城市维护建设税、资源税、教育费附加及房产税、土地使用税、车船使用税、印花税等相关税费。表 15-10 是某上市公司税金及附加的部分项目列表。

表 15-10　税金及附加　　　　　　　　　　　　　　　　　　　　单位：元

项　　目	本期发生额	上期发生额
城市维护建设税	65 000	59 000
教育费附加	28 000	24 000
房产税	79 000	84 000
土地使用税	53 800	49 600
车船使用税	5 430	4 760
印花税	2 800	2 500
地方教育费附加	18 900	16 300
合计	252 930	240 160

第16章 现金流量项目

现金流量包括流入与流出，通过分析，判断企业现金流。

16.1 自由现金流

自由现金流是指企业每年拥有可以自由支配的现金，是企业支付必要的"运营资本"（比如购买生产资料、支付员工工资等）和资本性支出（比如建造厂房购买设备）后所剩余的现金流。

16.1.1 为什么要看企业的自由现金流

自由现金流之所以重要是因为利润表具有一定的迷惑性。利润表不能准确地反映企业的现金流情况。作为投资者来说，首先要看的是现金流量表，东方财富信息股份有限公司（简称东方财富）现金流量表，见表16-1。

表16-1 东方财富信息股份有限公司（简称东方财富或公司）现金流量表

单位：亿元

现金流量表	2020-03-31	2019-12-31	2019-09-30	2019-06-30	2019-03-31
经营活动产生的现金流量净额	14.36	117.2	65.50	96.27	167.0
投资活动现金支出	3.320	39.27	35.10	33.21	22.68
自由现金流	11.04	77.93	30.40	63.06	144.32

企业的现金流量表包括三大部分：经营活动现金流、投资活动现金流和筹资活动现金流，自由现金流的主要来源于经营活动现金流净额，而通过向股东增发新股、向银行等债权人发新债所获得的资金，以及向股东派发股利或采取股票回购的形式以及偿还债务本金利息等筹资活动产生的现金流是不计入自由现金流的。同样，企业要维持竞争力，需要购买固定资产、无形资产等，这些现金支出是反映在投资活动现金流出科目中的，所以要扣除这部分现金支出。

自由现金流计算公式如下：

自由现金流＝经营活动现金流量净额－投资活动现金流出

自由现金流为正，表明企业运营良好，所以对于投资者来说，要看的就是自由现金流。

16.1.2 增加现金流的利器

由于企业采用权责发生制，收入和费用的确认与现金实际流入流出在时间上不是同步的，这就产生时间上的差异，时间上的差异可以调节现金流量。比如，通过缩短收款时间，延长应付款时间；增加预收款，减少预付款等来增加现金流。

另外，由于税法和会计在某些会计处理方法的不同，实际申报和缴纳税款的数字和在财务报表上显示的数字是有差异的。两者之间的差异，就是"递延"。

1. 最常见的"递延所得税（负债）"产生方式

减少税负的一个常见的方式是改变资产的折旧方式。2019 年 4 月 29 日，财政部发布《关于扩大固定资产加速折旧优惠政策适用范围的公告》，自 2019 年 1 月 1 日起，固定资产加速折旧优惠的行业范围，扩大至全部制造业领域。具体规定如下：

（1）2014 年 1 月 1 日后新购进的研发和生产经营共用的仪器、设备。单位价值不超过 100 万元的，允许一次性计入当期成本费用，在计算应纳税所得额时扣除，不再分年度计算折旧。

（2）单位价值超过 100 万元的，可缩短折旧年限或采取加速折旧的方法。

（3）对所有行业企业持有的单位价值不超过 5 000 元的固定资产，允许一次性计入当期成本费用在计算应纳税所得额时扣除，不再分年度计算折旧。

（4）缩短折旧年限的，最低折旧年限不得低于折旧年限的 60%，采取加速折旧方法的，可采取双倍余额递减法或者年数总和法。

根据《财政部 税务总局关于延长部分税收优惠政策执行期限的公告》（财政部税务总局公告 2021 年第 6 号）规定：

一、《财政部 税务总局关于设备器具扣除有关企业所得税政策的通知》（财税〔2018〕54 号）等 16 个文件规定的税收优惠政策凡已经到期的，执行期限延长至 2023 年 12 月 31 日。

二、《财政部 税务总局关于延续供热企业增值税房产税城镇土地使用税优惠政策的通知》（财税〔2019〕38 号）规定的税收优惠政策，执行期限延长至 2023 年供暖期结束。

三、《财政部 税务总局关于易地扶贫搬迁税收优惠政策的通知》（财税〔2018〕135 号）、《财政部 税务总局关于福建平潭综合实验区个人所得税优惠政策的通知》（财税〔2014〕24 号）规定的税收优惠政策，执行期限延长至 2025 年 12 月 31 日。

四、《财政部 国家税务总局关于保险公司准备金支出企业所得税税前扣除有关政策问题的通知》（财税〔2016〕114 号）等 6 个文件规定的准备金企业所得税税前扣除政策到期后继续执行。

五、本公告发布之日前，已征的相关税款，可抵减纳税人以后月份应缴纳税款或予以退还。

---

2. 折旧方法不同对所得税额的影响

假如亚兴制造有限公司购入一台口罩机，价款 360 万元，可以使用 3 年，最后净残值为 0。采用直线法和采用年数总和法，计算结果见表 16-2。

表 16-2 采用直线法和采用年数总和法 单位：万元

直线法				年数总和法			
年折旧额	120	120	120	年折旧额	第一年折旧额	180 [360×3÷(1+2+3)]	
					第二年折旧额	120 [360×2÷(1+2+3)]	
					第三年折旧额	60 [360×1÷(1+2+3)]	
会计方式	第一年	第二年	第三年	会计方式	第一年	第二年	第三年
收入	3 000	3 000	3 000	收入	3 000	3 000	3 000
成本与费用	2 000	2 000	2 000	成本与费用	2 000	2 000	2 000
折旧	120	120	120	折旧	180	120	60
税前利润	880	880	880	税前利润	820	880	940
所得税	220	220	220	所得税	205	220	235
净利润	660	660	660	净利润	615	660	705

通过对比可以看出，采用加速折旧时，导致第一年所得税、净利润减少，最后一年所得税和净利润增加，但总的应纳税额不变。加速折旧不但可以起到延迟纳税的作用，还有调节净利润和现金流的作用。企业可根据实际情况，选择折旧方法。

由于折旧的差异，第一年和第三年产生了递延所得税。"递延所得税（负债）"可以看作是企业在融资，见表 16-3。

表 16-3 第一年和第三年产生了递延所得税

项目	第一年	第二年	第三年	合计
会计下的应纳税额	220	220	220	660
税法下的应纳税额	205	220	235	660
递延所得税	15	0	−15	0

第一年企业可以用少付的 15 万元，相当于从政府那里借了无息贷款，第三年结束再还上，见表 16-4。

表 16-4 计算经营活动现金流量

现金流量表	无递延所得税	有递延所得税
经营活动产生的现金流：		
净利润	660	660
折旧	120	120
递延所得税	—	15
营运资产与负债的变化	—	—
应收账款的变化	—	—
预付费用的变化	—	—

续上表

现金流量表	无递延所得税	有递延所得税
存货的变化	—	—
应付账款的变化	—	—
递延收入的变化	—	—
经营活动产生的现金流:	780	795

从表 16-4 可以看出，递延所得税（负债）会增加企业的经营性现金流。当然，企业也会有"递延所得税资产"产生：企业当期多付了税款，今后有权利少付给政府税款，这项权利就成为企业的资产。只要税法上资产的折旧额逐年增加，就会产生"递延所得税资产"。递延所得税资产会减少企业当期的经营性现金流。

当然也有永久性的差异产生，比如税收政策上对某些费用加倍扣除、政府优惠减免税款等，当期节约的税款以后不用补缴。

16.2　上市公司现金流量结构分析

现金流量的结构百分比分析是指将现金流量表中某一项目的数字作为基数（即为100%），再计算出该项目各个组成部分占总体的百分比，以分析各项目的具体构成，使各个组成部分的相对重要性明显地表现出来，从而揭示现金流量表中各个项目的相对地位和总体结构关系，用于分析现金流量的增减变动情况和发展趋势。

现金流量表分为总收入结构和三项活动收入（经营活动、投资活动、筹资活动）的内部结构分析。它是反映企业的各项业务活动的现金流入，如经营活动的现金流入、投资活动的现金流入、筹资活动的现金流入等在全部现金流入中的比重以及各项业务活动现金中具体项目的构成情况，明确企业的现金究竟来自何方，现金流入主要依靠什么等。

现金流出结构分析是指企业各项现金流出占企业当期全部现金流出的百分比，它具体地反映企业的现金用在哪些方面，从而可以知道要节约开支应从哪些方面入手。

以东方财富历年现金流入与流出为例，见表 16-5。

表 16-5　东方财富历年现金流入与流出金额　　　　　　　　　　　　单位：亿元

项　　目	2×19 年	2×18 年	2×17 年	2×16 年
现金流入	365.53	165.34	204.967	97.402
其中：经营活动现金流入	244.2	78.74	54.55	44.48
投资活动现金流入	47.26	28.80	9.517	2.572
筹资活动现金流入	74.07	57.80	140.9	50.35
现金流出	223.09	168.49	178.35	116.815
其中：经营活动现金流出	127.0	52.07	116.2	86.76
投资活动现金流出	39.27	40.56	10.21	20.75
筹资活动现金流出	56.82	75.86	51.94	9.305

东方财富的现金流入在不断增加，2×19 年与 2×18 年相比增加了 121.08％，2×18年与 2017 年相比减少 19.33％，2×17 年与 2×16 年相比增加 110.43％。2×17 年、2×19年现金流入较大，但现金流出一直比较平稳。表 16-6 为东方财富净利润增值率。

表 16-6　东方财富净利润增值率　　　　　　　　　　　　　　　　　　单位：亿元

报告期	营收	营收增长率	利润	净利润增长率
2×19 年	14.78	12.82％	18.31	90.93％
2×18 年	13.10	17.81％	9.59	50.55％
2×17 年	11.12	−7.56％	6.37	−10.78％
2×16 年	12.03	−57.23％	7.14	−61.39％

表 16-7 东方财富现金流入与现金流出比率。

表 16-7　现金流入占比

项　目	2×19 年	2×18 年	2×17 年	2×16 年
经营活动现金流入占总现金流入比（％）	66.81	47.62	26.61	45.67
投资活动现金流入占总现金流入比（％）	12.93	17.42	4.64	2.64
筹资活动现金流入占总现金流入比（％）	20.26	34.95	68.74	51.69
经营活动现金流出占总现金流出比（％）	56.93	30.90	65.15	74.27
投资活动现金流出占总现金流出比（％）	17.60	24.07	5.72	17.76
筹资活动现金流出占总现金流出比（％）	25.47	45.02	29.12	7.97

16.3　现金流量表的比率分析

现金流量表的比率分析是以经营活动现金净流量与资产负债表等财务报表中的相关指标进行对比分析，全面揭示企业的经营水平，测定企业的偿债能力，反映企业的支付能力。

16.3.1　偿还债务能力分析

企业真正能用于偿还债务的是现金流量，用现金流量和债务的比较可以更好地反映企业偿还债务的能力。

以下三个公式可以反映企业的偿还债务能力分析。

1. 现金到期债务比

本期到期债务是指本期到期的长期债务和本期的应付票据，因为这两种债务是不能延期的，必须按时偿还。若企业的现金债务比高于同行业的平均值，则表明企业偿还到期债务的能力是较好的。计算公式如下：

$$现金到期债务比＝经营现金净流入÷本期到期债务$$

2. 现金流动负债比

本期到期债务是指本期到期的长期债务和本期的应付票据，因为这两种债务是不能延期的，必须按时偿还。若企业的现金债务比高于同行业的平均值，则表明企业偿还到期债务的能力是较好的。计算公式如下：

$$现金到期债务比＝经营现金净流入÷本期到期债务$$

3. 现金流动负债比

反映企业利用经营活动产生的现金流量偿还到期债务的能力。该比率越高，企业的支付能力越强。计算公式如下：

$$现金流动负债比＝经营现金净流入÷流动负债$$

4. 现金债务总额比

反映企业用当年的现金流量偿还所有债务的能力。比率越高，企业承担债务的能力越强。计算公式如下：

$$现金债务总额比＝经营现金净流入÷债务总额$$

16.3.2 现金流量表的趋势分析

现金流量表趋势分析主要是通过观察连续报告期（至少为2年，比较期越长，越能客观反映情况及趋势）的现金流量表，对报表中的全部或部分重要项目进行对比，比较分析各期指标的增减变化，并在此基础上判断其发展的趋势，对未来做出预测的一种方法。趋势分析注重可比性，具体问题具体分析。因此，正确计算运用趋势百分比，可使报表使用者了解有关项目变动趋势及其变动原因，在此基础上预测企业未来的财务状况，为其决策提供可靠的依据。

一般对于一个健康的正在成长的企业来说，经营活动产生的现金净流入量应是正数，投资活动产生的现金净流入量应是负数，而筹资活动产生的现金净流入量则介于正数和负数之间变动。

16.3.3 现金流量财务弹性分析

所谓财务弹性，是指企业适应经济环境变化和利用投资机会的能力。这种能力来源于现金流量和支付现金需要的比较。现金流量超过需要，有剩余的现金，适应性就强。因此，财务弹性的衡量是用经营现金流量与支付要求进行比较。支付要求可以是投资需求或承诺支付等。

1. 现金满足投资比率

现金满足投资比率是指经营活动现金净流入与资本支出、存货购置及发放现金股利的比值，它反映经营活动现金满足主要现金需求程度。

其计算公式为：

$$现金满足投资比率＝近5年经营活动现金净流入÷近5年资本支出、存货增加、现金股之和$$

如果现金满足投资率大于1，表明企业经营活动所形成的现金流量能够满足企业日常基本需要，不需要外部筹资；若该比率计算结果小于1，说明企业现金来源不能满足股利和经营增长的水平，不足的现金依靠减少现金余额或外部筹资提供。某年的现金满足投资比率，不一定能说明问题，用5年或5年以上的总和计算，可以剔除周期性和随机性影响，得出更有意义的结论。如果一个企业的现金满足投资比率长期小于 1，则其理财政策没有可持续性。

2. 现金股利保障倍数

现金股利保障倍数是指经营活动净现金流量与现金股利支付额之比，反映企业支付现金股利的能力。现金股利保障倍数越高，说明企业的现金股利占获取经营现金的比重越小，企业支付现金越有保障。

其计算公式为：

现金股利保障倍数 =（经营活动现金净流入÷现金股利额）×100%

用 5 年或者更长时间的总数计算该比率，可以剔除股利政策变化的影响。

第17章 财务综合分析

不得不关注的两大综合分析法：杜邦分析法、沃尔评分法。

17.1 杜邦分析法

杜邦分析法，又称杜邦模型，是将企业的获利水平、经营效率和风险承受能力综合在一起评价企业财务管理效果的方法。

17.1.1 杜邦分析法要点

杜邦分析的公式如下：

$$净资产收益率（ROE）＝销售净利率×资产周转率×权益乘数$$
$$＝资产净利率×权益乘数$$
$$＝净利润÷净资产$$

什么是净资产收益率呢，简单地说就是股东投入 1 000 元，能赚多少钱。我们还是从资产负债表的角度分析，表 17-1 为一家服装店的资产负债表。

表 17-1 资产负债简表

2×20 年 12 月 31 日　　　　　　　　　　　　　　　单位：万元

资产	期末余额	负债和所有者权益	期末余额
货币资金	450	借款	200
存货	100	应付利息	10
固定资产	200	负债总额	210
		股本	400
		本年盈利	140
		所有者权益合计	540
资产总额	750	所有者权益和负债总额	750

这是一家服装店的资产负债表，服装店老板出资 400 万元，从小额贷款公司借了 200 万元，年利率 10%。从会计的角度看，服装店老板投入 400 万元，负债 200 万元，第一年扣除各种费用和利息还赚了 140 万元，这时候服装店净资产收益率就是 35%（140÷400）。

17.1.2 杜邦分析法的运用

杜邦分析法要看这几个指标：营业净利润率、总资产周转率、权益乘数。

2×20 年 12 月 31 日，东方财富相关财务数据如下：

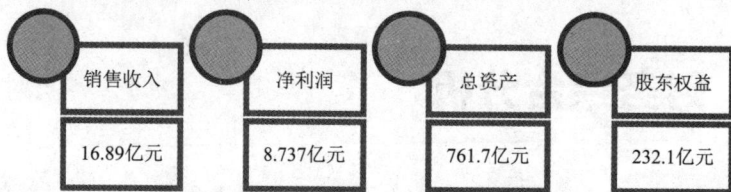

销售收入	净利润	总资产	股东权益
16.89亿元	8.737亿元	761.7亿元	232.1亿元

1. 营业净利润率——这个指标是衡量公司到底赚不赚钱

计算公式如下：

$$营业净利润率 = 净利润 \div 销售收入 \times 100\%$$
$$= 8.737 \div 16.89 \times 100\%$$
$$= 51.73\%$$

2. 总资产周转率——公司的资产得没得到有效利用

计算公式如下：

$$总资产周转次数 = 销售收入 \div 总资产 \times 100\%$$
$$= 16.89 \div 761.70 \times 100\%$$
$$= 2.22\%$$

3. 权益乘数——公司欠了多少债务，还不上钱的风险高不高

由于所有者权益等于总资产减去总负债，因此这个指标其实是资产负债率的变体。当负债占比越大，所有者权益越小，权益乘数越大，杠杆就会越大，说明企业借钱生钱的能力越强。财务杠杆表明债务多少，与偿债能力有关，财务杠杆不但影响总资产净利率和权益净利率之间的关系，还表明权益净利率的风险高低，与盈利能力有关。

计算公式如下：

$$权益乘数 = 总资产 \div 股东权益 \times 100\%$$
$$= 761.7 \div 232.1 \times 100\%$$
$$= 3.28$$

总资产净利率指标反映的是公司运用全部资产所获得利润的水平，即公司每占用 1 元的资产能获得多少元的利润。总资产净利润率是影响净资产收益率的最重要的指标，取决于销售净利润率和资产周转率的高低。总资产净利率越高，表明资产的利用效率越高，说明公司在增加收入和节约资金使用等方面取得了良好的效果，否则相反。

17.2 沃尔评分法

企业财务综合分析的先驱者之一是亚历山大·沃尔。他选择七种财务比率，分别给定了其在总评价中所占的比重，总和为 100 分，然后确定标准比率，并与实际比率相比较，评出每项指标的得分，求出总评分。

17.2.1 沃尔评分法的具体运用

【例 17-1】某企业是一家中型制造企业，2×21 年的财务状况评分的结果见表 17-2。

表 17-2　相关分析指标

财务比率	比重 1	标准比率 2	实际比率 3	相对比率 4＝3÷2	综合指数 5＝1×4
流动比率	25	2.00	1.66	0.83	20.75
净资产÷负债	25	1.50	2.39	1.59	39.75
资产÷固定资产	15	2.50	1.84	0.736	11.04
销售成本÷存货	10	8	9.94	1.243	12.43
销售收入÷应收账款	10	6	8.61	1.435	14.35
销售收入÷固定资产	10	4	0.55	0.1375	1.38
销售收入÷净资产	5	3	0.40	0.133	0.65
合计	100				100.35

沃尔评分法存在问题如下：

1 | 未能证明为什么要选择这七个指标，而不是更多些或更少些，或者选择别的财务比率

2 | 未能证明每个指标所占比重的合理性

3 | 当某一个指标严重异常时，会对综合指数产生不合逻辑的重大影响。这个缺陷是由相对比率与比重相"乘"而引起的

4 | 财务比率提高一倍，其综合指数增加100%；而财务比率缩小一倍其综合指数只减少50%

17.2.2　现代沃尔评分法

现代社会与沃尔的时代相比，已有很大变化。一般认为企业财务评价的内容首先是盈利能力，其次是偿债能力，再次是成长能力，它们之间大致可按 5 : 3 : 2 的比重来分配。盈利能力的主要指标是总资产报酬率、销售净利率和净资产收益率，这三个指标可按2 : 2 : 1的比重来安排。偿债能力有四个常用指标。成长能力有三个常用指标（都是本年增量与上年实际量的比值）。如果仍以 100 分为总评分。

【例 17-2】某制造企业 2×21 年的财务状况为例，其综合评分标准见表 17-3。

表 17-3　综合评分标准表

指　标	评分值	标准比率（%）	行业最高比率（%）	最高评分	最低评分	每分比率的差
盈利能力：						
总资产报酬率	20	5.5	15.8	30	10	1.03
销售净利率	20	26	56.2	30	10	3.02
净资产收益率	10	4.4	22.7	15	5	3.66
偿债能力：						

指标	评分值	标准比率（%）	行业最高比率（%）	最高评分	最低评分	每分比率的差
自有资本比率	8	25.9	55.8	12	4	7.475
流动比率	8	95.7	253.6	12	4	39.475
应收账款周转率	8	290	960	12	4	167.5
存货周转率	8	800	3030	12	4	557.5
成长能力：						
销售增长率	6	2.5	38.9	9	3	12.13
净利增长率	6	10.1	51.2	9	3	13.7
总资产增长率	6	7.3	42.8	9	3	11.83
合 计	100			150	50	

$$每分比率的差 = \frac{行业最高比率 - 标准比率}{最高评分 - 标准评分}$$

相关指标调整见表 17-4。

表 17-4 对相关指标的调整

指标	实际比率	标准比率	差 异	每分比率	调整分	标准评分值	得 分
	1	2	3＝1－2	4	5＝3÷4	6	7＝5+6
盈利能力							
总资产报酬率	8	4.7	3.3	1.2	2.75	10	12.75
销售净利率	32.50	21.0	11.50	3.5	3.29	18	21.29
净资产收益率	14.80	4.7	10.10	3.80	2.66	10	12.66
偿债能力							
自有资本比率	69.50	23.5	46	11.45	4.02	8	12.02
流动比率	120	60.4	59.60	34.75	1.72	8	9.72
应收账款周转率	420	210	210	160	1.31	8	9.31
存货周转率	250	400	－150	300	－0.5	9	8.50
成长能力							
销售增长率	12.47	2.80	9.67	14	0.69	9	9.69
净利增长率	－1.90	9.40	－11.30	15	－0.75	9	8.25
总资产增长率	40.26	9.4	30.86	14.08	2.19	11	13.19
合 计						100	117.38

对该企业的财务状况重新进行综合评价，得 117.38 分（见上表），是一个中等略偏上水平的企业。需要注意的是：（1）标准比率以本行业平均数为基础，在给每个指标评分时，应规定其上限和下限，以减少个别指标异常对总分造成不合理的影响；

（2）上限可定为正常评分值的 1.5 倍，下限可定为正常评分值的 0.5 倍；

（3）给分不是采用"乘"的关系，而采用"加"或"减"的关系来处理。

◀ 第四篇

资金管理

　　企业资金管理包括筹资管理与投资管理。筹资是企业资金运动的起点，企业要科学预计资金需要量，合理安排筹资渠道、选择筹资方式。投资是企业生存与发展、获取利润、风险控制的基本前提，企业投资涉及的资金多，经历的时间长，对企业未来财务状况和经营活动有很大的影响。

第18章 筹资与投资管理

筹资是指企业运用一定的筹资方法，通过筹资渠道，筹措资金的财务行为。本章主要介绍如何运用工具进行筹资与投资管理。

18.1 筹资管理

筹资一般可分为债务筹资和股权筹资。债务筹资是指企业按约定代价和用途取得且需要按期还本付息的一种筹资方式；股权筹资是指以发行股票的方式进行筹资，是企业经济运营活动中一个非常重要的筹资手段。

18.1.1 合理预测资金需要量

资金需要量预测是指企业根据生产经营的需求，对未来所需资金的估计和推测。企业筹集资金，首先要对资金需要量进行预测，即对企业未来组织生产经营活动的资金需要量进行估计、分析和判断，它是企业制定筹资计划的基础。

1. 最佳现金持有量成本分析模式

成本模型是根据现金有关成本，分析预测及其总成本最低时现金持有量的一种方法。公式如下：

最佳现金持有量＝min（机会成本＋管理成本＋短缺成本）

成本模型构成要素及其含义，见表18-1。

表18-1 成本模型构成要素

相关成本	含 义	与现金持有量的关系
机会成本	因持有一定现金余额而丧失的再投资收益	正相关
管理成本	因持有一定数量的现金而发生的管理费用	一般认为是固定成本
短缺成本	现金持有量不足而又无法及时通过有价证券变现加以补充而给企业造成的损失	负相关
决策原则：上述三项成本之和最小的现金持有量即为最佳现金持有量。 最佳现金持有量＝min（管理成本＋机会成本＋短缺成本）		

成本分析模式是要找到机会成本、管理成本和短缺成本所组成的总成本曲线中最低点所对应的现金持有量，把它作为最佳现金持有量，如图18-1所示。

由成本分析模型可知，如果减少现金持有量，则增加短缺成本；如果增加现金持有量，则增加机会成本。改进上述关系的一种方法是：当拥有多余现金时，将现金转换为有价证券；当现金不足时，将有价证券转换成现金。但现金和有价证券之间的转换，也需要成本，称为转换成本。转换成本是指企业用现金购入有价证券以及用有价证券换取现金时付出的交易费用，即现金同有价证券之间相互转换的成本，如买卖佣金、手续费、证券过户费、印花税、实物交割费等。转换成本可以分为两类：一是与委托金额相关的费用；二是与委托金额无关，只与转换次数有关的费用，如委托手续费、过户费等。证券转换成本与现金持有量，即有价证券变现额的多少，必然对有价证券的变现次数产生影响，即现金持有量越少，进行证券变现的次数越多，相应的转换成本就越大。

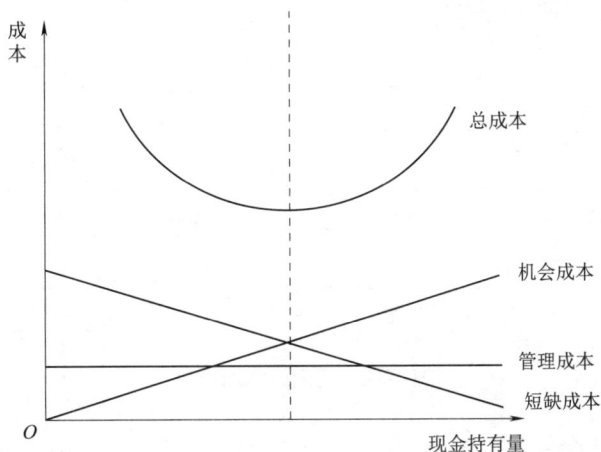

图 18-1　成本模式分析

【例 18-1】恒昌电器有限公司有四种现金持有方案，它们各自的持有量、管理成本、短缺成本，见表 18-2。假设现金的机会成本率为 12%。

表 18-2　现金持有方案　　　　　　　　　　　　　　　　　　　　　　单位：元

方案项目	甲	乙	丙	丁
现金持有量	25 000	50 000	75 000	100 000
机会成本	3 000	6 000	9 000	12 000
管理成本	20 000	20 000	20 000	20 000
短缺成本	12 000	6 750	2 500	0

这四种方案的总成本计算结果，见表 18-3。

表 18-3　现金持有总成本　　　　　　　　　　　　　　　　　　　　　单位：元

方案项目	甲	乙	丙	丁
机会成本	3 000	6 000	9 000	12 000
管理成本	20 000	20 000	20 000	20 000
短缺成本	12 000	6 750	2 500	0
总成本	35 000	32 750	31 500	32 000

将以上各方案的总成本加以比较可知，丙方案的总成本最低，故75 000元是该企业

最佳现金持有量。

2. 最佳现金持有量存货模式（鲍曼模式）

存货决策模型可解决企业库存现金的最佳存量和一定时期内有价证券的变现次数问题。

存货模型涉及的成本主要有：置存成本和交易成本。持有现金的总成本就是置存成本与交易成本之和，如图 18-2 所示。

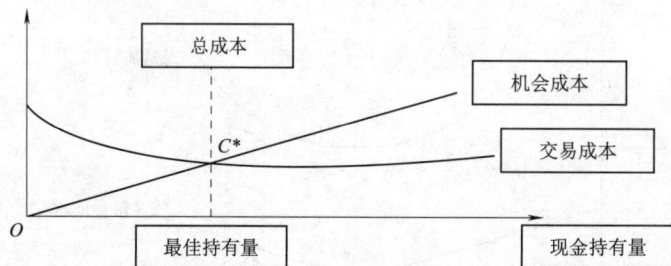

图 18-2　现金成本的构成

在图 18-2 中，现金的机会成本和交易成本是两条随现金持有量呈不同方向发展的曲线，两条曲线交叉点对应的现金持有量，即相关总成本最低的现金持有量。

现金余额的总成本为：

总成本＝现金置存成本＋现金交易成本

＝现金年均余额×有价证券利率＋变现次数×有价证券每次交易成本

$$=\frac{C}{2}\times K+\frac{T}{C}\times F$$

式中：T——企业所需的现金总量；

C——现金最高置存量；

K——有价证券利率；

F——有价证券每次转换成本。

对上式右边 C 求导数，并令其为 0，得出最佳现金持有量公式为：

最佳现金持有量 $C^*=\sqrt{(2T\times F)/K}$

最小相关总成本＝机会成本＋交易成本＝$\frac{C}{2}\times K+\frac{T}{C}\times F$

【例 18-2】恒昌电器有限公司预计一个月内所需现金为 1 200 000 元，准备用短期证券变现取得，证券一次转现成本为 100 元，证券市场的年利率为 6%。则有：

最佳现金持有量 $C=\sqrt{\dfrac{2\times1\,200\,000\times100}{6\%}}=63\,245.55$（元）

3. 最佳现金持有量随机模式

在实际工作中，企业现金流量往往具有很大的不确定性。米勒和奥尔设计了一个在现金流入、流出不稳定情况下确定现金最优持有量的模型。他们假定每日现金净流量的分布接近正态分布，每日现金流量可能低于也可能高于期望值，其变化是随机的。由于现金流量波动是随机的，只能对现金持有量确定一个控制区域，定出上限和下限。当企业现金余额在上限和下限之间波动时，则将部分现金转换为有价证券；当现金余额下降到下限时，则卖出部分证券，如图 18-3 所示。

图 18-3 显示了随机模型，该模型有两条控制线和一条回归线。最低控制线 L 取决于模型之外的因素，其数额是由现金管理部经理在综合考虑短缺现金的风险程度、公司借款能力、公司日常周转所需资金、银行要求的补偿性余额等因素的基础上确定的。

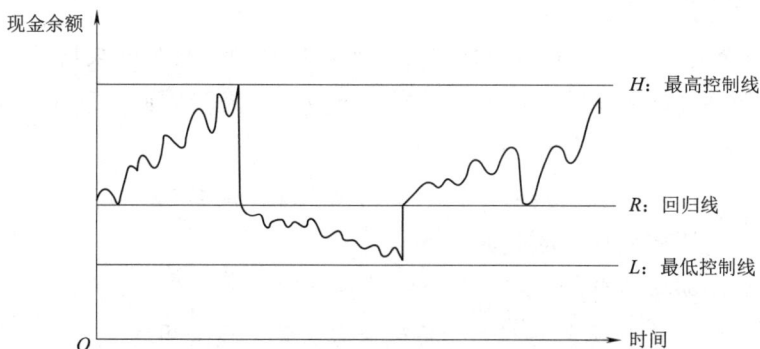

图 18-3　米勒-奥尔模型

回归线 R 可按下列公式计算：

$$R=\left(\frac{3b\times\delta^2}{4i}\right)^{\frac{1}{3}}+L$$

式中：b——证券转换为现金或现金转换为证券的成本；

δ——公司每日现金流变动的标准差；

i——以日为基础计算的现金机会成本。

最高控制线 H 的计算公式为：

$$H=3R-2L$$

运用随机模型求出货币资金最佳持有量符合随机思想，即企业现金支出是随机的，收入是无法预知的，所以适用于所有企业现金最佳持有量的测算。另一方面，随机模型建立在企业的现金未来需求总量和收支不可预测的前提下，因此，计算出来的现金持有量比较保守。

【例 18-3】恒昌电器有限公司现金部经理决定 L 值应为 8 000 元，估计公司现金流量标准差 δ 为 1 000 元，持有现金的年机会成本为 15%，换算为 i 值是 0.000 39，证券转换成本 $b=120$ 元。

$$R=\left(\frac{3\times120\times1\,000^2}{4\times0.000\,39}\right)^{\frac{1}{3}}+8\,000$$

$$=\left(\frac{360\,000\,000}{0.001\,56}\right)^{\frac{1}{3}}+8\,000=6\,133.75+8\,000=14\,133.75（元）$$

$$H=3R-2L$$

$$=3×14\ 133.75-2×8\ 000=26\ 401.25（元）$$

该公司目标现金余额为 14 133.75 元，若现金持有额达到 26 401.25 元，则买进 12 267.50 元的证券；若现金持有额降至 8 000 元，则卖出 6 133.75 元证券。

4. 最佳现金周转模式

现金周转模型是从现金周转的角度出发，根据现金周转速度来确定最佳现金持有量的模式。计算时包括以下三个步骤。

（1）计算现金周转期。现金周转期是指公司从购买材料支付现金至销售商品收回现金的时间。其计算公式为：

$$现金周转期＝存货周转期＋应收账款周转期－应付账款周转期$$

（2）计算现金周转率。现金周转率是指一年或一个经营周期内现金的周转次数，其计算公式为：

$$现金周转率＝经营周期÷现金周转期$$

现金周转率与周转期互为倒数。

（3）计算最佳现金持有量。其计算公式为：

$$最佳现金持有量＝年现金需求量÷现金周转率$$

【例 18-4】 恒昌电器有限公司预计存货周转期为 200 天，应收账款周转期为 80 天，应付账款周转期为 100 天，预计全年需要现金 8 400 000 元，求最佳现金余额。

现金周转期＝200＋80－100＝180（天）

现金周转率＝360÷180＝2（次）

最佳现金持有量＝8 400 000÷2＝4 200 000（元）

5. 资金需要量预测因素分析法

因素分析法又称分析调整法，是以有关项目基期年度的平均资金需要量为基础，根据预测年度的生产经营任务和资金周转加速的要求，进行分析调整，来预测资金需要量的一种方法。

$$资金需要量＝（基期资金平均占用额－不合理资金占用额）×（1±预测期销售增减率）×（1±预测期资金周转速度变动率）$$

【提示】

关于（1±预测期销售增减率）：如果销售预测增长就用"＋"，减少则用"－"；

关于（1±预测期资金周转速度变动率）：如果资金周转加速就用"－"，减速则用"＋"。

因素分析法计算简便，容易掌握，但预测结果不太精确，它通常用于品种繁多、规格复杂、资金用量较小的项目。

【例 18-5】 恒昌电器有限公司上年度资金平均占用额为 3 400 000 元，经分析，其中不合理部分为 400 000 元，预计本年度销售增长 6%，资金周转加速 4%。则：

$$预测本年度资金需要量＝（3\ 400\ 000-400\ 000）×（1+6\%）×（1-4\%）$$
$$=3\ 052\ 800（元）$$

6. 资金需要量预测销售百分比法

销售百分比法，是根据销售增长与资产增长之间的关系，预测未来资金需要量的方法。公式如下：

$$外部融资需求量=\frac{A}{S_1}\times\Delta S-\frac{B}{S_1}\times\Delta S-P\times E\times S_2$$

式中：A——随销售而变化的敏感性资产，一般包括库存现金、应收账款、存货等项目；

B——随销售而变化的敏感性负债，一般包括应付账款、应付票据、应交税费等项目；

S_1——基期销售额；

S_2——预测期销售额；

ΔS——销售变动额；

P——销售净利率；

E——利润留存率。

外部融资需求量＝敏感性资产增加额－敏感性负债增加额－预期的利润留存＝敏感性资产总额占销售收入的百分比×销售收入增长额－敏感性负债总额占销售收入的百分比×销售收入增长额－预期的利润留存

【例 18-6】以表 18-4 为例，计算甲公司外部融资需求量。

表 18-4　简略的资产负债表　　　　　　　　　　　　　　　　　　　　单位：万元

资　产	金额	负债与所有者权益	金额
库存现金	5 000	短期借款	15 000
应收账款	15 000	应付账款	5 000
存货	30 000	应付票据	10 000
固定资产净值	20 000	公司债券	10 000
—	—	实收资本	20 000
—	—	留存收益	10 000
资产合计	70 000	负债与权益合计	70 000

假定甲公司 2018 年销售收入为 100 000 万元，销售净利率为 10％，股利支付率为 60％，公司现有生产能力尚未饱和，增加销售无须追加固定资产投资。预测 2019 年该公司销售收入将提高到 130 000 万元，企业销售净率和利润分配政策不变。

要求：预测 2019 年对外筹资量。

（1）确定随销售额变动而变动的资产和负债项目及与销售额的比例随销售额变动的经营性资产项目包括库存现金、应收账款、存货等项目。

敏感性资产 A＝5 000＋15 000＋30 000＝50 000（万元）

随销售变动的资产与销售额的比：$\frac{A}{S_1}$＝50 000÷100 000＝50％

随销售额变动的经营性负债项目包括应付票据、应付账款等，不包括短期借款、短期融资券、长期负债等筹资性负债。

敏感性负债B＝10 000＋5 000＝15 000（万元）

随销售变动的负债与销售额的比：$\dfrac{B}{S_1}$＝15 000÷100 000＝15％

（2）确定需要增加的筹资数量

先计算预计销售增长额：130 000－100 000＝30 000（万元）

得出销售增长率：30 000÷100 000＝30％

需要增加的资金＝新增变动资产＋新增非流动资产－新增变动负债

＝30 000×50％＋0－30 000×15％＝10 500（万元）

或者用变动资产增加额减变动负债增加额计算：

＝50 000×30％－15 000×30％＝10 500（万元）

（3）确定对外筹资额

对外筹资额＝需要增加的资金－预计收益留存

＝需要增加的资金－预计销售额销售净利率×（1－股利支付率）

＝10 500－［130 000×10％×（1－60％）］＝5 300（万元）

18.1.2　债务筹资的种类

企业筹资的动机包括创立性筹资动机、支付性筹资动机、扩张性筹资动机和调整性筹资动机。债务筹资基本形式包括银行借款、发行债券和融资租赁。

1. 银行借款

与发行公司债券、融资租赁等债务筹资其他方式相比，银行借款的程序相对简单，所花时间较短，公司可以迅速获得所需资金。在借款之前，公司根据当时的资本需求与银行等贷款机构直接商定贷款的时间、数量和条件。在借款期间，若公司的财务状况发生某些变化，也可与债权人再协商，变更借款数量、时间和条件，或提前偿还本息。银行借款的数额往往受到贷款机构资本实力的制约，难以像发行公司债券、股票那样一次筹集到大笔资金。

2. 发行公司债券

根据《中华人民共和国证券法》规定，公司申请公司债券上市交易，应当符合下列条件：

（1）公司债券的期限为1年以上；

（2）公司债券实际发行额不少于人民币5 000万元；

（3）公司申请债券上市时仍符合法定的公司债券发行条件。

与银行借款相比，发行债券募集的资金在使用上具有相对灵活性和自主性。特别是发行债券所筹集的大额资金，能够用于流动性较差的公司长期资产上，但相对于银行借款筹资，发行债券的利息负担和筹资费用都比较高。

3. 融资租赁

融资租赁也称为资本租赁或财务租赁，是指企业与租赁公司签订租赁合同，从租赁公司取得租赁物资产，通过对租赁物的占有、使用取得资金的筹资方式。融资租赁不同于一般的借钱还钱、借物还物的信用形式，而是借物还钱，并以分期支付租金的方式来体现。租赁将银行信贷和财产信贷融合在一起，成为企业融资的一种特定形式。

18.1.3 债务筹资成本的计算

筹资成本是指企业通过银行借款、发行债券、融资租赁产生的成本。

1. 银行借款的资本成本率

银行借款资本成本包括借款利息和借款手续费用，手续费用是筹资费用的具体表现。利息费用在税前支付，可以起抵税作用，一般计算税后资本成本率，以便与权益资本成本率具有可比性。

银行借款的资本成本率按一般模式计算公式为：

$$K_b = \frac{年利率 \times (1-所得税税率)}{1-手续费率} \times 100\%$$

$$= \frac{i \times (1-T)}{1-f} \times 100\%$$

式中：K_b——银行借款资本成本率；

i——银行借款年利率；

f——筹资费用率；

T——所得税率。

【例18-7】恒昌电器有限公司取得5年长期借款3 500 000元，年利率10%，每年付息一次，到期一次还本，借款费用率0.2%，企业所得税率25%，该项借款的资本成本率为：

$$K_b = \frac{10\% \times (1-25\%)}{1-0.2\%} = 7.52\%$$

2. 公司债券资本成本率

公司债券资本成本包括债券利息和借款发行费用。债券可以溢价发行，也可以折价行，其资本成本率按一般模式计算为：

$$K_b = \frac{年利息 \times (1-所得税税率)}{债券筹资总额 \times (1-手续费率)} \times 100\% = \frac{I(1-T)}{L(1-f)} \times 100\%$$

式中：L为公司债券筹资总额。

【例18-8】立盾公司以1 200 000元的价格，溢价发行面值为1 100 000元、期限5年、票面利率为10%的公司债券一批。每年付息一次，到期一次还本，发行费用率5%，所得税率为25%，该批债券的资本成本率为：

$$K_b = \frac{1\ 100\ 000 \times 10\% \times (1-20\%)}{1\ 200\ 000 \times (1-5\%)} = \frac{88\ 000}{1\ 140\ 000} = 7.72\%$$

3. 融资租赁资本成本率

融资租赁各期的租金中，包含有本金每期的偿还和各期手续费用（即租赁公司的各期利润），其资本成本率只能按贴现模式计算。

设备原价－预计净残值×$(P/F,K_b,n)$＝每年租金×$(P/A,K_b,n)$

【例18-9】立盾公司欲租赁一台设备，该设备价值为600 000元，租期6年，租赁期满时预计残值50 000元，归租赁公司。每年租金131 283元，则：

$$600\,000-50\,000\times(P/F,K_b,6)=131\,283\times(P/A,K_b,6)$$

利用插值法，得：$K_b=10\%$

4. 资本资产定价模型

根据风险与收益的一般关系，某资产的必要收益率是由无风险收益率和资产的风险收益率决定的。即：

必要收益率＝无风险收益率＋风险收益率

$$R=R_f+\beta\times(R_m-R_f)$$

式中：R表示某资产的必要收益率；β表示该资产的风险系数；R_f表示无风险收益率，R_m表示市场组合收益率。

公式中(R_m-R_f)称为市场风险溢酬。

风险收益率＝$\beta\times(R_m-R_f)$

【例18-10】假设深发展公司β系数是1.2，短期国库券利率为5%，股票市场平均收益率为13%，该年深发展股票的必要收益率为：

$$\begin{aligned}R&=R_f+\beta\times(R_m-R_f)\\&=5\%+1.2\times(13\%-5\%)\\&=14.6\%\end{aligned}$$

5. 平均资本成本率

企业平均资本成本是以各项个别资本在企业总资本中的比重为权数，对各项资本成本率进行加权平均而得到的总资本成本率。计算公式为：

$$K_w=\sum_{j=1}^{n}K_jW_j$$

式中：K_w——平均资本成本；

K_j——第j种个别资本成本率；

W_j——第j种个别资本在全部资本中的比重。

【例18-11】春兰公司2018年年末长期资本账面总额为15 000 000元，其中：银行长期贷款3 000 000元，占20%；长期债券3 750 000元，占25%；普通股8 250 000元（3 000 000股，每股面值1元）占55%。个别资本成本分别为：7%、8%、9%。则春兰公司的平均资本成本为：

按账面价值计算：

$$\begin{aligned}K_w&=7\%\times20\%+8\%\times25\%+9\%\times55\%\\&=1.4\%+2\%+4.95\%\\&=0.014+0.02+0.049\,5\\&=8.35\%\end{aligned}$$

按市场价值计算：

$$K_w = \frac{7\% \times 3\,000\,000 + 8\% \times 3\,750\,000 + 9\% \times 8\,250\,000}{3\,000\,000 + 3\,750\,000 + 8\,250\,000}$$

$$= 8.35\%$$

6. 边际资本成本

边际资本成本是企业追回筹资的成本，企业的个别资本成本和平均资本成本，是企业过去的单项资本成本的成本或目前使用全部资本的成本。

边际资本成本＝目标资本结构比重×个别资本成本

【例 18-12】春兰公司设定的目标资本结构为：银行借款 25%、公司债券 20%、普通股 55%。现拟追加筹资 4 000 000 元，按此资本结构来筹资。个别资本成本率预计分别为：银行借款 8%、公司债券 14%、普通股权益 18%。追加投资 4 000 000 元的边际资本成本，见表 18-5。

表 18-5　边际资本成本计算表

资本种类	目标资本结构	追加筹资额	个别资本成本	边际资本成本
银行借款	25%	1 000 000	8%	①2%
公司债券	20%	800 000	14%	②2.8%
普通股	55%	2 200 000	18%	③9.9%
合计	100%	4 000 000	—	④14.7%

根据表 18-5，计算边际资本成本。

①25%×8%=2%

②20%×14%=2.8%

③55%×18%=9.9%

④2%+2.8%+9.9%=14.7%

7. 经营杠杆系数

经营杠杆，是指由于固定性经营成本的存在，而使得企业的资产报酬（息税前利润）变动率大于业务量变动率的现象。经营杠杆反映了资产报酬的波动性，用以评价企业的经营风险。

用息税前利润（EBIT）表示资产总报酬，则计算公式：

$$EBIT = S - V - F$$
$$= (P - V_c)Q - F$$
$$= M - F$$

式中：EBIT——息税前利润；S——销售额；V——变动性经营成本；F——固定性经营成本；Q——产销业务量；P——销售单价；V_c——单位变动成本；M——边际贡献。

经营标杆定义系数公式为：$DOL = \dfrac{息税前利润变动率}{产销量变动率} = \dfrac{\Delta EBIT}{EBIT} \Big/ \dfrac{\Delta Q}{Q_0}$

经营杠杆系数计算公式可简化为：$DOL = \dfrac{基期边际贡献}{基期息税前利润} = \dfrac{M_0}{M_0 - F_0} = \dfrac{EBIT_0 + F_0}{EBIT_0}$

（1）经营杠杆与经营风险的关系。

经营风险是指企业由于生产经营上的原因而导致的资产报酬波动的风险。引起企业经营风险的主要原因是市场需求和生产成本等因素的不确定性。

经营杠杆本身并不是资产报酬不确定的根源，只是资产报酬波动的表现。但是经营杠杆放大了市场和生产等因素变化对利润波动的影响。表明息税前利润受产销量变动的影响程度越大，经营风险也就越大。

（2）经营杠杆系数的变动规律。

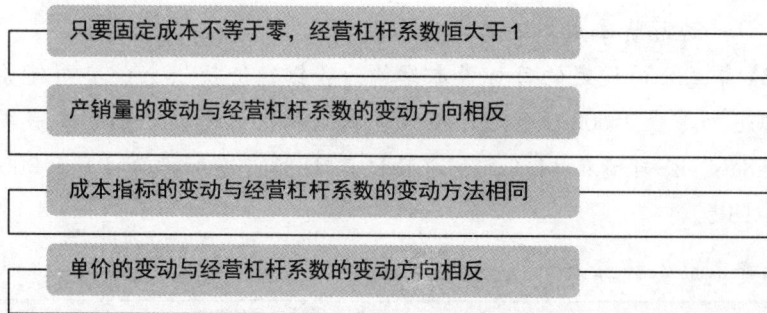

- 只要固定成本不等于零，经营杠杆系数恒大于1
- 产销量的变动与经营杠杆系数的变动方向相反
- 成本指标的变动与经营杠杆系数的变动方法相同
- 单价的变动与经营杠杆系数的变动方向相反

在同一产销量水平上，经营杠杆系数越大，利润变动幅度越大，风险也就越大。

【例18-13】春兰公司生产电器设备，固定成本6 000 000元，变动成本率70%。年产销额50 000 000元时，变动成本为40 000 000元，固定成本6 000 000元，息税前利润12 000 000元；年产销额70 000 000元时，变动成本55 000 000元，固定成本仍为6 000 000元，息税前利润为18 000 000元。

$$DOL = \frac{(18\,000\,000 - 12\,000\,000)}{12\,000\,000} \div \frac{(70\,000\,000 - 50\,000\,000)}{50\,000\,000} = 0.5 \div 0.4 = 1.25$$

8. 财务杠杆系数

财务杠杆系数（DFL），是指普通股每股税后利润变动率相对于息税前利润变动率的倍数，也叫财务杠杆程度，通常用来反映财务杠杆的大小和作用程度，以及评价企业财务风险的大小。

财务杠杆系数的计算公式为：

$$DFL = \frac{普通股收益变动率}{息税前利润变动率} = \frac{EPS\,变动率}{EBIT\,变动率}$$

式中：DFL——财务杠杆系数；

EPS——变动前的普通股每股利润；

为了便于计算，可将上式简化为：

$$DFL = \frac{息税前利润总额}{息税前利润总额 - 利息} = \frac{EBIT}{EBIT - I}$$

式中：I为利息；

在有优先股的条件下，由于优先股股利通常也是固定的，但应以税后利润支付，所以此时公式应改写为：

$$DFL = EBIT / [EBIT - I - PD / (1 - T)]$$

式中：PD为优先股股利。

【例18-14】春兰公司2×21年12月31日发行在外的普通股为10 000万股（每股面值1

元），公司债券为 24 000 万元（该债券发行于 2×19 年年初，期限 5 年，每年年末付息一次，利息率为 5%），该年息税前利润为 5 000 万元。假定全年没有发生其他应付息债务。

$$财务杠杆系数 = 2×21 年的息税前利润 ÷ （2×21 年息税前利润 -$$
$$2×21 年的利息费用）$$
$$= 5\ 000 ÷ （5\ 000 - 1\ 200） = 1.32$$

9. 总杠杆系数

直接考察营业收入的变化对每股收益的影响程度，即是考察了两种杠杆的共同作用，通常把这两种的连锁作用称为总杠杆作用。

由于固定生产经营成本和固定财务费用的共同存在而导致的每股利润变动率大于产销业务量变动率的杠杆效应。

假设总杠杆系数为 3，则表明销售变动 1 倍，每股收益变动 3 倍。

存在前提：只要企业同时存在固定性经营成本和固定性融资费用的债务或优先股，就存在营业收入较小变动引起每股收益较大变动的总杠杆效应。

总杠杆系数的定义公式为：

$$DTL = \frac{普通股每股收益变动率}{产销量变动率}$$

总杠杆系数的计算公式为：

$$DTL = DOL × DFL$$
$$= 基期边际贡献 ÷ 基期利润总额$$
$$= \frac{M}{M - F - I}$$

总杠杆系数公式为：

财务杠杆系数 × 经营杠杆系数

总杠杆系数 = DTL = DOL × DFL

凡是影响经营杠杆系数和财务杠杆系数的因素都会影响总杠杆系数，而且影响方向是一致的。

【提示】（1）使公司管理层在一定的成本结构与融资结构下，当营业收入变化时，能够对每股收益的影响程度作出判断，即能够估计出营业收入变动对每股收益造成的影响。

（2）通过经营杠杆与财务杠杆之间的相互关系，有利于管理层对经营风险与财务风险进行管理，即为了控制某一总杠杆系数，经营杠杆和财务杠杆可以有很多不同的组合。

【例 18-15】某公司目前年销售额 10 000 万元，变动成本率 70%，全部固定成本和费用（利息）为 2 000 万元，普通股股数为 2 000 万股，该公司目前总资产为 5 000 万元，资产负债率 40%，目前的平均负债利息率为 8%，假设所得税率为 40%。该公司拟改变经营计划，追加投资 4 000 万元，预计每年固定成本增加 500 万元，同时可以使销售额增加 20%，并使变动成本率下降至 60%。

该公司以提高每股收益的同时降低总杠杆系数作为改进经营计划的标准。

（1）未改变经营计划前各项指标。

目前净利润＝（10 000－10 000×70％－2 000）×（1－40％）
＝600（万元）

每股收益＝600÷2 000＝0.30（元/股）

目前负债总额＝5 000×40％＝2 000（万元）

目前每年利息＝2 000×8％＝160（万元）

目前每年固定成本＝2 000－160＝1 840（万元）

息税前利润＝10 000－10 000×70％－1 840＝1 160（万元）

利息保障倍数＝1 160÷160＝7.25

经营杠杆系数＝（10 000－10 000×70％）÷1 160＝3 000÷1 160＝2.59

财务杠杆系数＝1 160÷（1 160－160）＝1.16

总杠杆＝2.59×1.16＝3

或：总杠杆＝（10 000－10 000×70％）÷（1 160－160）＝3

（2）所需资金以追加股本取得，每股发行价2元，计算追加投资后的每股收益、利息保障倍数、经营杠杆、财务杠杆和总杠杆系数，判断应否改变经营计划。

增资后的净利润＝[10 000×（1＋20％）×（1－60％）－（2 000＋500）]×（1－40％）＝1 380（万元）

增加的股数＝4 000÷2＝2 000（万股）

每股收益＝1 380÷（2 000＋2 000）＝0.35（元/股）

息税前利润＝12 000×（1－60％）－（1 840＋500）＝2 460（万元）

利息保障倍数＝2 460÷160＝15.38

经营杠杆＝[12 000×（1－60％）]÷2 460
＝4 800÷2 460＝1.95

财务杠杆＝2 460÷（2 460－160）＝1.07

总杠杆＝1.95×1.07＝2.09

或：总杠杆＝[12 000×（1－60％）]÷（2 460－160）＝2.09

因为与筹资前相比每股收益提高，总杠杆系数降低，所以应改变经营计划。

18.1.4　股权筹资的分类

股权筹资主要包括吸收直接投资、发行普通股股票、留存收益等。

1. 吸收直接投资

吸收直接投资是指企业按照"共同投资、共同经营、共担风险、共享收益"的原则，直接吸收国家、法人、个人和外商投入资金的一种筹资方式。吸收直接投资的实际出资额中，注册资本部分形成实收资本；超过注册资本的部分属于资本溢价，形成资本公积。吸收直接投资的优点：一是能够尽快形成生产能力；二是（公司与投资者）容易进行信息沟通（股权没有社会化、分散化）。缺点是：资本成本较高；公司控制权集中，不利于公司治理；不易进行产权交易。

2. 发行普通股股票

发行普通股股票指企业以发售股票的方式取得资金的筹资方式，适用于股份有限公司。

特点如下：

（1）发行股票所筹集的资金属于公司的长期自有资金，没有期限，无须归还。

（2）股票特别是上市公司发行的股票具有很强的变现能力，流动性很强。

（3）股票价格的波动性、红利的不确定性、破产清算时股东处于剩余财产分配的最后顺序等。

（4）股东作为股份公司的所有者，拥有参与企业管理的权利。

3. 留存收益

留存收益是指企业从历年实现的利润中提取或形成的留存于企业的内部积累，包括盈余公积和未分配利润两类。留存收益筹资的优点是不会改变公司的股权结构，不会稀释原有股东的控制权。缺点是筹资数额有限。

18.1.5 股权筹资的计算

1. 证券资产组合的系统风险系数

贝塔系数是衡量系统性风险的一个量化指标。贝塔系数衡量股票收益相对于业绩评价基准收益的总体波动性，是一个相对指标。β越高，意味着股票相对于业绩评价基准的波动性越大。β大于1，则股票的波动性大于业绩评价基准的波动性，反之亦然。如果是负值，则显示其变化的方向与大盘的变化方向相反；大盘涨的时候它跌，大盘跌的时候它涨。

单项资产的系统风险系数计算公式如下：

$$\beta_i = \frac{COV\ (R_i,\ R_m)}{Q_m^2} = \frac{\rho_i,\ m\sigma_i\sigma_m}{\sigma_m^2} = \rho_i,\ m \times \frac{\sigma_i}{\sigma_m}$$

式中：$\rho_i,\ m$——第i项资产的收益率与市场组合收益率的相关系数；

σ_i——该项资产收益率的标准差，反映资产风险大小；

σ_m——市场组合收益率的标准差，反映市场组合风险；

$\rho_i,\ m\sigma_i\sigma_m$——表示资产收益率与市场组合收益率的协方差。

$\beta=1$，表示该单项资产的风险收益率与市场组合平均风险收益率呈同比例变化，其风险情况与市场投资组合的风险情况一致；

$\beta>1$，说明该单项资产的风险收益率高于市场组合平均风险收益率，则该单项资产的风险大于整个市场投资组合的风险；

$\beta<1$，说明该单项资产的风险收益率小于市场组合平均风险收益率，则该单项资产的风险程度小于整个市场投资组合的风险。

对于证券组合来说，其所含的系统风险的大小可以用组合β系数来衡量，证券资产组合的β系数是所有单项资产β系数的加权平均数，权数为各种资产在证券资产组合中所占的价值比例。计算公式为：

$$\beta_P = \sum W_i \times \beta_i$$

式中：β_P——证券资产组合的风险系数；

W_i——第 i 项资产在组合中所占的价值比重；

β_i——第 i 项资产的 β 系数。

【例 18-16】 某证券资产组合中有三只股票，具体资料见表 18-6。

表 18-6

股票	β系数	股票的每股市价（元）	股票的数量
A	0.8	8	500
B	1.2	5	200
C	1.5	10	300

计算 A、B、C 三种股票所占的价值比例。

A 股票比例：$(8\times500) \div (8\times500+5\times200+10\times300) \times100\%$

$\qquad = (4\,000\div8\,000) \times100\%$

$\qquad =50\%$

B 股票比例：$(5\times200) \div (8\times500+5\times200+10\times300) \times100\%$

$\qquad = (1\,000\div8\,000) \times100\%$

$\qquad =12.5\%$

C 股票比例：$(10\times300) \div (8\times500+5\times200+10\times300) \times100\%$

$\qquad = (3\,000\div8\,000) \times100\%$

$\qquad =37.5\%$

然后计算加权平均 β 系数，即为证券资产组合的 β 系数。

$\beta =50\%\times0.8+12.5\%\times1.2+37.5\%\times1.5$

$\qquad =0.4+0.15+0.562\,5$

$\qquad =1.11$

2. 名义利率和实际利率

名义利率如果以"年"作为基本计算期，每年计算一次复利，此时的年利率为名义利率（r）。

实际利率是指物价不变，从而货币购买力不变的情况下的利息率。但是物价上涨是世界的一种普遍趋势，因此所谓名义利率是指包括了补偿通货膨胀风险的利率。两者之间的关系如下：

实际利率＝（1＋名义利率）÷（1＋通货膨胀率）－1

在通货膨胀的条件下，市场的各种利率都是名义利率，而实际利率往往不能直接观察到。一般而言，名义利率大于通货膨胀率，两者之差为实际利率。

如果按照短于 1 年的计息期计算复利（即一年计息多次），并将全年利息额除以年初的本金，此时得到的利率为实际利率（i）。

实际利率（i）与名义利率（r）的换算公式：

$$i=[1+(r/m)]^m-1$$

式中：m 为一年计息次数。

【例 18-17】某企业向银行借款 10 000 000 元，借款期 3 年，年利率为 5%，若每半年复利一次，年实际利率会高出名义利率多少？

根据公式
$$
\begin{aligned}
i &=[1+(r/m)]^m-1\\
&=[1+(5\%/2)]^2-1\\
&=5.06\%
\end{aligned}
$$

3. 证券市场线

资产组合的 β 系数是所有单项资产 β 系数的加权平均数，权数为各种资产在资产组合中所占的价值比重。

根据资本资产定价模型，每一证券的期望收益率应等于无风险利率加上该证券由 β 系数测定的风险溢价：

$$E(r_i)=r_F+[E(r_M)-r_F]\beta_i$$

一方面，当我们获得市场组合的期望收益率的估计和该证券的风险 β_i 的估计时，我们就能计算市场均衡状态下证券 i 的期望收益率 $E(r_i)$；另一方面，市场对证券在未来所产生的收入流（股息加期末价格）有一个预期值，这个预期值与证券 i 的期初市场价格及其预期收益率 $E(r_i)$ 之间有如下关系：

$$E(r_i)=\frac{E(股息+期末价格)}{期初价格}-1$$

在均衡状态下，上述两个 $E(r_i)$ 应有相同的值。因此，均衡期初价格应定为：

$$均衡的期初价格=\frac{E(股息+期末价格)}{1+E(r_i)}$$

于是，我们可以将现行的实际市场价格与均衡的期初价格进行比较。两者不等则说明市场价格被误定，被误定的价格应该有回归的要求。利用这一点，我们便可获得超额收益。具体来讲，当实际价格低于均衡价格时，说明该证券是廉价证券，我们应该购买该证券；相反，我们则应卖出该证券，而将资金转向购买其他廉价证券。

当把公式中的期末价格视作未来现金流的贴现值时，也可以被用来判断证券市场价格是否被误定。

【例 18-18】A 公司 2021 年每股股息为 0.50 元，预期今后每股股息将以每年 10% 的速度稳定增长。当前的无风险利率为 0.03，市场组合的风险溢价为 0.08，A 公司股票的 β 值为 1.50。那么，A 公司股票当前的合理价格 P_0 是多少？

首先，根据股票现金流估价模型中的不变增长模型，得出 A 公司股票当前的合理价格 P_0 为：

$$P_0=0.5\div(k-0.1)$$

式中：k 为必要收益率（或风险调整贴现率）。其次，根据证券市场线有：

$$k=r_F+[E(r_m)-r_F]\beta_P$$

$$=0.03+0.08\times1.50$$
$$=0.15$$

最后，得出 A 公司股票当前的合理价格：

$$P_0=0.5\div(k-0.1)$$
$$=0.5\div(0.15-0.1)$$
$$=10\ (元)$$

证券市场线表明，β 系数反映证券或组合对市场变化的敏感性，因此，当有很大把握预测牛市到来时，应选择那些高 β 系数的证券或组合。这些高 β 系数的证券将成倍地放大市场收益率，带来较高的收益。相反，在熊市到来之际，应选择那些低 β 系数的证券或组合，以减少因市场下跌而造成的损失。

4. 风险收益率

风险收益率计算公式如下：

某项资产的风险收益率＝该项资产的 β 系数 $\times(R_m-R_f)$

市场组合的 β 系数＝1，市场组合的风险收益率＝(R_m-R_f)，因此，某项资产的 β 系数＝该项资产的风险收益率÷市场组合的风险收益率。

单项资产的 β 系数＝该项资产收益率与市场组合收益率的协方差÷市场组合收益率的方差。

β 系数仅衡量系统风险，并不衡量非系统风险，当 β 系数为 0 时，表明该资产没有系统风险，但不能说明该资产没有非系统风险。

【例 18-19】某公司普通股 β 系数为 1.5，此时一年期国债利率 5%，市场平均报酬率 15%，则该普通股风险收益率为：

$$风险收益率＝1.5\times(15\%-5\%)=15\%$$

5. 证券投资组合

证券投资组合的风险可用证券投资组合期望收益率的方差、标准差、协方差和相关系数来表示。其基本公式分别为：

$$\sigma_P^2=W_1^2\sigma_1^2+W_2^2\sigma_2^2+W_1W_2\rho_{1,2}\sigma_1\sigma_2$$

式中：σ^2 表示证券资产组合的标准差，$\sigma_1\sigma_2$ 分别表示组合中两项资产的标准差；W_1 和 W_2 分别表示组合中两项资产所占的比例；$\rho_{1,2}$ 反映两项资产收益率的相关程度，称为相关系数。理论上，相关系数介于 $[-1,1]$ 内。

【例 18-20】已知证券组合 P 是由证券 A 和 B 构成，证券 A 和 B 的期望收益、标准差以及相关系数，见表 18-7。

表 18-7　构成指标

证券名称	期望收益率	标准差	相关系数	投资比重
A	10%	6%	0.12	30%
B	5%	2%		70%

那么，组合 P 的期望收益为：

$E (r_P) = (0.10 \times 0.30 + 0.05 \times 0.70) \times 100\% = 6.5\%$

组合 P 的方差为：

$\sigma_p^2 = 0.30^2 \times 0.06^2 + 0.70^2 \times 0.02^2 + 2 \times 0.30 \times 0.70 \times 0.06 \times 0.02 \times 0.12$

$\quad = 0.032\ 7$

选择不同的组合权数，可以得到包含证券 A 和证券 B 的不同的证券组合，从而得到不同的期望收益率和方差。投资者可以根据自己对收益率和方差（风险）的偏好，选择自己最满意的组合。

6. 股票价格指数

股票价格指数是运用统计学中的指数方法编制而成的，反映股市中总体价格或某类股价变动和走势的指标。计算公式如下：

股票价格指数＝计算期样本市价总值÷基期市价总值×基期指数

它是表明股票市场价格水平变动的相对数。

股票价格指数的几种计算方法包括简单算术平均法（相对法）、简单算术综合法和加权法。

先计算采样股票的个别股价指数，然后再采用算术平均法计算其平均值。

$$股价指数 = (P_1 + P_2 + P_3 \cdots + P_n) / n$$

【例 18-21】假设从某一股市采样的股票为 A、B、C、D 四种，在某一交易日的收盘价分别为 20 元、18 元、43 元和 36 元，计算该市场股价平均数。将上述数置入公式中，即得：

$$股价平均数 = (P_1 + P_2 + P_3 + P_4) / n$$
$$= (20 + 18 + 43 + 36) / 4$$
$$= 29.25 （元）$$

简单算术股价平均数虽然计算较简便，但它有两个缺点：一是它未考虑各种样本股票的权数，从而不能区分重要性不同的样本股票对股价平均数的不同影响；二是当样本股票发生股票分割派发红股、增资等情况时，股价平均数会产生断层而失去连续性，使时间序列前后的比较发生困难。

(1) 修正的股价平均数。

修正的股价平均数有两种：

一是除数修正法，又称道式修正法。这是美国道·琼斯在 1928 年创造的一种计算股价平均数的方法。该法的核心是求出一个常数除数，以修正因股票分割、增资、发放红股等因素造成股价平均数的变化，以保持股份平均数的连续性和可比性。具体做法是以新股价总额除以旧股价平均数，求出新的除数，再以计算期的股价总额除以新除数，这就得出修正的股价平均数。即：

新除数＝变动后的新股价总额÷旧的股价平均数

修正的股价平均数＝报告期股价总额÷新除数

在前面的例子除数是 4，经调整后的新的除数应是：

新的除数＝ (10＋16＋24＋10) ÷20＝3，将新的除数代入下列式中，则：

修正的股价平均数＝（10＋16＋24＋10）÷3＝20（元），得出的平均数与未分割时计算的一样，股价水平也不会因股票分割而变动。

二是股价修正法，就是将股票分割，变动后的股价还原为变动前的股价，使股价平均数不会因此变动。美国《纽约时报》编制的 500 种股价平均数就采用股价修正法来计算股价平均数。

（2）加权股价平均数折叠。

加权股价平均数是根据各种样本股票的相对重要性进行加权平均计算的股价平均数，其权数（Q）可以是成交股数、股票总市值、股票发行量等。

7. 上市股票市价总额

上市股票市价总额是指某一时期内，在证券交易所上市的股票按市场价格（收盘价）与其发行量计算出的总金额。

$$上市股票市价总额 = \sum（股票发行量 \times 相应市场价格）$$

【例 18-22】某日上市交易的成交价分别为 8 元、10 元、11 元和 20 元，其发行数量分别为 1 亿股、2 亿股、3 亿股和 4 亿股，其市价总额为：

（10×1＋16×2＋24×3＋30×4）＝234（亿元）

上市股票市价总额是股票市场中各类相关信息综合反映的结果，是描述股票市场规模大小的重要指标。市价总额大，反映出股票成交的数量大或成交价上升；市价总额小则反映相反的情况。

8. 股票估价模型

如何确定普通股的内在价值？根据证券分析，股票估值可以分为两种基本方法：

一是内在价值法，又称绝对价值法或收益贴现模型，是按照未来现金流的贴现对公司的内在价值评估的方法。

二是相对价值法，它是采用相对评价指标进行比较的方法，对公司价值进行判断。

（1）普通股估值的基本模型。

普通股估值的基本模型，见表 18-8。

表 18-8　普通股估值的基本模型

内在价值法（收益贴现模型）	现金流贴现模型	股利折现模型	零增长模型
			不变增长模型
			三阶段红利贴现模型
			多元增长模型
		自由现金流贴现模型	公司自由现金流贴现模型
			股权资本自由现金流贴现模型
	超额收益贴现模型	经济收益附加值（EVA）估值模型	
相对价值法（乘数估值模型）	市盈率模型		
	市净率模型		
	企业价值倍数		
	市现率模型		
	市销率模型		

（2）股利贴现模型。

证券的内在价值是该资产预期现金流的现值。若假定股息是投资者在正常条件下投资股票所直接获得的唯一现金流，则就可以建立估价模型对普通股进行估值，这就是著名的股利贴现模型（DDM, Dividend Discount Model）。

【例 18-23】某公司目前股息为每股 1 元，预期前 5 年股息每年增长 12%，5 年后预期股息的固定增长率为 6%，投资者的预期收益率为 10%。问该股票的内在价值是多少？

$$D_5 = 1 \times (1+12\%)^5 = 1.76 \ （元）$$

$$V = \sum_{t=1}^{5} \frac{1 \times (1+12\%)^t}{(1+10\%)^t} + \frac{1.76 \times (1+6\%)}{10\%-6\%} \times \frac{1}{(1+10\%)^5}$$

$$= 5.26 + 46.64 \times 0.621 = 34.22 \ （元）$$

18.2 投资管理

企业的投资活动涉及企业的未来经营发展方向和规模等重大问题，是非经常发生的。投资经济活动具有一次性和独特性的特点，投资管理属于非程序化管理。投资价值的波动性大，如市场利率、物价等的变化，也时刻影响着投资标的物的资产价值。因此，企业投资管理决策时，要充分考虑投资项目的时间价值和风险价值。

18.2.1 货币时间价值

货币时间价值是指货币经历一定时间的投资和再投资所增加的价值，也称为资金时间价值。

1. 单利终值与现值

资金时间价值又称货币时间价值，是指在不考虑通货膨胀和风险性因素的情况下，资金在其周转使用过程中随着时间因素的变化而变化的价值，其实质是资金周转使用后带来的利润或实现的增值。所以，资金在不同的时点上，其价值是不同的，如今天的 100 元和一年后的 100 元是不等值的。资金时间价值的计算有两种方法：一是只就本金计算利息的单利法；二是不仅本金要计算利息，利息也能生利，即俗称"利上加利"的复利法。

计算货币时间价值量，首先引入"现值"和"终值"两个概念表示不同时期的货币时间价值。

现值又称本金，是指资金现在的价值。

终值又称本利和，是指资金经过若干时期后包括本金和时间价值在内的未来价值。

单利是指只对借贷的原始金额或本金支付（收取）的利息。我国银行一般是按照单利计算利息的。

（1）单利终值。

单利终值是本金与未来利息之和。其计算公式为：

$$F = P + I = P + P \times i \times t = P \times (1 + i \times t)$$

式中：P——本金（现值）；i——利率；I——利息；F——本利和（终值）；t——时间。

【例 18-24】 将 1 000 元存入银行，利率假设为 3.5%，计算一年后、两年后、三年后的终值是多少？

一年后：$1\,000×（1+3.5\%）=1\,035$（元）

两年后：$1\,000×（1+3.5\%×2）=1\,070$（元）

三年后：$1\,000×（1+3.5\%×3）=1\,105$（元）

（2）单利现值。

单利现值是资金现在的价值。单利现值的计算就是确定未来终值的现在价值。

单利现值的计算公式为：

$$P=F-I=F-F×i×t=F×（1-i×t）$$

【例 18-25】 假设银行存款利率为 5%，为 3 年后获得 30 000 元现金。某人现在应存入银行多少钱？

$$P=30\,000×（1-5\%×3）=25\,500$（元）$$

2. 复利终值

复利就是不仅本金要计算利息，本金所生的利息在下期也要加入本金一起计算利息，即通常所说的"利滚利"。

在复利的计算中，设定以下符号：F——复利终值；i——利率；P——复利现值；n——期数。

复利终值是指一定数量的本金在一定的利率下按照复利的方法计算出的若干时期以后的本金和利息。例如公司将一笔资金存入银行，年利率为 i，如果每年计息一次，则 n 年后的本利和就是复利终值，如图 18-4 所示。

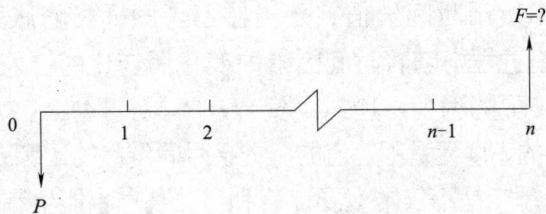

图 18-4　复利终值示意图

一年后的终值为：

$$F_1=P+P×i=P×（1+i）$$

两年后的终值为：

$$F_2=F_1+F_1×i=F_1×（1+i）=P×（1+i）（1+i）=P×（1+i）^2$$

由此可以推出 n 年后复利终值的计算公式为：

$$F=P×（1+i）^n$$

复利终值公式中，$（1+i）^n$ 称为复利终值系数，用符号 $(F/P, i, n)$ 表示。

【例 18-26】 将 1 000 元存入银行，利率假设为 5%，一年后、两年后、三年后的终值

是多少？（复利计算）

一年后：$1\,000 \times (1+5\%) = 1\,050$（元）

两年后：$1\,000 \times (1+5\%)^2 = 1\,102.5$（元）

三年后：$1\,000 \times (1+5\%)^3 = 1\,157.6$（元）

上例中，$(F/P, 5\%, 3)$，表示利率为 5%、3 期的复利终值系数。复利终值系数可以通过查"复利终值系数表"（见本书附表）获得。通过复利系数表，还可以在已知 F、i 的情况下查出 n；或在已知 F、n 的情况下查出 i。

3. 复利现值

复利现值是指未来一定时间的特定资金按复利计算的现在价值。即为取得未来一定本利和现在所需要的本金。例如，将 n 年后的一笔资金 F，按年利率 i 折算为现在的价值，这就是复利现值，如图 18-5 所示。

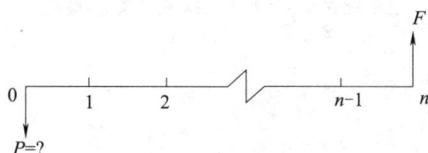

图 18-5　复利现值示意图

由终值求现值称为折现，折算时使用的利率称为折现率。复利现值的计算公式为：

$$P = \frac{F}{(1+i)^n}$$

$$= F \cdot (1+i)^{-n}$$

公式中 $(1+i)^{-n}$ 称为复利现值系数，用符号 $(P/F, i, n)$ 表示。例如 $(P/F, 5\%, 4)$，表示利率为 5%，4 期的复利现值系数。

【例 18-27】甲网络公司计划 4 年后进行技术改造，需要资金 2 200 000 元，当银行利率为 5% 时，公司现在应存入银行的资金为：

$$P = F \times (1+i)^{-n} = 2\,200\,000 \times (1+5\%)^{-4} = 2\,200\,000 \times 0.822\,7$$

$$= 1\,809\,940 \text{（元）}$$

与复利终值系数表相似，通过现值系数表在已知 i、n 的情况下计算 P；或在已知 P，i 的情况下查出 n；或在已知 P、n 的情况下查出 i。

4. 普通年金终值

年金是指一定时期内一系列相等金额的收付款项，如分期付款赊购，分期偿还贷款、发放养老金、支付租金、提取折旧等都属于年金收付形式。按照收付的次数和支付的时间划分，年金可以分为普通年金、预付年金、递延年金和永续年金。

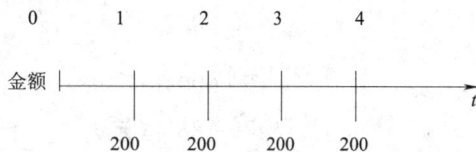

图 18-6　普通年金示意图

（1）普通年金。

普通年金是指每期期末有等额的收付款项的年金，又称后付年金，如图 18-6 所示。

图 18-6，横轴代表时间，用数字标出各期的顺序号，竖线的位置表示支付的时刻，竖线下端数字表示支付的金额。图 18-6 表示 4 期内每年 200 元的普通年金。

（2）普通年金的终值。

普通年金终值是指一定时期内每期期末等额收付款项的复利终值之和。例如，按图 18-6 的数据，假如 $i=8\%$，第四期期末的普通年金终值的计算，如图 18-7 所示。

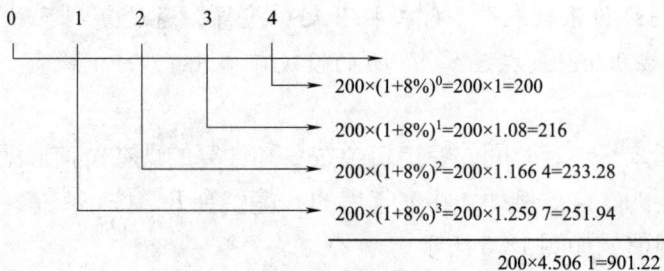

图 18-7　普通年金终值计算示意图

年金终值计算公式为：

$$F=A\times\frac{(1+i)^n-1}{i}$$

公式中，$\frac{(1+i)^n-1}{i}$ 通常称为"年金终值系数"，用符号 $(F/A, i, n)$ 表示。

在年金的计算中，设定以下符号：

A——每年收付的金额；

i——利率；

F——年金终值；

P——年金现值；

n——期数。

年金终值系数可以通过查"年金终值系数表"获得。该表的第一行是利率 i，第一列是计息期数 n。相应的年金系数在其纵横交叉之处。例如，可以通过查表获得 $(F/A, 8\%, 4)$ 的年金终值系数为 4.374 6，即每年年末收付 1 元，按年利率为 6%计算，到第 4 年年末，其年金终值为4.506 1元。

【例 18-28】某公司每年在银行存入 50 000 元，计划在 10 年后更新设备，银行存款利率 6%，到第 10 年末公司能筹集的资金总额是多少？

$$F =A\times\frac{(1+i)^n-1}{i}$$
$$=50\ 000\times\frac{(1+6\%)^{10}-1}{6\%}$$
$$=50\ 000\times15.937$$
$$=796\ 850\ (元)$$

在年金终值的一般公式中有四个变量 F、A、i、n，已知其中的任意三个变量都可以计算出第四个变量。

【例 18-29】某公司计划在 7 年后改造厂房，预计需要 500 万元，假设银行存款利率为 3%，该公司在这 7 年中每年年末要存入多少万元才能满足改造厂房的资金需要？

$$F=A\times\frac{(1+i)^n-1}{i}$$

$$5\,000\,000=A\times\frac{(1+3\%)^7-1}{3\%}$$

$$5\,000\,000=A\times7.662\,5$$

$$A=652\,528.55\,（元）$$

该公司在银行存款利率为 3% 时，每年年末存入 652 528.55 元，7 年后可以获得 5 000 000 元用于改造厂房。

5. 普通年金现值

普通年金现值是指一定时期内每期期末收付款项的复利现值之和。假如 $i=7\%$，其普通年金现值的计算，如图 18-8 所示。

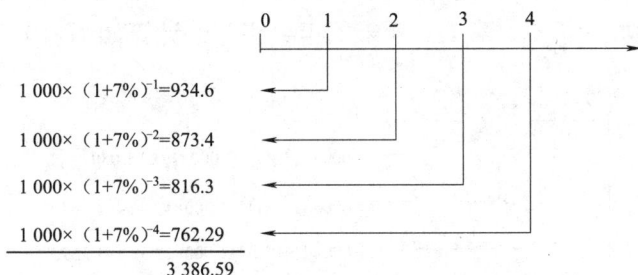

图 18-8　普通年金现值计算示意图

年金现值的计算公式为：

$$P=A\times\frac{1-(1+i)^{-n}}{i}$$

公式中，$\frac{1-(1+i)^{-n}}{i}$ 通常称为"年金现值系数"，用符号 $(P/A,\ i,\ n)$ 表示。年金现值系数可以通过查"年金现值系数表"获得。该表的第一行是利率 i，第一列是计息期数 n。相应的年金现值系数在其纵横交叉之处。例如，可以通过查表获得 $(P/A,\ 7\%,\ 4)$ 的年金现值系数为 3.387 2，即每年末收付 1 元，按年利率为 7% 计算，其年金现值为 3.387 2 元。

【例 18-30】某公司预计在 10 年中，从一名顾客处收取 8 000 元的汽车贷款还款，贷款利率为 6%，该顾客借了多少资金，即这笔贷款的现值是多少？

$$P=A\times\frac{1-(1+i)^{-n}}{i}$$

$$=8\,000\times\frac{1-(1+6\%)^{-10}}{6\%}$$

$$=8\,000\times7.360\,1$$

$$=58\,880.8\,（元）$$

在年金现值的一般公式中有四个变量 P、A、i、n，已知其中的任意三个变量都可以计算出第四个变量。

6. 预付年金终值

（1）预付年金。

预付年金是指每期期初有等额的收付款项的年金，又称预付年金，如图 18-9 所示。

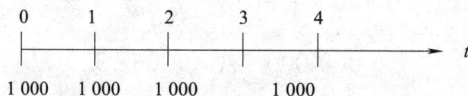

图 18-9, 横轴代表时间，用数字标出各期的顺序号，竖线的位置表示支付的时刻，竖线下端数字表示支付的金额。上图表示 4 期内每年 1 000 元的预付年金。

（2）预付年金的终值。

预付年金终值是指一定时期内每期期初等额收付款项的复利终值之和。例如，按图 18-9 的数据，假如 $i=8\%$，第 4 期期末的年金终值的计算如 18-10 所示。

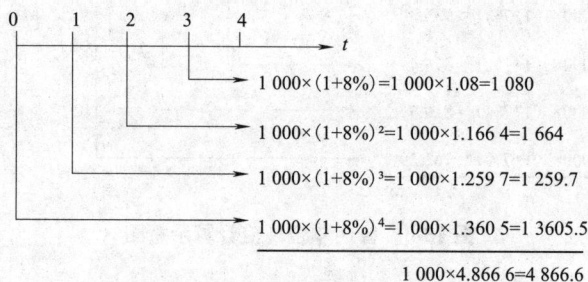

图 18-10　预付年金终值计算示意图

从以上的计算可以看出，预付年金与普通年金的付款期数相同，但由于其付款时间的不同，预付年金终值比普通年金终值多计算一期利息。因此，可在普通年金终值的基础上乘上（$1+i$）就是预付年金的终值。

预付年金的终值 F 的计算公式为：

$$F = A \times \frac{(1+i)^n - 1}{i} \times (1+i)$$

$$= A \times \frac{(1+i)^{n+1} + (1+i)}{i}$$

$$= A \times \left[\frac{(1+i)^{n+1} - 1}{i} - 1 \right]$$

公式中 $\frac{(1+i)^{n+1} - 1}{i} - 1$ 常称为"预付年金终值系数"，它是在普通年金终值系数的基础上，期数加 1，系数减 1 求得的，可表示为 $[(F/A, i, n+1) - 1]$，可通过查"普通年金终值系数表"，得（$n+1$）期的值，然后减去 1 可得对应的预付年金终值系数的值。例如 $[(F/A, 6\%, 4+1) - 1]$，$(F/A, 6\%, 4+1)$ 的值为 5.637 1，再减去 1，得预付年金终值系数为 4.637 1。

【例 18-31】 某公司租赁生产设备，每年年初支付租金 60 000 元，年利率为 10%，该公司计划租赁 10 年，需支付的租金为多少？

$$F = A \times \left[\frac{(1+i)^{n+1}-1}{i} - 1 \right]$$

$$= 60\,000 \times \left[\frac{(1+10\%)^{10+1}-1}{10\%} - 1 \right]$$

$$= 60\,000 \times 17.531$$

$$= 1\,051\,860 \text{（元）}$$

或：$F = A \times \left[(F/A, i, n+1) - 1 \right]$

$$= 60\,000 \times \left[(F/A, 10\%, 10+1) - 1 \right]$$

查"年金终值系数表"得：

$(F/A, 10\%, 10+1) = 18.531$

$F = 60\,000 \times (18.531 - 1) = 1\,051\,860 \text{（元）}$

7. 预付年金现值

预付年金现值是指一定时期内每期期初收付款项的复利现值之和。例如，按图 18-9 的数据，假如 $i=8\%$，其预付年金现值的计算，如图 18-11 所示。

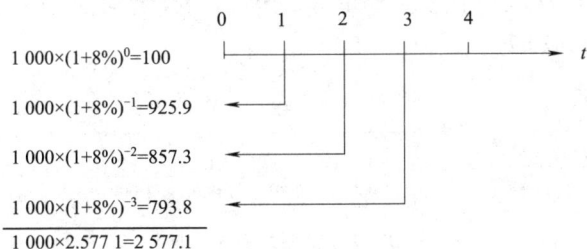

图 18-11　预付年金现值计算示意图

从以上的计算可以看出，预付年金与普通年金的付款期数相同，但由于其付款时间的不同，预付年金现值比普通年金现值少折算一期利息。因此，可在普通年金现值的基础上乘上 $(1+i)$ 就是预付年金的现值。

预付年金的现值 P 的计算公式为：

$$P = A \times \frac{1-(1+i)^{-n}}{i} \times (1+i)$$

$$= A \times \frac{(1+i)-(1+i)^{-(n-1)}}{i}$$

$$= A \times \left[\frac{1-(1+i)^{-(n-1)}}{i} + 1 \right]$$

公式中，$\left[\frac{1-(1+i)^{-(n-1)}}{i} + 1 \right]$，通常称为"预付年金现值系数"，预付年金现值系数是在普通年金现值系数的基础上，期数减 1，系数加 1 求得的，可表示为 $\left[(P/A, i, n-1) + 1 \right]$，可通过查"年金现值系数表"，得 $(n-1)$ 期的值，然后加上 1 可得对应的预付年金现值系数的值。例如 $[(P/A,8\%,4-1)+1]$，$(P/A,8\%,4-1)$ 的值为 2.577 1，再加上 1，得预付年金现值系数为 3.577 1。

【例 18-32】某人分期付款购买住宅，每年年初支付 60 000 元，30 年还款期，假设银行借款利率为 5%，该项分期付款如果现在一次性支付，需支付现金是多少？

$$P = A \times \left[\frac{1-(1+i)^{-(n-1)}}{i}+1\right]$$

$$= 60\ 000 \times \left[\frac{1-(1+5\%)^{-(30-1)}}{5\%}+1\right]$$

$$= 60\ 000 \times 16.141\ 1$$

$$= 968\ 466\ （元）$$

或：$P = A \times [(P/A,i,n-1)+1]$

$$= 60\ 000 \times [(P/A,5\%,30-1)+1]$$

查"年金现值系数表"得：

$(P/A,5\%,30-1) = 15.141\ 1$

$P = 60\ 000 \times (15.1411+1) = 968\ 466\ （元）$

8. 递延年金终值

递延年金是指第一次收付款发生时间是在第二期或者第二期以后的年金。递延年金的收付形式，如图 18-12 所示。

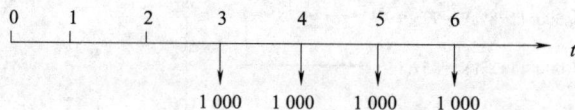

图 18-12　递延年金示意图

从图 18-12 可以看出，递延年金是普通年金的特殊形式，第一期和第二期没有发生收付款项，一般用 m 表示递延期数，$m=2$。从第三期开始连续 4 期发生等额的收付款项，$n=4$。即：

$$F = A \times (F/A,i,n)$$

递延年金终值的计算方法与普通年金终值的计算方法相似，其终值的大小与递延期限无关。

9. 递延年金现值

递延年金现值是自若干时期后开始每期款项的现值之和。其现值计算方法有两种：

方法一，第一步把递延年金看作 n 期普通年金，计算出递延期末的现值；第二步将已计算出的现值折现到第一期期初。

【例 18-33】根据图 18-13，假设银行利率为 9%，其递延年金现值为多少？

第一步，计算 4 期的普通年金现值。

$$P_2 = A \times \frac{1-(1+i)^{-n}}{i}$$

$$= 1\,000 \times \frac{1-(1+9\%)^4}{9\%}$$

$$= 1\,000 \times 3.239\,7$$

$$= 3\,239.7\,(元)$$

第二步，已计算的普通年金现值，折现到第一期期初。

$$P_0 = P_2 \times \frac{1}{(1+i)^m}$$

$$= 3\,239.7 \times \frac{1}{(1+9\%)^2}$$

$$= 3\,239.7 \times 0.841\,7$$

$$= 2\,726.86\,(元)$$

10. 永续年金

永续年金是指无限期支付的年金，如优先股股利。由于永续年金持续期无限，没有终止时间，因此没有终值，只有现值。永续年金可视为普通年金的特殊形式，即期限趋于无穷的普通年金。其现值的计算公式可由普通年金现值公式推出。

永续年金现值 P 计算公式为：

$$P = A \times \frac{1-(1+i)^{-n}}{i}$$

$$= A \times \frac{1-\frac{1}{(1+i)^n}}{i}$$

当 $i \to \infty$ 时，$\frac{1}{(1+i)^n} \to 0$

则：$P = \frac{A}{i}$

此公式在企业价值评估和企业并购确定目标企业价值时用到。

10. 转换比率

转换比率是指每一张转换债券在既定的转换价格下能转换为普通股股票的数量。

在债券面值和转换价格确定的前提下，转换比率为债券面值与转换价格之商：

$$转换比率 = \frac{转换面值}{转换价格}$$

【例 18-34】恒昌电器有限公司发行的可转换债券每份面值 2 500 元，转换价格为每股 50 元。

$$转换比率为 = 2\,500 \div 50 = 50\,(股)$$

11. 资本成本的一般模式

为了便于分析比较，资本成本通常采用不考虑货币时间价值的一般通用模型计算。一般模式通用的计算公式如下：

$$资本成本率 = \frac{年资金占用费}{筹资总额 - 筹资费用} = \frac{年资金占用费}{筹资总额 \times (1-筹资费用率)}$$

12. 资本成本率的折现模式

对于金额大、时间超过 1 年的长期资本，更为准确一些的资本成本计算方式是采用贴现模式，即将债务未来还本付息或股权未来股利分红的贴现值与目前筹资净额相等时的贴现率作为资本成本率。

由：筹资净额现值未来资本清偿额现金流量现值为 0

得：资本成本率＝所采用的贴现率

【例 18-35】向阳公司发行总面额 1 000 万元，票面利率为 10％，偿还期限 4 年，发行费率 4％，所得税税率为 25％的债券，该债券发行价为 991.02 万元。已知：$(P/A, 9\%, 4)=3.239\,7$，$(P/F, 9\%, 4)=0.708\,4$；$(P/A, 8\%, 4)=3.312\,1$，$(P/F, 8\%, 4)=0.735\,0$

根据公式：$991.02\times(1-4\%)=1\,000\times10\%\times(1-25\%)\times(P/A, K_b, 4)+1\,000\times(P/F, K_b, 4)$

$951.38=75\times(P/A, K_b, 4)+1\,000\times(P/F, K_b, 4)$

假设 $K_b=9\%$ 时，则 $75\times3.239\,7+1\,000\times0.708\,4=951.38$（万元）

即资本成本率为 9％。

18.2.2　投资项目财务评价指标

由一项长期投资方案所引起的在未来一定期间所发生的现金收支，叫作现金流量（Cash Flow）。其中，现金收入称为现金流入量，现金支出称为现金流出量，现金流入量与现金流出量相抵后的余额，称为现金净流量（Net Cash Flow，简称 NCF）。在一般情况下，投资决策中的现金流量通常指现金净流量（NCF）。

投资项目从整个经济寿命周期来看，大致可以分为三个时点阶段：投资期、营业期、终结期，现金流量的各个项目也可归属于各个时点阶段之中。

1. 净现值

净现值（Net Present Value）是一项投资所产生的未来现金流的折现值与项目投资成本之间的差值。净现值法是评价投资方案的一种方法。该方法利用净现金效益量的总现值与净现金投资量算出净现值，然后根据净现值的大小来评价投资方案。净现值为正值，投资方案是可以接受的；净现值是负值，投资方案就是不可接受的。净现值越大，投资方案越好。净现值法是一种较科学也较简便的投资方案评价方法。净现值的计算公式如下：

净现值（NPV）＝未来现金净流量现值－原始投资额现值

（1）采用净现值法评价投资方案，一般有以下步骤：①测定投资方案每年的现金流量，包括现金流出量和现金流入量；②设定投资方案采用的贴现率。

（2）确定贴现率的参考标准如下：①以市场利率为标准；②以投资者希望获得的预期最低投资报酬为标准；③以企业平均资本成本率为标准。

【例 18-36】甲公司正考虑一项新设备投资项目，该项目初始投资为 40 000 元，每年的税前现金流见表 18-9。假设该项目基准折现率为 8％。

表18-9 单位：元

项目计算期	建设期	经营期				
	0	第1年	第2年	第3年	第4年	第5年
所得税前净现金流量	−40 000	10 000	12 000	15 000	10 000	7 000
8%的复利现值系数	1	0.925 9	0.857 3	0.793 8	0.735 0	0.680 6
折现的净现金流量	−40 000	9 259	10 287.60	11 907	7 350	4 764.20

NPV＝9 259＋10 287.60＋11 907＋7 350＋4 764.20−40 000＝3 567.8（元）

由于净现值大于零，所以项目可行。

2. 年金净流量

投资项目的未来现金净流量与原始投资额的差额，构成该项目的现金流量总额。项目期间内全部现金流量总额现值或总终值折算为等额年金的平均现金净流量，称为年金净流量（Annual NCF）。年金净流量的计算公式为：

$$年金净流量＝\frac{现金净流量总现值}{年金现值系数}＝\frac{现金净流量总终值}{年金终值系数}$$

与净现值一样，年金净流量指标的结果大于零，说明每年平均的现金流入能抵补现金流出，投资项目的净现值（或净终值）大于零，方案的报酬率大于所要求的报酬率，方案可行。在两个以上寿命期不同的投资方案比较时，年金净流量越大，方案越好。

【例18-37】甲、乙两个投资方案，甲方案需一次性投资10 000元，可用8年，残值2 000元，每年取得净利润3 500元；乙方案需一次性投资10 000元，可用5年，无残值，第一年获利3 000元，以后每年递增10%。如果资本成本率为10%，应采用哪种方案？

两项目使用年限不同，净现值是不可比的，应考虑它们的年金净流量。由于：

甲方案每年NCF＝3 500＋（10 000−2 000）÷8＝4 500（元）

乙方案各年NCF：

第一年＝3 000＋10 000÷5＝5 000（元）

第二年＝3 000（1＋10%）＋10 000÷5＝5 300（元）

第三年＝3 000（1＋10%）^{2}＋10 000÷5＝5 630（元）

第四年＝3 000（1＋10%）^{3}＋10 000÷5＝5 993（元）

第五年＝3 000（1＋10%）^{4}＋10 000÷5＝6 392.30（元）

甲方案净现值＝4 500×5.335＋2 000×0.467−10 000＝14 941.50（元）

乙方案净现值＝5 000×0.909＋5 300×0.826＋5 630×0.753＋5 993×0.683＋6 392.30×0.621＋10 000

＝11 213.77（元）

$$甲方案年金净流量＝\frac{14 941.56}{(P/A,10\%,8)}＝2 801（元）$$

$$乙方案年金净流量＝\frac{11 213.77}{(P/A,10\%,5)}＝2 958（元）$$

3. 现值指数

现值指数（Present Value Index，简称 PVI）是投资项目的未来现金净流量现值与原始投资额现值之比，计算公式为：

$$现值指数 = \frac{未来现金净流量现值}{原始投资额现值}$$

若现值指数大于或等于 1，方案可行，说明方案实施后的投资报酬率高于或等于预期报酬率；若现值指数小于 1，方案不可行，说明方案实施后的投资报酬率低于预期报酬率。现值指数越大，方案越好。

【例 18-38】甲乙两个独立投资方案，有关资料见表 18-10。

表 18-10　净现值计算表　　　　　　　　　　　　　　　　　　　　　　单位：元

项　目	方案 A	方案 B
原始投资额现值	30 000	3 000
未来现金净流量现值	31 500	4 200
净现值	1 500	1 200

$$甲方案现值指数 = \frac{31\ 500}{30\ 000} = 1.05$$

$$乙方案现值指数 = \frac{4\ 200}{3\ 000} = 1.40$$

乙方案的现值指数大于甲方案，应当选择乙方案。

4. 内含报酬率

内含报酬率（Internal Rate of Return），是指对投资方案未来的每年现金净流量进行贴现，使所得的现值恰好与原始投资额现值相等，从而使净现值等于零时的贴现率。

未来每年现金净流量×年金现值系数－原始投资额现值＝0

内含报酬率法是根据方案本身内含报酬率来评价方案优劣的一种方法。内含报酬率大于资金成本率则方案可行，且内含报酬率越高方案越优。

【例 18-39】甲投资方案，当折现率为 15% 时，其净现值为 45 元，当折现率为 17% 时，其净现值为 －20 元。该方案的内含报酬率是使净现值为 0 时的折现率。

根据 $(15\% - r) \div (17\% - 15\%) = (45 - 0) \div (-20 - 45)$

可知，内含报酬率＝16.38%。

(1) 未来每年现金净流量相等时。

每年现金净流量相等是一种年金形式，通过年金现值系数表，可计算出未来现金净流量现值，并令其净现值为零，计算公式为：

未来每年现金净流量×年金现值系数－原始投资额现值＝0

【例 18-40】新峰化工厂拟购入一台新型设备，购价为 160 万元，使用年限 10 元，无残值。该方案的最低投资报酬率要求为 12%。使用新设备后，估计每年产生现金净流量 30 万元。要求：用内含报酬率指示评价该方案是否可行？

令：300 000×年金现值系数-1 600 000=0

年金现值系数=5.333 3

方案的使用年限为10年，查年金现值系数表可查得：时期10，系数5.333 3所对应的贴现率在12%～14%之间。采用插值法求得，该方案的内含报酬率为13.46%，高于最低投资报酬率12%，方案可行。

（2）未来每年现值净流量不相等时。

如果投资方案的未来每年现金净流量不相等，各年现金净流量的分布就不是年金形式，不能采用直接查年金现值系数表的方法来计算内含报酬率，而需采用逐次测试法。

【例18-41】佳兴公司有一投资方案，需一次性投资120 000元，使用年限为4年，每年现金净流量分别为：30 000元、40 000元、50 000元、35 000元。要求：计算该投资方案的内含报酬率，并据以评价该方案是否可行。见表18-11。

表18-11　净现值的逐次测试

年份	每年现金净流量	第一次测算8%		第二次测算12%		第三次测算10%	
1	30 000	0.926	27 780	0.893	26 790	0.909	27 270
2	40 000	0.857	34 280	0.797	31 880	0.826	33 040
3	50 000	0.794	39 700	0.712	35 600	0.751	37 550
4	35 000	0.735	25 725	0.636	22 260	0.683	23 905
未来现金净流量现值合计			127 485	—	116 530	—	121 765
减：原始投资额现值			120 000	—	120 000	—	120 000
净现值			7 485	—	3 470	—	1 765

第一次测算，采用折现率8%，净现值为正数，说明方案内含报酬率高于8%。第二次测算，采用折现率12%，净现值为负数，说明方案的内含报酬率低于12%。第三次测算，采用折现率10%，净现值仍为正数，但已较接近于零。因而可以估算，方案的内含报酬率在10%～12%之间。进一步运用插值法，得出方案的内含报酬率为10.67%。

5. 静态投资回收期法

静态回收期没有考虑货币的时间价值，直接用未来现金净流量累积到原始投资数额时所经历的时间作为回收期。

（1）未来每年现金净流量值相等时。

其计算公式为：

$$静态回收期=\frac{原始投资额}{每年现金净流量}$$

【例18-42】麦锡工厂准备从甲、乙两种机床中选购一种，甲机床购价为35 000元，投入使用后，每年现金净流量为7 000元；乙机床购价为36 000元，投入使用后，每年现金流量为8 000元。要求：用回收期指标决策应该选择哪种机床。

$$甲机床回收期=\frac{35\ 000}{7\ 000}=5（年）$$

$$乙机床回收期=\frac{36\ 000}{8\ 000}=4.5\ (年)$$

乙机床的回收期比甲机床短，该工厂应选择乙机床。

（2）未来每年现金流量不相等时。

在这种情况下，应把未来每年的现金净流量逐年加总，根据累计现金流量来确定回收期。

【例 18-43】启迪公司有一投资项目，需要投资 150 000 元，使用年限为 5 年，每年的现金流量不相等，资本成本率为 5%，有关资料见表 18-12。

表 18-12　项目现金流量表　　　　　　　　　　　　　　　　　　　　　　单位：元

年份	现金净流量	累计净流量	净流量现值	累计现值
1	30 000	30 000	28 560	28 560
2	35 000	65 000	31 745	60 305
3	60 000	125 000	51 840	112 145
4	50 000	175 000	41 150	153 295
5	40 000	215 000	31 360	184 655

从表 18-13 的累计现金净现金流量栏中可见，该投资项目的回收期在第 3 年与第 4 年之间。则：

$$项目回收期=3+\frac{150\ 000-125\ 000}{50\ 000}=3.5\ (年)$$

6. 动态投资回收期法

动态回收期需要将投资引起的未来现金净流量进行贴现，以未来现金净流量的现值等于原始投资额现值时所经历的时间为回收期。

（1）未来每年现金净流量相等时

在这种年金形式下，假定经历几年所取得的未来现金净流量的年金现值系数为 $(P/A,\ i,\ n)$，计算公式为：

$$(P/A,\ i,\ n)=\frac{原始投资现值}{每年现金净流量}$$

计算出年金现值后，通过查年金现值系数表，利用插值法，即可推算出回收期 n。

【例 18-44】接上例，假定资产成本率为 9%，查表得知 $i=9\%$ 时，第 6 年年金现值系数为 4.486，第 7 年年金现值系数为 5.033。由于甲机床的年金现值系数为 5，乙机床的年金现值数为 4.5，利用插值法，可得甲机床 $n=6.94$，乙机床 $n=6.03$ 年。

（2）未来每年现金净流量不相等时。

在这种情况下，应把每年的现金净流量逐一贴现加总，根据累计现金流量现值确定回收期。

【例 18-45】接上例，启迪公司投资项目的动态回收期为：

$$项目回收期=3+\frac{150\ 000-112\ 145}{41\ 150}=3.92\ (年)$$

7. 年金成本

年金成本可在特定条件下（无所得税因素、每年营运成本相等），计算公式为：

$$年金成本 = \frac{\sum 各项目现金净流出现值}{年金现值系数}$$

$$= \frac{\underset{资额}{原始投} - \underset{收入}{残值} \times 一般现值系数 + \sum \binom{年营运}{成本现值}}{年金现值系数}$$

$$= \frac{原始投资额 - 残值收入}{年金现值系数} + 残值收入 \times 贴现率 +$$

$$\frac{\sum (年营运成本现值)}{年金现值系数}$$

【例 18-46】立新公司现有旧设备一台，由于节能减排的需要，准备予以更新。当期贴现率为 15%，假设不考虑所得税因素的影响，相关资料见表 18-13。

表 18-13

参　　数	旧设备	新设备
原　　价（元）	35 000	36 000
预计使用年限	10 年	10 年
已经使用年限	4 年	0 年
税法残值（元）	5 000	4 000
最终报废残值（元）	3 500	4 200
目前变现价值（元）	10 000	36 000
每年折旧费（直线法）（元）	3 000	3 200
每年营运成本（元）	10 500	8 000

$$旧设备年金成本 = \frac{10\ 000 - 3\ 500 \times (P/F,\ 15\%,\ 6)}{(P/A,\ 15\%,\ 6)} + 10\ 500$$

$$= 12\ 742.76 （元）$$

$$新设备年金成本 = \frac{36\ 000 - 4\ 200 \times (P/F,\ 15\%,\ 10)}{(P/F,\ 15\%,\ 10)} + 8\ 000$$

$$= 14\ 965.92 （元）$$

以上计算结果显示，继续使用旧设备的年金成本为 12 742.76 元，低于购买新设备的年金成本 14 965.92 元，每年可以节约 2 223.16 元，应当继续使用旧设备。

参 考 文 献

[1] 范晓东. 500 强企业成本核算实务 [M]. 北京：机械工业出版社，2020.

[2] 钱力，胡能武. 企业盈利关键点：全面预算管理 [M]. 北京：北京联合出版有限公司，2019.

[3] 李跃升. 成本管理会计与企业决策分析 [M]. 北京：人民邮电出版社，2019.

[4] 肖星. 一本书读懂财报（全新修订版）[M]. 杭州：浙江大学出版社，2019.

[5] 刘顺仁. 财报就像一本故事书 [M]. 太原：山西人民出版社，2019.

[6] 企业会计准则编审委员会. 企业会计准则及应用指南实务详解 [M]. 北京：人民邮电出版社，2019.

[7] 财政部会计司. 企业会计准则第 14 号：收入应用指南 2018 [M]. 北京：中国财政经济出版社，2018.

[8] 曾勤，张程程. 会计科目设置与应用大全书 [M]. 北京：人民邮电出版社，2018.

[9] 中华人民共和国财政部. 企业会计准则应用指南（2018 年版）[M]. 上海：立信会计出版社，2018.

[10] 邱银春. 新手学会计 [M]. 北京：清华大学出版社，2018.

[11] 中国注册会计师协会. 会计 CPA [M]. 北京：中国财政经济出版社，2018.